中文社会科学引文索引（CSSCI）来源集刊

中国人文社会科学期刊综合评价（AMI）核心集刊

中国经济史学会会刊

中国经济史评论

CHINA
ECONOMIC
HISTORY
REVIEW

2023年第4辑
（总第22辑）

主　　编／魏明孔　戴建兵

执行主编／隋福民

社会科学文献出版社

SOCIAL SCIENCES ACADEMIC PRESS (CHINA)

主办：中国经济史学会

河北师范大学历史文化学院

《河北师范大学学报》编辑部

目　录

中国古代经济史

中国近现代经济史

1

学术回顾反思

学术整理

四柱记账法的记账符号和数据合计方法考论

——以简牍和敦煌文书为中心

王祥伟*

摘　要： 四柱记账法的记账符号经历了漫长的演变过程，在很长的历史时期内，四柱记账法的记账符号并不统一，直至明清时期，因国家法律对四柱记账法及其记账符号进行了规定，故四柱符号才最后得以定型。四柱记账法的使用范围非常广，故四柱账册登载的对象也非常宽泛，不同登载对象的计量单位不同，而四柱记账法在将不同登载对象的数量进行合计时会采用不同的方法。

关键词： 四柱记账法；敦煌文书；计量单位；合计

四柱记账法是中国古代经济活动中普遍应用的一种非常重要的结算和记账方法，学界对其产生的时间、结构、意义，及其对外欠账的登载等问题已做了较多研究。① 四柱记账法中的"四柱"系指上一会计期的结余账

---

* 王祥伟（1974 -　），男，汉族，甘肃甘谷人，历史学博士，西北师范大学历史文化学院教授，主要从事敦煌学和经济史研究。

① 相关主要成果参见郭道扬编著《中国会计史稿》，中国财政经济出版社，1982；李伟国《宋朝财计部门对四柱结算法的运用——对〈中国会计史稿〉（上册）的一点补正》，《河南师大学报》（社会科学版）1984 年第 1 期；杨际平《现存我国四柱结算法的最早实例——吐蕃时期沙州仓曹状上勾覆所牒研究》，载韩国磐主编《敦煌吐鲁番出土经济文书研究》，厦门大学出版社，1986，第 162 ~ 172 页；韩国磐《也谈四柱结帐法》，载韩国磐主编《敦煌吐鲁番出土经济文书研究》，第 188 ~ 198 页；李孝林《"四柱法"溯源》，《北京商学院学报》1987 年增刊；杨际平《四柱结算法在汉唐的应用》，《中国经济问题》1991 年第 2 期；杨际平《吐鲁番出土文书杂识（三题）》，载南开大学历史系《中国史论集》编辑组编《中国史论集》，天津古籍出版社，1994，第 65 ~ 70 页；唐耕耦《敦煌寺院会计文书研究》，新文丰出版公司，1997，第 1 ~ 337 页；王祥伟《四柱结算法登载外欠账的方式及其演变》，《中国经济史研究》2019 年第 3 期。

和本会计期的收入账、支出账、结余账四部分，但是在不同时期，表示这四部分账时所使用的记账符号并不固定。同时，四柱记账法中往往要将不同登载对象的数量合计在一起，而其使用的合计方法也不固定。记账符号和数据合计方法都是了解四柱记账法的主要方面，为了能够更加全面深入地认识四柱记账法，本文则专门对四柱记账法中记账符号的演变和数据合计方法进行专门讨论，敬请大家指正。

一　四柱记账法的记账符号

郭道扬先生在论及四柱记账符号的发展演变问题时谈道：唐代的四柱符号一般为元（原）给或旧额、新加、所用或支使、见（现）在，宋代早期的有元（原）管、新收、已支、见（现）在，在宋哲宗时期，四柱名目又发生变化，"元管"改作"旧管"，"已支"改作"开除"，"见在"改作"实在"。这样，旧管、新收、开除、实在的四柱册名目与样式便被固定下来，为明清所沿用。[①] 但是，四柱符号的发展演变问题较为漫长复杂，为了更为全面清楚地了解其演变过程，下面我们再对其进行讨论说明。

现在我们能看到时间比较早、内容比较完整的四柱记账法是汉简中的相关资料，如《居延汉简释文合校》128·1 简册中的记载即是其中之一：

> 广地南部言永元五年六月官兵釜硙月言簿
> 承五月余官弩二张、箭八十八枚、釜一口、硙二合。
> 今　　余官弩二张、箭八十八枚、釜一口、硙二合。
> 　　赤弩一张，力四石，木关。
> 　　陷坚羊头铜箭卅八枚。
> 　　故釜一口，鍉有铜口呼长五寸。
> 　　硙一合，上盖缺二所各大如踈。
> ●右破胡隧兵物
> 　●赤弩一张，力四石五，木破，起缴往往绝。
> 　　盲矢铜□箭五十枚。
> 　　硙一合，敝尽不任用。

[①]　郭道扬编著《中国会计史稿》上册，第 315～316、395～396 页。

● 右涧上隧兵物

● 凡弩二张、箭八十八枚、釜一口、砲二合。毋入出。

永元五年六月壬辰朔一日壬辰。广地南部

候长信叩头死罪敢言之。谨移六月见官兵物

月言簿一编。叩头死罪敢言之。

广地南部言永元五年七月见官兵釜砲月言簿

承六月余官弩二张、箭八十八枚、釜一口、砲二合。

（后略）①

　　该简册是目前所见比较早的四柱账册，内容较多，包括三件"月言簿"和两件"四时簿"，文中第1～16行为永元五年六月的月言簿，最后两行为七月月言簿的部分内容。从内容可知，六月的月言簿内容也是按照前账结余和今账新入、破用、结余四部分记录的，如"承五月余"是前账结余，"毋入出"指在本月没有收入和支出，最后的"凡"是今账结余，而该结余又是下一月月言簿中的"承六月余"。可见，该件中使用的四柱符号依次是：承余、入、出、余。又《居延汉简释文合校》209•2A载：

　　　　十一月己卯，掾强所收五年余茭钱二千五十五，

　　　　元年茭钱万四千五百廿八●凡万六千五百八十三。

　　　　出钱五千七百廿五□收掾车给官费，

　　　　出钱三千八百六十六□居延责钱，

　　　　出钱千县所□□，

　　　　凡出万五百九十一。

　　　　今余钱五千九百九十二。

　　　　出钱四百五十一，十一月壬辰付令史根□□□

　　　　出钱三百，十一月壬辰付士吏□□□□□②

① 谢桂华、李均明、朱国炤：《居延汉简释文合校》上册，文物出版社，1987，第211～213页。

② 谢桂华、李均明、朱国炤：《居延汉简释文合校》上册，第322～323页。

　　李孝林和杨际平先生从四柱结算法的角度对这件账册进行过详细研究,① 其中杨际平先生认为这是王莽天凤元年（14）某候官荚钱出入簿，第1行为始建国五年（13）结余荚钱数，第2行为天凤元年新收荚钱数及其与结余荚钱总计，第3、4、5行为分类支出荚钱数，第6行为各类支出合计数，第7行为结余荚钱数，第8、9行为结账后的追记。显然，该件使用"收余""出""余"分别作为前一会计期的结余和本会计期的支出、结余符号。由于"受"在汉简中常作为收入符号，故"收余"也可写作"受余"，同时，虽然第2行没有写明收入符号，但其应为"入"、"受"或"收"。

　　魏晋时期，承余、人、受、出、余依然是常见的表示相关上一会计期结余及本期收入、支出、剩余等账的符号，如吴简中有"承余、新入簿""入受簿""出簿"等。② 而《魏书》卷114《释老志》载永平四年（511）夏，宣武帝诏曰："尚书检诸有僧祇谷之处，州别列其元数，出入赢息，赈给多少，并贷偿岁月，见在、未收，上台录记。"③ 这里所说的记账符号有元数、出、入、见在、未收，其中元数即上期结余，未收即唐宋时期的"应在"，见在和未收即前述汉简和魏晋简牍中的"余"，也即唐宋时期的"应及见在"，即本期结余。

　　唐宋时期，四柱符号依然不固定，如部分敦煌四柱账文书中的相关四柱符号如下表1所示：

表1　敦煌四柱账中的四柱符号

文书卷号	年代	四柱符号			
P. 2763 V + P. 2654 V + P. 3446 V	801～802 年	应见在前账（含应在和见在）	新加附		
S. 6064	815 或 827 年	交得附	收附		
S. 4782	丑年（869）或寅年（870）	前账回残	新附入	破用	

---

① 李孝林：《"四柱法"溯源》，《北京商学院学报》1987 年增刊；杨际平：《四柱结算法在汉唐的应用》，《中国经济问题》1991 年第 2 期。

② 参陈明光《走马楼吴简所见孙吴官府仓库账簿体系试探》，《中华文史论丛》2009 年第 1 期，第 27～56 页；凌文超《吴简与吴制》，北京大学出版社，2019，第 181～214、234～237 页。

③ （北齐）魏收：《魏书》，中华书局，1974，第 3041 页。

文书卷号	年代	四柱符号			
S. 6061	9 世纪前期	前账旧	新加附		
P. 2838 （2）	886 年	前账旧	新附入	破除	
P. 3352	886 或 946 年	前账回残	新附入		
P. 2974 V	897 年	前账旧	新附入		
P. 2049 V	925 年	承前账回残	新附入	破用	应及见在
P. 2049 V	931 年	承前账旧	新附入	破用	应及见在

资料来源：唐耕耦、陆宏基编《敦煌社会经济文献真迹释录》第 3 辑，全国图书馆文献缩微复制中心，1990，第 296 ~ 366 页。李锦绣《唐代财政史稿》上卷，北京大学出版社，1995，第 261 ~ 289 页。

虽然由于这些文书多为残卷，故四柱符号不全，但是从中可知，四柱符号并不统一，特别是表 1 中作为前一会计期结余账的符号有"应见在前账""前账回残""前账旧""承前账回残""承前账旧"等，其中"承前账回残""承前账旧"与前述汉简和魏晋简牍中的"承余"符号具有承继性。与敦煌文书中的现象一样，唐宋时期传统文献中所载的四柱记账符号也不统一，如《唐会要》卷 59"比部员外郎"条载："长庆元年六月，比部奏：……每年据留州定额钱物数，破使去处，及支使外余剩见在钱物，各具色目，分明造帐，依格限申比部。"[①] 文中所说的账目包括留州钱物、支出、剩余三部分，也即三柱结算法，其中破使和支使是支出符号，余剩见在是结余符号。宋代传统文献中的四柱记账符号非常多，如《文献通考》卷 23《食货考·国用一》载："止斋陈氏曰……淳化五年十二月，初置诸州应在司，具元管、新收、已支、见在钱物申省。"[②] 虽然这里所说的四柱记账符号是元管、新收、已支、见在，但是其并未成为宋代统一的四柱记账符号，如《庆元条法事类》中记载有许多四柱式的"账"，[③] 其中的四柱符号如下表 2 所示：

---

① （宋）王溥：《唐会要》，中华书局，1955，第 1036 页。
② （元）马端临：《文献通考》，中华书局，1986，第 228 页。
③ 这些四柱账主要分布在《庆元条法事类》卷 32"财用门三"、卷 37"库务门二"、卷 51"道释门二"、卷 79"畜产门"等条目中。

表 2 《庆元条法事类》中相关四柱账中的四柱符号

诸账名称	四柱符号			
欠账	旧管	新收	开破	见欠
转运司申铸钱计账	前账应在见管数、前账见在	收	支	应在（旧管、新收、开破、见管）、见在
诸州铸钱监申铸钱物料账	前账应在见管数、前账见在	新收	支破	应在（旧管、新收、开破、见管）、见在
诸州申钱帛账	前账应在见管数、前账见在	新收	支破	应在（旧管、新收、开破、见管）、见在
转运司申钱帛计账	前账应在见管数、前账见在	收	支	应在（旧管、新收、开破、见管）、见在
杂物账	前账应在见管数、前账见在	新收	支破	应在（旧管、新收、开破、见管）、见在
诸州申粮草账	前账应在见管数、前账见在	新收	支破	应在（旧管、新收、开破、见管）、见在
转运司申粮草计账	前账应在见管数、前账见在	收	支	应在（旧管、新收、开破、见管）、见在
僧道童行等账	旧管	新收	开落	见在（不存在应在外欠）
季申官马账	旧管	新收	死失	见管
岁申军下官马账	旧管	收	死	见在
卖不堪官马等物钱账	前账应在见管数、前账见在	新收	支	应在（旧管、新收、开破、见管）、见在

资料来源：杨一凡、田涛主编《中国珍稀法律典籍续编》第3册，黑龙江人民出版社，2002，第520~531、581~592、715~717、885~889页。

从以上资料来看，唐宋时期的四柱符号仍在发展演变而尚未完全确定，这种演变与时代和四柱账登载的对象等有关。如"账"字明确作为与会计核算相关的"账目"之义始于南北朝时期，盛于隋唐，故在唐宋时期四柱账的四柱符号中频繁出现了"前账回残""前账旧""前账应在""前账见在"等。同时，随着四柱记账法的发展，四柱账登载的对象越来越广，登载的对象不同，四柱符号也会发生相应的变化，如在表2"僧道童行等账"中，表示僧尼道士和寺观数量的减少时，不能用"支破""支"，故用了"开落"一词；又"季申官马账""岁申军下官马账"用"死失"和"死"表示马匹的损减。

元代的四柱符号处于定型前，故体现出承上启下的特点。《元典章·

户部》卷7云："各设仓库，照勘旧管、新收、已支、见在各项数目，每旬一次申覆本管上司，每月一次备申宣慰司，每上下半年开呈省府，仍仰各仓库每季依上结附赤历，申解上司印押。"又云："另项寄收钱物，每季开写旧管、收、支、见在各项，开呈省府。"① 此处旧管、新收、已支、见在的四柱符号也常见于宋代的四柱账，故系对宋代的承袭，而元末孔齐在《至正直记》卷3"出纳财货"条云："人家出纳财货者谓之掌事……然计算私籍，其式有四，一曰旧管，二曰新收，三曰开除，四曰见在。盖每岁、每月、每日各有具报，事目必依此式然后分晓，然后可校有无多寡之数，凡为子弟亦然……此式私记谓之曰黄簿，又曰账目。"② 这里用"开除"替代了"已支"。此时，除了"见在"外，旧管、新收、开除三柱的符号则与后来明清时期完全一致了。

明清时期，四柱符号完全定型。明代法律文献《诸司职掌》载："凡各处户口，每岁取勘明白，分豁旧管、新收、开除、实在总数，县报于州，州类总报之于府，府类总报之于布政司，布政司类总呈达本部立案，以凭稽考。"又云："凡所在有司，仓廪储积粮斛，除存留彼处卫所二年官军俸粮外，务要会计周岁该支数目，分豁见在若干，不敷若干，余剩若干，每岁开报合于上司，转达户部定夺施行，仍将次年实在粮米，及该收该用之数，一体分豁旧管、新收、开除、实在开报。"③ 可见，明代在钱粮和户口管理中均在使用四柱记账法，四柱符号一般均为旧管、新收、开除、实在。当然，四柱记账法在明代的使用范围已非常广泛，不仅仅局限于钱粮和人口管理中。

清代法律文献中也对四柱法的应用与四柱符号有规定，如《大清会典》卷19《户部》载："凡奏销，必以四柱之册，一曰旧管，二曰新收，三曰开除，四曰实在。司若道以册申于总督、巡抚加印送部焉。"清初钱大昕在《十驾斋养新录》卷19"四柱"条中也云："今官司钱粮交代，必造四柱册。四柱者，旧管、新收、开除、实在也。"④ 可见，清代规定，凡是钱粮奏销都采用四柱式，而四柱符号也统一用旧管、新收、开除、

---

① 陈高华等点校《元典章》，中华书局、天津古籍出版社，2011，第765页。
② （元）孔齐撰，庄敏、顾新点校《至正直记》，上海古籍出版社，1987，第118页。
③ 见杨一凡、田涛主编《中国珍稀法律典籍续编》第3册，黑龙江人民出版社，2002，第121、116页。
④ （清）钱大昕：《十驾斋养新录》，上海书店，1983，第449页。

实在，也即清代档案等文献中经常所说的"管收除在"。实际上，不仅钱粮交代，四柱记账法在清代的应用非常普及，在官私各行各业的账务统计活动中均在广泛应用，并且四柱符号一般也是旧管、新收、开除、实在，这四个符号可以适用于各种登载对象，特别是"开除"一词的使用在统一四柱记账符号方面具有重要意义。如前所说，人口的减少和牲畜的死亡数用破用、支破、支出来登载不甚恰当，但用"开除"来登载则甚是适宜。

总之，在很长的历史时期内，四柱记账法的记账符号并不统一，直至明清时期，四柱符号才最后定型。而此演变过程既与时代和四柱记账法的登载对象有关，又与四柱记账法的发展和国家法律对四柱记账符号的规定等密切相关。

二 四柱记账法的数据合计方法

不管四柱记账法的记账符号是什么，其每一柱都可能会涉及对数据的合计问题，只是记账符号与具体的数据合计方法之间没有密切的关系。由于四柱记账法的使用范围非常广，故四柱账册登载的对象也非常宽泛，有时仅登载某一类物品，但有时登载的物品种类较多，可能既有麦、粟、豆、黄麻、青麦、米、豌豆等各类斛斗及其加工物如面、油、饼渣等，又有各种织物如布、毡、绫、褐、绢等，还会有钱币、器物、牲畜、人丁等等。不同登载对象的计量单位不同，即便是同一种登载对象有时也会用不同的计量单位，面对这种情况，四柱记账法在将不同登载对象的数量进行合计时会采用不同的方法，这些方法在唐宋时期的敦煌四柱账文书中有集中体现，下面我们对其进行讨论说明。

（一）统一计量单位合计法

敦煌的四柱账大多记录的是以石、硕为单位的诸色斛斗及其加工物如面、油等，同时还有少量其他计量单位的物品如织物、纸等物。在既有斛斗及其加工物，又有纸和织物等的情况下，由于麦粟在当时敦煌地区扮演着等价物的角色，故一般是将纸和织物等折算成麦粟来进行合计。根据学界对晚唐两宋时期敦煌市场物价的研究情况可知，相关物品与麦粟的比价关系是：一尺布＝麦粟一斗，一个饼渣＝麦粟一斗，一张纸＝麦粟一升，一尺褐＝麦粟一斗，一尺粗绁＝麦一斗，一尺细绁＝麦一石六斗。① 由于布、绁、纸、饼渣与麦粟的比价是比较稳定的，故在文书中一般不会再注明比价，而是在合计时直接按此比价计算则可。此外，虽然黄麻、油的实际价值要比麦粟等换算的斛斗值高得多，但是由于油和黄麻的计量单位和麦粟一样是石、硕、斗，故不再将其折算成价值相等的麦粟数量。统一计量单位的合计法在敦煌四柱账册中的使用非常普遍，如 P. 2049V《后唐长兴二年（931）正月沙州净土寺直岁愿达手下诸色入破历算会牒》的第四柱"应及见在"柱如下：

433 壹阡肆伯柒拾捌硕贰斗玖胜麦粟油苏米面黄麻麸查豆布绁纸
等沿寺破除外应及见在

434 叁伯捌拾壹硕贰斗肆

435 胜麦，伍伯叁拾叁硕

436 壹斗捌胜粟，叁硕伍

437 斗壹胜油，贰胜苏，壹

438 斗玖胜米，伍拾肆硕捌

439 斗捌胜面，陆硕壹斗贰

440 胜半连麸面，壹斗伍胜

441 谷面，捌拾硕贰斗半

442 胜黄麻，肆拾柒硕

443 贰斗麸，壹伯贰拾贰

444 饼滓，贰伯柒拾捌硕

445 玖胜豆，伍伯玖拾捌尺

446 布，壹伯玖拾伍尺绁，

447 贰伯张纸。

该件除了登载有斛斗及其加工物外，还有纸、饼滓、布、绁等，而将壹佰贰拾贰个饼滓、伍佰玖拾捌尺布、壹佰玖拾伍尺绁、贰佰张纸分别折

① 主要相关研究成果有：郑炳林《晚唐五代敦煌贸易市场的物价》，《敦煌研究》1997 年第 3 期；唐耕耦《敦煌寺院会计文书研究》，第 411~460 页；郑学檬《唐代物价散论》，载敦煌研究院编《2000 年敦煌学国际学术讨论会文集（历史文化卷）》上册，甘肃民族出版社，2003，第 1~10 页。

合成 12.2 石、59.8 石、19.5 石、2.0 石麦粟后，分类账的合计数正好就是"应及见在"柱的总数 1478.29 石。这种统一计量单位合计法在敦煌四柱账中较为常见，其他如 P.3352《丙午年（886 或 946）三界寺招提司法松诸色入破历算会牒》等中也在使用此法，不再赘述。

这种统一计量单位的合计法也应运于专门登载织物的四柱账中，当然此时不再将织物折算成斛斗，而一般是将织物的计量单位如匹、丈、尺等统一折合成"尺"来计算。如 P.2638《后唐清泰三年（936）沙州僔司教授福集等状》登载的回残和新入合计数如下：

24 上件应出唱衣物，计得布伍

25 万捌阡伍伯贰尺。

26 回残：楼机绫叁匹，生绢伍匹，黄小绫袄子壹领，乌玉要

（腰）

27 带壹，鞓踝具玖事，计又得见布捌伯肆尺；粗紬

28 叁拾匹，细紬柒匹，绢壹伯贰拾捌尺，绵绫贰匹，

29 官施见布肆伯尺，粗紬壹拾壹匹，大绫贰匹，

30 宰相锦袄子价楼机绫贰匹，散施绵绫叁匹；又

31 绵绫壹匹，王僧统袄子价入；细紬陆匹，粗紬柒

32 匹；又粗紬玖匹，绢价入。

33 上件三年共得大小绫柒匹，

34 生绢伍匹，绵绫伍匹，生绢

35 壹伯贰拾八尺，粗紬伍拾

36 柒匹，计壹阡肆伯伍拾贰

37 尺。细紬壹拾叁匹，计叁伯

38 贰拾伍尺。布壹阡贰伯肆

39 尺。已前出唱衣物及见紬，右

40 都计陆万壹阡肆伯伍拾陆

41 尺。

文中第 24~25 行是癸巳年、甲午年、乙未年三年新收入布的总数，第 26~32 行是回残数，其中 804 尺布是将黄小绫袄子壹领、乌玉腰带壹和鞓踝具玖事进行唱卖的收入。第 33~41 行是新入和回残合计数。虽然这里登

载的大小绫、绵绫、生绢、粗绁、细绁、布等均系织物，但是它们的计算单位是不同的，有的用匹，有的用尺，故在合计时，也是统一折合成"尺"来进行，再不需要折算成斛斗。与以斛斗为主的四柱账中忽略不同加工物换算的斛斗的实际价值有别的情况一样，专门登载织物的四柱账册中在将各类织物的计量单位统一成"尺"的过程中，并不在意相同长度的粗绁、细绁、布、绫、绢等织物的价值不等的事实，只要其计量单位统一则可。

除了斛斗、面、油、纸和织物外，四柱账册中有时还登载有柴草、木材及其他物品，由于这些不是经常性的收入，在生活中也没有固定的折算价格，故有时会在账目中明确注明其应折合成的斛斗数，然后将其合计入总账中。如 P. 6002（1）《卯年（859 或 871）或辰年（860 或 872）乾元寺堂斋修造两司诸色入破历算会牒》的"新入"账目中不仅有斛斗、织物、纸，而且还有茨柴叁车、桯两车半、磨柴两车、罗轮子壹、木叁条，这些物品折成的麦粟数在新入明细账中都有详细注明，如罗轮价麦壹硕肆斗、木叁条折麦叁硕肆斗、桯壹车折麦柒石、磨柴两车折麦壹硕贰斗、茨柴壹车折麦两硕，等等。① 像一车柴草的折价在生活中并不固定，交易时由双方商量决定，若不专门注明，账目是无法审查的。

统一计量单位合计法的前提是需要知道不同物品与等价物之间的比价关系，由于敦煌的四柱账主要集中于公元 9、10 世纪，不同物品与等价物麦、粟之间有比较稳定的比价关系，故这种合计法的使用较为普遍。

（二）不同计量单位的物品数量直接合计法

这种数据合计方法不再统一计量单位，而是将不同计量单位的物品的数量直接相加在一起。如 P. 2763V（4）＋ P. 2654V ＋ P. 3446V《吐蕃巳年（789 或 801）沙州仓曹状上勾覆所牒》载：

1 仓　状上勾覆所
2 合巳年正月一日已后至六月卅日以前，管新旧斛斗钱总玖阡叁伯叁拾壹硕贯□

---

① 录文参唐耕耦、陆宏基编《敦煌社会经济文献真迹释录》第 3 辑，全国图书馆文献缩微复制中心，1990，第 313 ~ 315 页。

3 斗叁胜玖合捌勺柒伯叁拾文。

4 肆阡柒伯伍拾陆硕伍斗捌胜麦。

5 壹伯壹拾陆硕陆斗柒胜大麦。

6 贰伯肆拾玖硕陆斗陆胜七合粟。

7 捌拾肆硕壹斗肆胜荜豆。

8 柒拾贰硕叁斗伍胜豌豆。

9 壹斗捌胜胡枣。贰斗玖胜乔麦。

10 壹伯肆拾肆硕肆斗叁胜黄麻。

11 壹硕柒斗黑豆。壹伯玖拾陆硕陆斗贰胜伍合红蓝。

12 贰拾硕陆斗玖胜麻子。

13 捌拾硕贰斗捌胜白面。肆拾硕伍斗伍胜麦。

14 贰拾陆硕贰斗柒胜油。叁硕叁斗麦饭。

15 壹伯叁拾硕捌斗贰胜米。肆拾玖硕肆斗床。

16 壹拾捌硕柒斗陆胜肆合伍勺麸。

17 贰拾玖硕壹斗豆豉。贰硕伍斗贰胜叁合伍勺麦。

18 伍硕叁斗白皮豉。叁硕𪍠麦。

19 叁硕伍斗陆胜柒合陆勺麨。

20 壹阡柒拾捌硕肆斗肆胜肆合贰勺草子。

21 壹阡贰拾玖硕壹斗叁胜杂面。壹拾捌硕柒斗捌胜柒合$_{\text{面}}^{\text{豆}}$。

22 壹阡壹伯陆拾玖贯［柒伯叁］拾文钱。[1]

　　该件中的登载对象有各类斛斗、红蓝、面、豆豉、草子等及钱币，这些物品的计量单位不尽相同，经验算，将第 4～22 行中的各类斛斗、红蓝、面、豆豉、草子等及钱币的数字直接合计在一起后，恰好为第 2～3 行的总计数。又如 P.3359＋P.3664《唐天宝十三载（754）敦煌郡会计牒》载：

　　1 当郡，从天宝十二载冬季勾后，据帐管诸色应在勾征［覆］

---

① 对该件文书的拼接研究，参杨际平《现存我国四柱结算法的最早实例——吐蕃时期沙州仓曹状上勾覆所牒研究》，载韩国磐主编《敦煌吐鲁番出土经济文书研究》，第 163～172 页；李锦绣《唐代财政史稿》上卷，北京大学出版社，1995，第 238～245、261～289 页。

2 欠等斛斗匹段羊马驼牛什物等总肆万玖阡贰［伯］

3 柒拾硕贯张具团口□□□零贰丈肆尺柒寸［大绢］,

4 玖拾叁文钱,壹斗壹胜贰合玖勺斛斗,贰两 肆 ［钱］

5 □药,叁段贰分肉,捌分皮。

6 壹阡柒伯捌拾壹硕贯匹零贰斗叁胜叁丈［陆尺捌］

7 寸,钱叁伯壹拾伍文,正帐,入 敕限,并勾征,并［天］

8 十二载侍候御准 敕交覆,并缘官贷便及□□

9 马料未填。

10 玖伯伍拾壹硕贰斗叁胜斛斗并［粟］。

11 伍伯柒拾伍匹叁丈陆尺捌寸大［绢］。

12 贰伯伍拾伍贯叁伯壹拾伍文钱。

13 壹阡伍伯陆拾捌硕贯匹零贰斗叁胜叁丈陆［尺］

14 捌寸,钱叁伯壹拾伍文,正帐应在,窦侍御准

15 敕交覆欠。所由典令狐良嗣。

16 柒伯叁拾捌硕贰斗叁胜,正仓粟;

17 伍伯柒拾伍匹叁丈陆尺捌寸,陈留郡大绢和籴;

18 贰伯伍拾伍贯叁伯壹拾伍文钱,阙官料 钱 。

（后略）[①]

　　本件的登载对象有钱币、织物、斛斗、什物及羊、马、牛等动物,在合计数据时,分"总"和"零"两部分,"总"是指将各类登载对象数据的整数部分合计在一起,"零"是指将每类登载对象数据的尾数部分分别登载。整数部分合计在一起总共肆万玖阡贰［伯］柒拾硕贯张具团口□□□,尾数部分分别是贰丈肆尺柒寸大绢、玖拾叁文钱、壹斗壹胜贰合玖勺斛斗、贰两肆钱□药、叁段贰分肉、捌分皮。整数部分合计数后面的贯、张、具、团、口及其后三个无法释录的文字均是不同登载对象的单位,这说明,该合计数是将不同计量单位的数据直接相加在了一起。虽然由于文书残缺而导致我们无法对该合计数进行验算,但是该件文书中分类项的数据合计法与总账相同,也是将不同计量单位的数据直接相加在一

---

① 对该件文书的详细研究,可参李锦绣《唐代财政史稿》上卷,第252～260页。

起，故我们可用分类项中的数据来进行验算。文书第 13～18 行是一部分分类账，其中第 13～14 行是分类账的总账，第 16～18 行是明细账，明细账中的粟、大绢、钱的整数部分合计起来正好是第 13 行总账中的"壹阡伍佰陆拾捌硕贯匹"，尾数部分也正好对应。

虽然不同计量单位的物品数量直接合计显得合计数与单位之间的关系不是很明晰，但是这种合计法在唐宋时期官方会计账中的应用较为普遍。

（三）不同计量单位的物品数量分别合计法

这种数据合计法在汉代的四柱账中就在使用，如前引《居延汉简释文合校》中 128·1 四柱账册就是将弩、箭、釜、砲等不同物品的数量分别合计在一起的。在敦煌文书中，也有使用这种数据合计法的四柱账，如羽 036《唐开元廿三年（735）沙州会计历》第 10～17 行载：

10 肆伯捌拾叁硕叁斗柒胜贰合叁勺麦米面等，玖阡伍伯捌拾肆文钱，铛壹口。
11 诸管成应在并缘交替回残覆欠：
12 陆硕叁斗玖胜壹合米、肆拾叁硕伍斗贰胜捌合叁勺小麦、
13 叁伯贰拾伍硕柒斗玖胜玖合粟、柒斗陆胜麦踏、
14 捌拾柒硕玖斗贰胜陆合面、壹硕捌斗粗麸、
15 壹斗 粗 麦 ［饭］、捌硕肆斗青麦、
16 捌硕陆斗贰胜捌合麻、玖阡伍伯捌拾肆文钱、
17 壹口铛。①

该件第 10 行是总账，第 12～17 行是分类账，登载对象有各类斛斗及其加工物，又有钱和铛。该件没有将不同计量单位的物品全部折合成斛斗单位或钱币单位进行合计，而是将相同计量单位的斛斗及其加工物合计在一起，同时又将不同计量单位的钱和铛分别另行记录。又羽 065《甲申年

① 图版参武田科学振兴财团、杏雨书屋编《敦煌秘笈》（影片册）第 1 册，武田科学振兴财团印行，2009，第 240～243 页。陈国灿先生对羽 036 进行了释录，并发现其与 P.3841 是同一件文书而将二者缀合在了一起，拟名为《唐开元廿三年（735）沙州会计历》，详参陈国灿《读〈杏雨书屋藏敦煌秘笈〉札记》，《史学史研究》2013 年第 1 期。

十二月某寺直岁愿住手下诸色入破历算会牒稿》第 1 ~ 4 行载：

　　1 甲申年十二月十七日，当寺　都僧统大师与诸僧正法律法师徒
众等就众

　　2 堂内算会，直岁愿住从癸未年十二月四日已后至甲申年十二月
九日

　　3 中间手下麦粟麻豆油滓布褐肆伯捌拾壹硕壹斗八升叁合肆拾

　　4 肆并肆伯柒拾捌尺伍寸[①]

　　该件是四柱账的开头部分，从第 3 ~ 4 行"麦粟麻豆油滓布褐肆伯捌
拾壹硕壹斗八升叁合肆拾肆并肆伯柒拾捌尺伍寸"来看，这里没有将斛斗
与织物换算成统一的计量单位，而是将斛斗、饼滓、织物等不同计量单位
的物品分别进行合计的。

　　至于在这种合计法中未将不同的物品数量全部用统一的计量单位合计
在一起的原因，应是不同物品之间的比价不好折算之故，而且随着四柱账
册登载的物品类别越多越杂，会愈加不好统一合计在一起了，故只能分类
分别进行合计。

（四）特殊物品的数量可不合计入总数

　　从四柱账记账法的实例来看，比较特殊的物品如木材、柴草、金银等
物也可以不计入回残、新入、见在等柱的合计数及分类账，如 P. 2049 V
《后唐长兴二年（931）正月沙州净土寺直岁愿达手下诸色入破历算会牒》
的破用柱明细账中有如下账目：

　　180 麦叁硕肆斗，寒苦入柽一车用。西仓
　　181 麦两硕贰斗，李信子买水银壹量用。
　　182 麦叁硕，张胡胡边买金水陆钱，渡
　　183 菩萨头冠用。麦叁硕，张兵马使买银
　　184 壹量，打碗用。麦陆硕，张兵马使买
　　185 金花柒钱，渡金刚头冠用。麦叁硕，

---

①　武田科学振兴财团、杏雨书屋编《敦煌秘笈》（影片册）第 1 册，第 394 ~ 396 页。

186 李员住买金壹钱付库。麦两硕

187 叁斗，徐和员买金半钱，亦付东库保

（中略）

320 灯用。油贰斗，梁户入苦水桱一车用。油

321 壹斗伍胜，梁户入粗绁壹匹用。油贰斗

322 肆胜，入布伍拾尺用。油伍胜，梁户买

323 栓柵木用。油壹胜，岁付讷赞用。

虽然这些账主要登载的是麦、油等的支出，但是从中可知，净土寺在930年的收入中有桱、水银、金、柵木、粗绁和布等，水银和金是用麦子买来的，寒苦交纳的一车桱是折合其应向寺院交纳的叁硕肆斗麦而来，而梁户所入的桱、布、粗绁收入是由梁户将应交纳的梁课——"油"折合而来。由于该件文书内容较长，故此处没有引用其新入柱，但是经核对新入柱可知，桱、水银、金、柵木均未计入新入柱分类账和明细账，也没有统计入新入柱总账中，相反，粗绁、布均被计入新入柱分类账，同时在新入柱明细账中也有相应登载，如"布伍拾尺，梁户郭怀义折油入……粗绁贰拾肆尺，梁户郭怀义折油入"。此即对应的是上引破用柱中第321～322行的粗绁、布收入。造成这种现象的原因应是桱、水银、金、柵木在本会计期内即进即出，也即在本会计期内的修造等活动中又被支用掉了，不登载也不会对账目平衡造成影响。

除了木材、柴草、金银外，还有其他不便折算成斛斗的物品也可不计入四柱账册中的合计数，如BD14801《后唐同光贰年（924）十二月廿七日某寺都师金刚锐手下诸色入破历算会牒》第1～14行载：

1 壹阡贰硕叁斗柒胜半麦粟黄麻油面豆绫衣物等见在库。

2 叁伯捌硕贰胜麦，

3 叁伯叁拾陆硕贰斗

4 陆胜壹抄粟，陆拾硕

5 玖斗玖胜贰抄黄麻，

6 肆斗捌升贰抄半胜油，

7 壹拾伍硕捌斗面，

8 贰伯柒拾伍硕捌

9 斗壹抄豆，伍

10 拾尺大绫。

11 衣物：故黄罗帔子壹条，市锦

12 肆尺，白练玖尺，绯罗绣壹

13 丈伍尺，红罗裙壹腰，青

14 绣裙壹腰。①

该件仅存四柱账状的见在柱及结尾部分，其中在第 11～14 行专门登载了衣物。经计算，第 2～10 行的各类斛斗、面、油之和是 997.3565 石，按 1 尺大绫折 1 石麦粟计，50 尺大绫折合 50 石麦粟，二者共计 1002.3565 石，与第 1 行见在柱的合计数基本相同。这说明，尽管见在柱中明确说包含"衣物"，但衣物部分实际上没有计算在见在柱合计数中，故在记账时也没有将衣物部分与斛斗、油、面、大绫等分类账对齐书写。这些衣物没有计入见在总数的原因可能是其作为寺院的布施收入，暂时不能得知其与斛斗的具体折价，在通过佛教的唱卖或其他交易活动之后，才可以将其计入见在总数。

通过以上讨论可以看到，在敦煌的四柱账册中，凡是斛斗、纸及织物中的布、绅、绫、绢、毡等一般均要计入四柱账的总账或每一柱的合计数中，合计时可将不同计量单位的物品折算成统一的计量单位来进行，也可以将不同计量单位的物品数量直接合计在一起或分别合计在一起，比较特殊的物品如木材、柴草、金银、衣物等的数量则可不被计入合计数中。这几种不同的数据合计方法也是中国历史上会计核算中常用的方法，而且这些合计方法的使用会随着时代、地域、会计制度及合计对象的种类、数量等的变化而变化，如在后来明清时期的官方四柱账册中，一般使用将不同计量单位的物品数量分别合计的方法，其他数据合计法则非常罕见，限于篇幅，这里就不再详细讨论了。

---

① 　　　愈主编，中国国家图书馆编《国家图书馆藏敦煌遗书》第 134 册，北京图书馆出版社，2010，图版见第 1 页，录文见"条记目录"第 3 页。

The Discussion on The Accounting Symbols and Totalling Data Methods of Four-Column Accounting Method

—Taking Bamboo Slips and Dunhuang Documents as The Center

Wang Xiangwei

Abstract：The accounting symbols of four-column accounting method have gone through a long evolution process. In a very long historical period, the accounting symbols of four-column accounting method aren't uniform. Because the national laws stipulate the four-column accounting method and its accounting symbols, It isn't until Ming and Qing dynasties that the accounting symbols of four-column accounting method have been finally finalized. Because the four-column accounting method is widely used, so the keeping objects in four-column accounting method are also very broad, and the units of measurement of different keeping objects are different, the four-column accounting method adopts different methods when summing up the number of different keeping objects.

Keywords：Method of Four-column Accounting；Dunhuang Documents；Unit of Measurement；Summation

江防、官工与地方财政治理：清代襄阳老龙石堤的修防经费研究[*]

王汉东[**]

摘　要：清代老龙石堤系襄阳藩屏、全郡保障，为唯一卫城官工，最为紧要。雍乾时期，襄阳老龙堤工的修防经费由襄阳府库定款岁修银与筹备生息银直拨。嘉道时期，老龙石堤大工频繁，加之白莲教起义后府库筹备银减半且逐渐透支，因而借用湖北藩库各款和筹拨藩库商捐堤河发商生息银。咸丰二年（1852）太平军兴，湖北办理团练提用老龙堤工修费本息银各款，岁修银改由湖北藩库拨解。同光时期，藩库堤工岁修定款支用殆尽，老龙堤工修防由藩库厘金支付，或不敷由外销款办理。有清一代，襄阳老龙石堤修防经费自始至终系地方财政，不同阶段分由定款、筹款、借款组成，三款各尽其用，而筹款发商生息银、厘金至关重要。至此，清中央政府选择放弃干预各省官工水利事业的政策，而由湖北地方政府主导汉江官工江防事业的建设与财政运作水利经费的支出，并使官工江防行之有效，呈现出地方政府的财政治理机制与能力富有弹性、卓有成效，此为各省官工水利治理的常规模式。

关键词：江防；官工；府库；藩库；财政治理

一　引言：清代水利经费与国家水利政策及财政研究

近些年，清代水利经费的研究逐渐摆脱以经费言经费的窠臼，而以水

---

  *　本文为国家社会科学基金重大招标项目"清代财政转型与国家财政治理能力研究"（批准号：15ZDB037）阶段性成果和安徽省高校协同创新项目"新发现珍稀徽州文书数字化整理与研究"（GXXT－2020－027）的阶段性成果。

**　王汉东（1990－　　），男，汉族，安徽尧湖人，安徽大学徽学研究中心助理研究员、博士后，研究方向为明清社会经济史，徽学。

利经费为切入点透视清代的水利社会、水利政策、国家财政等，展开多视域的综合研究。其一，水利经费来源有国库拨款、政府借款、官员筹款与赔款、官款生息银、商绅捐助、民众摊派、陋规、租税等诸多形式，从本质上论，总不外官帑、民资两大类，即政府的财政投资与民间诸种形式的水利集资两类。[①] 其二，学界关于"宋元以降，水利事业是否存在由国家力量主导逐渐转向民间力量或乡村社会主导"议题的争鸣，[②] 本质为水利经费的来源是由谁主导的问题，是否存在由国家财政支出的主导转向民间资本主导。其三，水利工程经费的个案研究以探讨清代国家财政及其治理能力等议题为落脚点，此研究路径获得学界同仁的认同与共鸣，引起关注。[③]

由此，前辈学人对清代水利经费的研究已具备较为系统的框架、理论及路径，为后学研究打下坚实的基础，但仍须在学术史上进一步推动，主要有三个方面。其一，在水利史研究中，少数学者将水利工程区分为官工或民工，以此展开对水利事业的研究。若不区分官工与民工，学者对水利史的研究如"国家水利政策""国家与社会"等议题会产生大相径庭的理解与阐释。一般而言，水利经费的来源决定了工程的性质。那么，水利经费的何种来源并以何种方式决定工程的性质，即何谓官工水利与民工水利？其二，水利工程经费来自"官帑"，或称之为国家财政，但鲜有学者对"官帑"做进一步的深入阐释与研究。那么，"官帑"属中央财政还是地方财政？清前中期国家财赋充足、国库盈余，至清后期国家财政入不敷出，财政政策由"量入为出"转为"量出制入"，那么，官工水利经费的来源发生了怎样的变化？官工水利事业是否会因此衰败乃至出现官工体系的崩坏？其三，在探研"清代水利事业由国家或民间力量主导"等议题之前，需要明悉清代国家的水利政策与中央政府、地方政府在水利事业中扮演的角色。在清代国家力量主导水利事业的范畴中，则应进一步分层次探析中央政府与地方政府会如何分配、调整国家

---

① 参见彭雨新、张建民《明清长江流域农业水利研究》，武汉大学出版社，1993，第208页；房利《清代安徽长江江堤建设经费来源问题考察》，《中国农史》2015年第3期。

② 参见鲁西奇、林昌丈《汉中三堰：明清时期汉中地区的堰渠水利与社会变迁》，中华书局，2011；王汉东《水与城：堤防视野下的清代襄阳地方社会——以樊城石堤为中心》，《中国社会经济史研究》2019年第1期；等等。

③ 参见和卫国《清代后期钱塘江海塘大修经费筹集问题研究》，载常建华主编《中国社会历史评论》第11卷，天津古籍出版社，2010；许存健《清后期永定河治理经费研究（1820—1911）》，《北京社会科学》2018年第12期；等等。

水利政策的执行与水利经费的支出，背后实质反映出中央政府与地方政府财政治理的能力如何。总之，水利经费的研究是观察国家对水利事业的政策与国家财政结构、机制及治理能力的重要切入点，也是以上诸多相关问题进行深入反思、研讨与解决的基石。

基于上述水利经费的研究路径与问题意识，以江防工程的经费为透视点来探讨清代国家水利政策与财政治理机制及能力，首先要确认江防工程属官工，修防经费来自国家财政，否则便失去了探索本议题的先决条件及意义，无法进行研讨与对话。按《大清会典》载："凡江防，若水利之应治者，有官工，有民工，定其岁修之款，其无官修定款者，皆由民修；……凡旧有埽工处所，或系迎溜顶冲，或因年久旧埽腐坏，每岁酌加镶筑，曰岁修；……工程有定款者，指明动用何项钱粮，分别有无定额支给。"① 综合可知，江防工程"定其岁修之款"尤为关键，岁修有定款为官工，无官修定款则为民工，因此，清代水利工程岁修有官修定款是判定官工的唯一标准②，而官修定款的本质为官款，属国家财政拨付。民工虽无岁修定款，但修防并非无官款，也可由国家财政支出，即如"凡民修者，工巨则报于部而核焉，如系要工经费逾五百两者，俱一体报部核销"③。

明清时期，襄阳濒临汉水中游，水患频发。明万历四年（1576），湖广下荆南道杨一魁等始筑老龙石堤④，防洪卫城。自此，老龙石堤的修防皆由明清历朝襄阳官府的主政者管理，经费由国家财政支出，属官督官修。清代，据《大清会典》载："湖北江防岁修官工有襄阳府老龙石堤及堤内四座石矶，石堤岁征湖粮银三百两，不敷则以筹款生息银备贮动支，普陀庵、头工嘴、二工嘴、黑龙庙石矶俱动支发商生息银两，无定数。"⑤再按《襄阳府志》载："老龙石堤，堤自万山起至闸口杨泗庙止，通计四十号，每号五十丈，合长二千丈有零，为里十里三分，俱官堤，并无民堤。"⑥ 因此，襄阳护城堤防之老龙石堤自明始建便属官修官堤，至清代定

---

① 光绪《大清会典》卷 60《工部》，《续修四库全书》史部第 794 册，上海古籍出版社，2002，第 583、580、558 页。
② 参见张建民《清代两湖堤垸水利经营研究》，《中国经济史研究》1990 年第 4 期。
③ 光绪《大清会典》卷 60《工部》，第 583 页。
④ 参见万历《襄阳府志》卷 3《郡纪下》，明万历十二年刻本，第 11 页。
⑤ 参见光绪《大清会典》卷 60《工部》，第 583 页。
⑥ 光绪《襄阳府志》卷 1《舆地志一·舆图·老龙堤图》，清光绪十一年刻本，第 23~24 页。

有岁修官款，亦称老龙官堤[①]，束水行洪、卫城安民，系"荆楚屏障"[②]，为襄阳唯一卫城官工，最为紧要。为此，本文在辨析清代官工与民工本质区别的基础上，选取湖北官工襄阳老龙石堤的修防经费进行个案研究，通过对雍正至光绪朝老龙堤工修费的梳理，考察湖北官工江防乃至水利经费来自国家财政的一种范式，以期窥探清代国家的水利政策与财政治理的机制及能力，切合前揭诸多议题的应有之意，颇具研讨的学术价值。但推动水利事业与国家财政的联动综合研究，仍有待于学界对不同区域、不同类型的官工水利经费进行长时段、多层次、全方位的考察。

二　府库定款与筹款：雍乾时期老龙石堤的修防经费

据《大清会典》载："凡工费有定款：工程有定款者，指明动用何项钱粮，分别有无定额支给；有筹款：定款钱粮不敷及另案、大工向无定款者，于别项钱粮酌请动拨，其交商生息及酌留地租、房租筹备应用者亦如之；有借款：修建衙署、兵房等工例无应动款项者，酌借闲款钱粮，工竣后分限归款，赔修者亦如之；有摊款：各省堤埝等工例应民修者，官为垫项兴修，工竣后摊征归款。"[③] 此四种款项基本涵盖了清代所有工程的经费模式，各省江防工程亦如是。关于官工之襄阳老龙石堤的修防经费[④]，笔者据中国第一历史档案馆、台湾"中研院"历史语言研究所、台北故宫博物院所藏清代老龙石堤修防题/奏销的工科题本，朱批、录副奏折，以及政书、官员文集、方志、水利碑刻等，统计出清雍正六年（1728）至光绪

---

① 参见王先谦编《东华续录·咸丰朝》卷18，清光绪刻本，第6页。

② "荆楚屏障"应是为纪念襄阳老龙石堤重修而立的石匾，所立时间不详，现藏于襄阳米公祠石苑，而襄阳樊城公馆门码头牌坊的额匾系"荆楚屏障"石匾的拓本。

③ 光绪《大清会典》卷58《工部》，第558页。

④ 本文所指清代老龙石堤的修防经费皆为老龙石堤另案、大工的修费，如新生堤工、接添堤段、堵筑溃口等，均须督抚临时相度情形，先行具奏，再将工段丈尺开单汇奏，照例题估题销，获得修防工程所需的经费，但并不包括日常岁修、防护抢修的经费。再据《大清会典事例》载："各省修理一切工程，无论正项杂项，数在千两以上者，该督抚先行专折具奏，再将应需工料银两造册题估，工完核实题销"，因此，本文所探讨的清代老龙堤工修费的单笔数额均在1000两以上，1000两以下不予以考虑及统计在内。另据同治《襄阳县志》载："雍正初，守道赵之均、知府尹会一先后修筑护城老龙堤"，此为文献所见清代老龙石堤修防的最早记载，但未指明经费的数额与来源，针对此种类型的情况，本文亦不予以统计。参见光绪《大清会典事例》卷887《工部·营建通例》，清光绪二十一年石印本，第4页；同治《襄阳县志》卷2《建置志·城池》，清同治十三年刻本，第3页。

十一年（1885）老龙石堤的修防工程堤段①、经费数额与来源款项等，归纳总结出老龙石堤修防经费来源的款项分为雍乾时期的府库定款与筹款、嘉道时期的藩库筹款与借款、咸同光时期的藩库定款与筹款三大部分，制成三表，分为《雍乾时期老龙石堤修防经费表》《嘉道时期老龙石堤修防经费表》《咸同光时期老龙石堤修防经费表》，② 兹列于后，以供综合分析研究。

按照清代老龙石堤修防题本的流转，题销程序大致为：湖广督抚题估老龙石堤修防工程堤段与经费的数额及来源款项→内阁奉上谕：着照所请→修防工程结束后，湖广督抚题销修防工程堤段与经费的实用银数额及来源款项→内阁票签：该部察核具奏或议奏→工部核销修防工程堤段与经费的实用银数额及来源款项→内阁票签：依议。其中，湖广督抚在题销修防工程实用银时，须对原估修费中物料、匠夫工价及器具等项进行删减，并除去器具等变价银，因此实用银＝原估需银－物料、匠夫工价及器具等删减银－木铁竹器具等折半变价银。工部核销修防工程实用银会存在两种情况：一是按款核算均属相符，准其开销，即实用实销，则实用银＝实销银。二是查核某项工程修费浮多不实、与例不符，或未分晰声明等而难以实销，于册内粘签注明，钤印发还督抚删减或声明后再行题销。据此部驳，督抚叙明原册造报均系实用实销，无法删减，或据实删减，另造确册题销，经内阁票签后，工部则再行核销，如此反复，直至准其开销。此中确册的核减银两，工部不予以实销，均由承办之员名下照数着追完缴归款，即追赔银③，则实用银＝实销银＋追赔银。

（一）府库定款岁修银

清代官工老龙石堤的岁修定款为襄阳府府库地丁存留项下堤夫银

---

① 清代老龙石堤修防的部分情况可参见鲁西奇、潘晟《汉水中下游河道变迁与堤防》，武汉大学出版社，2004，第241～242页。

② 按清代老龙石堤修防的工科题本、奏折等，货币银数的计量单位为两、钱、分、厘、毫、丝、忽，本文换算采取四舍五入法，以"两"为计量单位，保留钱、分，即小数点后两位。

③ 据《大清会典事例》载："乾隆三十二年奏准，各省应行修理等工，先将保固年限分别核明，其limit内坍塌应行赔修者，该督抚即照例查办，毋得蒙混请修。"再按《工部则例》载："湖北省江汉堤塍岁修工段，加高培厚费至五百千文以上者，限三年保固。"则老龙石堤工段在三年保固期限内坍塌且修费在500两以上的修防工程，应由承修各员追赔修理、支付修费，督抚只照例查办，无须题、奏销动项请款，工部亦不核销。因而，此类追赔银不能作为本文老龙石堤修费的来源款项予以考察。参见光绪《大清会典事例》卷887《工部·营建通例》，第22～23页；光绪《工部则例》卷68《江防三》，清光绪十年刻本，第3页。

23

401.33 两，① 每年由襄阳府属州县征解，收贮府库，每遇工程由襄阳府同知领帑兴修。若该年堤身稳固，即将岁修银报明存积；若遇大工岁修银不敷，详请动帑。② 按表 1《雍乾时期老龙石堤修防经费表》，老龙石堤修防工程及修费的最早记载为雍正六年，源自襄阳知府尹会一的《重修老龙堤记》：

> 六年夏五月，汉水暴溢。凡救王嘴、普陀庵、头工嘴、上湾、中工、龙窝、二工嘴等处堤石尽付波。八月，余自荆回襄，亲诣堤所，……遂详请先动岁修银抢修救王嘴等七处险工，脚深丈余，阔逾八尺，依往例照粮役夫，工料不敷则府属公捐，按工给直，毫厘必晰，奖劳所及，踊跃倍切。③

雍正六年汉水大汛，老龙石堤救王嘴等七处堤段迎溜生险，知府尹会一率先动支岁修银置办物料，依照往例，根据堤垸内的田粮平均派役，按数纠集人夫，昼夜抢修、巡防石堤。清代老龙石堤的修防经费基本为工料银，而"工料不敷则府属公捐"。"府属公捐"是指府署衙门及官吏以公费、捐俸等方式筹集经费，属襄阳府库筹款。此次老龙石堤修防所使用的府库岁修银数额虽不得而知，但不敷由府署衙门公捐，则岁修银已有难以足额支付的迹象。

乾隆七年（1742）夏秋，汉水水势异常，老龙石堤坐裂数处，时任分

---

① 清代档案等文献记载的老龙石堤府库岁修银数额共有四种：一是按照前揭《大清会典》载，湖北江防岁修官工老龙石堤岁征湖粮银 300 两；二是在乾隆朝湖广总督鄂弥达的奏疏、分守安襄郧道王概的禀文等中，岁修银为 300 余两；三是在乾隆朝湖广总督毕沅的奏折、襄阳府同知王正功的文集中，堤工额解岁修银 400 两；四是据道光六年湖广总督李鸿宾、湖北巡抚杨懋恬一份题为《奏请酌拨本省堤河生息银款修筑襄阳老龙堤工等事》的奏折载："襄阳老龙石堤建自前明，延亘十里三分，捍御襄河，保护郡城，最为紧要，向于府属地丁存留项下实征堤夫银四百零一两三钱二分九厘，以作逐年修葺费用。"虽然老龙堤工岁修银数额的四种记载相差最大仅 101.33 两，但属府库地丁存留项下堤夫银 401.33 两最为准确可信。参见《奏为酌筹襄阳郡城老龙堤石矶经费此款请于荞麦湾堤工筹备银内拨发交州县典商承营收解事》，乾隆五十八年三月初四日，朱批奏折，中国第一历史档案馆藏，档号：04 - 01 - 05 - 0078 - 034；王正功《老龙堤记》，乾隆《襄阳府志》卷 33《艺文》，清乾隆二十五年刻本，第 60 页；《奏请酌拨本省堤河生息银款修筑襄阳老龙堤工等事》，道光六年六月二十八日，录副奏折，中国第一历史档案馆藏，档号：03 - 9930 - 010。

② 参见王概《禀抚宪晏各属水利岁修事例》，《安襄郧道水利集案》（下），清乾隆十一年刻本，第 1 页。

③ 尹会一：《健余先生文集》卷 4《记·重修老龙堤记》，清光绪《畿辅丛书》本，第 8~9 页。

守安襄郧道王概在上行湖广总督阿尔赛请项添修老龙石堤的禀文中称：

> 本道亲为查验，实系刻不容缓之工程，计需工料银二千六百余两，而府库仅存历年所余岁修银七百余两，不敷应用。经司咨覆，将八年岁修银三百八十两，一并借用外，蒙前督宪孙另发口岸银①一千一百两，共银二千三百余两，饬令襄通判博节办理。后因拆卸旧料不敷原估，而堤形做法又有添工之处。续经该府厅详称，原未发银二百两，今又添估银三百余两，均需发给，方可足用，俟本道将详明本衙门所收隆中、武当租秫银两②征齐解司还项。③

乾隆七年，安襄郧道王概修筑老龙石堤大沙窝、禹王庙、长门西三处溃堤工程计 60 丈，先动支府库历年所存岁修银 700 余两，并预支乾隆八年（1743）岁修银 380 两，计 1080 余两，再蒙前任湖广总督孙嘉淦筹拨武昌厂关口岸银 1100 两，又拨安襄郧道库所征得的隆中、武当租秫银 500 余两，以支付因拆卸旧料不够抵用新筑堤形有添工之处所需要的工料银，实用工料银共计 2680 余两。其中，武昌厂关口岸银属筹款之督署公费银，隆中、武当租秫银为道库项下供荆南书院使用的公项银。④ 至此，雍正朝至乾隆初年，每遇汉水暴涨致老龙石堤坍塌，府库定款岁修银常不足以支付修防经费，并以"督署公费银"等各种临时的地方筹款补足，亟待法定的常项筹款。

（二）府库筹款发商生息银

乾隆九年（1744），针对府库定款岁修银不敷支付老龙石堤修费、常

---

① 口岸银即武昌厂关口岸银，"凡遇小船过关不及丈尺数目，难照税额征收，向各关口完纳无耗色银，名曰口岸"，除例应支销外，每年可余银 7000～8000 两，系督臣自行支用之项，为总督衙门公用、地方办理利济军民之事，属督署公费银。参见《奏报武昌厂收支口岸银两形事》，乾隆六年九月十三日，朱批奏折，档号：04－01－35－0312－020，中国第一历史档案馆藏。

② 隆中租秫地坐落襄阳西南华严坪、程稍渡、南河，每年部分租秫银由安襄郧道解款鹿门书院，以充膏火；清朝定鼎时，武当租秫一仍明旧，自武当山事隶守道，即由佃书等经理催收，赍解道署弹收，转发各官道支领。由此而知，隆中、武当租秫起解安襄郧道道库，由安襄郧道收支奏销。参见同治《襄阳县志》卷 2《建置志·公署》，第 11 页；光绪《续缉均州志》卷 7《户赋·佃粮》，第 22 页。

③ 王概：《禀制宪阿凑项添修老龙各工》，《安襄郧道水利集案》（上），第 30 页。

④ 参见王概《禹王庙重修碑记》，乾隆八年闰四月谷旦立，现藏于襄阳老龙堤公园。

以临时筹款贴补的现状，湖广总督鄂弥达向乾隆皇帝上奏称："查襄阳府库内有军需银二万两，积年收贮。臣请拨五千两交襄属当铺生息，每岁可获息银九百两，合之岁修银共可千余金，以为频年修筑之用。"① 乾隆皇帝应如所请，从之②，于每年伏、秋汛后，饬令经管之员勘明估报动支修筑，完工据实报销。③ 清代政府大量运用"基金生息"形式筹措河工水利工程经费，项目不少，数额可观④，国库及地方各库款项多存放典杂各商生息，其利息在一分上下⑤。可见，湖广总督鄂弥达将襄阳府库军需积贮银5000两发交襄属典商，以一分五厘生息，每年生息银900两，作为老龙石堤的修防经费，属于水利经费筹措的一种常规做法。自乾隆十年（1745）起，老龙石堤除府库岁修银每年401.33两之外，每年有以府库军需银交典生息为方式的定额筹款900两，亦称为"府库筹备银"，每届按工程大小，以盈补缺。

据表1可知，乾隆十二年（1747）至乾隆四十九年（1784），老龙石堤修防主要集中在老龙石堤卧铁牛至丁家嘴段的临潭、迎水顶冲处，乃至每遇汉水水势浩瀚泛涨、波浪冲激，该处堤工反复矬裂坍塌，估需工料银自2060.65两至5806.54两不等，除去铁木石匠工价等删减银、木器等项折半变价银，并除乾隆四十四年（1779）追赔银92.58两外，工部均未核减而实用实销，实用银自2041.81两至5778.14两不等，基本来自乾隆九年所设的襄阳府库筹备银。值得注意的是，乾隆二十八年（1763）老龙石堤站铁牛等处修防实用银4838.27两，由革职巡抚宋邦绥认修堤工向湖北藩库缴银的三万两内支付⑥，非老龙堤工修防专设的府库筹备银。

---

① 鄂弥达：《请修楚北堤工疏》，《皇清奏议》卷39，民国影印本，第25页。
② 《清高宗实录》卷229"乾隆九年十一月下"条，中华书局，1985，第11册，第955～956页。
③ 王概：《制宪鄂奏修武昌金沙洲、襄阳老龙堤、沙洋月堤并沿河仓储》，《安襄郧道水利集案》（下），第51页。
④ 参见张建民《清代的"基金生息"述论》，《武汉大学学报》（社会科学版）1990年第5期。
⑤ 杨端六：《清代货币金融史稿》，武汉大学出版社，2007，第112页。
⑥ 乾隆二十八年，湖北巡抚宋邦绥在办理湖北归州张洪舜盗窃冤狱重案时，因有心蒙混回护，被革职。乾隆皇帝谕令宋邦绥认修本省堤工。宋邦绥遂留楚修工，除承修武昌金沙洲江工外，并措捐银三万两，分作三限，于乾隆二十九年按数缴足湖北藩库，备湖北堤工之用。另外，宋邦绥认修湖北堤工银多使用于襄阳老龙堤、荆门沙洋堤等官工的修防。参见《清高宗实录》卷687"乾隆二十八年五月下"条，中华书局，1986，第695页。

（三） 府库筹款再次发商生息银

乾隆五十四年（1789）之前，老龙石堤卧铁牛对面周家嘴新涨一处砂滩，俱系大小石子结聚而成，非人力所能挑挖，且砂滩日涨，将汉水大溜逼向南趋，溜势较急，搜刷老龙石堤堤根，愈增坍决之虞。基于此，湖广总督毕沅奏请在老龙石堤迎溜受刷的普陀庵、头工嘴、二工嘴、黑龙庙四处各接建一座挑溜石矶，使汉水大溜往北逼走江心，以冲刷砂滩，保障老龙石堤堤身不致撞冲、堤脚亦免汕啮。① 经钦差阿桂勘办、湖广督抚办理，工部核销，添筑四座石矶共用碎石 8940.2 方，每方银 1.09 两，实用襄阳府库筹备银计 9771.64 两。老龙堤石矶的修建，不仅使襄阳府库积存的筹备银支用殆尽，此后老龙石堤、石矶的共同修防更加使府库筹备银捉襟见肘。

由是，乾隆五十八年（1793），湖广总督毕沅为筹措老龙堤石矶修费，于武昌盐法道道库江夏县荞麦湾堤工筹备银 26000 余两内拨银 5000 两，发交襄阳府属各州县典商承领营运，依照乾隆九年拨运之例仍以一分五厘生息，计每年得银 900 两。此筹款本金虽是武昌盐法道道库筹备银，但因发交襄阳府属各州县典商生息，且每年由襄阳府州县按季分别收贮府库备用，仍视工程大小动用银数，奏咨办理，因而此筹款属襄阳府库筹备银，为襄阳府库第二次筹拨的老龙堤工发商生息银。至此，襄阳府库筹备银每岁数额共计 1800 两。此后，乾隆五十九年（1794）老龙石堤普陀庵等处修防工程实用银 6316.38 两，工部因桩木浮开而核减 522.35 两，由承办之员追赔，则府库筹备银支用 5794.03 两。

从表 1 看，雍乾时期老龙堤工修防估需银共计 42834.84 两，除去删减银 388.38 两、变价银 176.3 两，实用银共计 42270.16 两，各年实用银平稳均衡，最高为乾隆五十四年添建石矶计 9771.64 两，最低为乾隆四十四年 2041.81 两，其中按乾隆九年为界，老龙堤工实用银前后分以府库定款岁修银与筹备银为本，二者共计 35216.96 两，占实用银总额的 83.32%，府库外筹款计 6438.27 两，占 15.23%，追赔银 614.93 两，占 1.45%，并无借款。显然清前期府库老龙堤工定、筹款足以支付修费，收支基本平衡。另外，府库按地方大小距省远近，酌拨司库银分贮，以备急需，每岁

---

① 参见中国第一历史档案馆编《乾隆朝上谕档》第 14 册，档案出版社，1991，第 878 页。

表 1　雍乾时期老龙石堤修防经费表

时间	修防工程堤段	估需银	删减银	变价银	实用银	实销银（府库筹款）	追赔银	备注
雍正六年	救王嘴、普陀庵、上湾、中工、龙窝、二工嘴等							清代官工老龙石堤定款岁修银为每年401.33两，系襄阳府属州县征解，每遇工程由襄阳府属同知府同知领办兴修
乾隆七年	大沙窝、禹王庙、长门西				2680余两	府库岁修银 1080余两 约40.3%；督署公费银 1100两 约41.04%；道库公项银 500余两 约18.66%		府属公捐属银府库筹款；督署公费银与道库公项银属府库之外的筹款
乾隆十二年					2400两	2400两 100%		乾隆九年，湖广总督鄂弥达将襄阳府库军需存贮银5000两发交襄阳当铺生息，每年生息900两，即府库筹款发商生息银，又称为"府库筹备银"
乾隆二十六年	卧铁牛、头工嘴等	5806.54两		28.4两	5778.14两	5778.14两 100%		
乾隆二十八年	站铁牛、头工嘴等	4856.42两		18.15两	4838.27两	4838.27两 100%		此实销银为湖北藩库未邦经认修堤工银
乾隆四十四年	禹王庙西、禹王庙东、黑龙庙、挨连东、接连东、丁家嘴	2060.65两		18.84两	2041.81两	1949.23两 95.47%	92.58两 4.53%	此时府库现存筹备银共7698两
乾隆四十七年	站铁牛西、马王庙东、观音堂、龙庙东、挨连东	4936.2两			4936.2两	4936.2两 100%		

续表

时间	修防工程堤段	估需银	删减银	变价银	实用银	实销银 府库筹款	追赔银	备注
乾隆四十九年	头工嘴东、二工嘴东、禹王庙西、观音堂西、隔蔽东、接连东、牌路巷西等	3936.63两	386.38两	42.53两	3507.72两	3507.72两 100%		
乾隆五十四年	老龙石堤添建普陀庵、头工嘴、黑龙庙四座石矶	9771.64两			9771.64两	9771.64两 100%		
乾隆五十八年，为筹款修老龙石矶修费，湖广总督毕沅将武昌盐法道道库存贮江夏县荞麦陌堤工筹银5000两发交襄阳典商生息，每年生息900两，府库筹备银达每年1800两								
乾隆五十九年	普陀庵、普陀庵东、站铁牛西、站铁牛、头工嘴东、黑龙庙西、牌路巷东等石堤；石矶[1]	6386.76两	2两	68.38两	6316.38两	5794.03两 91.73%	522.35两 8.27%	
总计		42834.84两	388.38两	176.3两	42270.16两	府库筹银 34136.96两 占80.76% 潘库堤工银 4838.27两 占11.45% 督署公费银 1100两 占2.6% 府库岁修银 1080两 占2.55% 道库公项银 500两 占1.18%	追赔银 614.93两 占1.45%	

资料来源（以时间先后为序）：

（1）尹会一：《健余先生文集》卷4《记·重修老龙堤记》，第8~9页。

（2）王概：《安襄郧道水利集案》（上），第30、32页。

（3）台北故宫博物院藏：宫中档奏折，档号：403014628，403018505，403016675，403015368，403018135，403018308；军机处档折件，档号：026347，040365，040477，040781，040812。

（4）中国第一历史档案馆藏：录副奏折，档号：03-1003-077，03-1144-046，03-1002-006，03-1003-066，03-1003-033，03-1003-072，03-1039-014；工科题本，档号：02-01-008-001531-0019，02-01-008-002043-0009，02-01-008-002077-0004，02-01-008-002210-0005，02-01-008-002194-0021，02-01-008-002264-0018，02-01-008-002267-0011；朱批奏折，档号：04-01-01-0058-033，04-01-05-0063-027，04-01-05-0066-022，04-01-05-0078-034。

（5）台湾"中研院历史语言研究所"藏，内阁大库档案，档号：048178-001，103531-001。

说明：

注1. 乾隆五十九年，老龙堤石矶因成砌块石过于碎小，工程未能坚固，被水冲去七八分不等，按例"修筑草率，本不坚固，易致冲决，应当赔修"，则修防实用工料银计6137.69两由承修之员追赔60%，历任道府等分赔40%。此追赔银按例由承办各员全额支付，督抚无须奏销，工部亦不核销，而不计入老龙堤的修费之内。参见光绪《大清会典事例》卷917《工部·河工·考成保固》，第9页。

布政使司入春秋季报册、咨部察核①，再按前揭湖广督抚动支府库老龙堤工定、筹款时，均须按款造具册结题/奏销、工部核销办理，足见府库实是中央户部银库在府级行政单位上的隶属库藏，不独立于清前期"统收统支"的集权式财政体系。

三　藩库筹款与借款：嘉道时期老龙石堤的修防经费

嘉庆元年（1796），襄阳府城，襄阳县东南黄龙垱、县北双沟、三合镇，枣阳瞿家湾，宜城县北等地的白莲教徒纷纷起事。② 此后白莲教起义使得川、楚、陕、豫四省交界地区一片狼藉，襄阳、枣阳、宜城等县各典商被战乱蹂躏，歇业逃散，损失惨重，仅存十之一二，无力完缴老龙堤工本金为 10000 两的生息银。嘉庆六年（1801），湖广总督姜晟等题请、工部尚书明安等核议将襄属典商缴银 5000 两如数归还武昌盐法道道库荞麦湾堤工筹备款，只承领 5000 两生息银仍作老龙堤工筹备银，照旧动支，并豁免襄属典商近年未完生息银 2382.57 两，以苏商累。③ 至此，乾隆五十八年所设的老龙堤石矶筹备银前后仅维持了八年便不复存在，堤工府库筹备银重归每年 900 两。细观之，襄阳各典商承领襄阳府库或武昌盐法道道库等各款生息银以作为老龙堤工筹备银，类似于民户被征派赋役，带有摊领的色彩。

（一）藩库借款之沙洋堤工筹备款

据表 2《嘉道时期老龙石堤修防经费表》可知 ，嘉庆二十二年（1817），老龙石堤站铁牛、头工嘴、观音堂、黑龙庙等处被水冲塌修筑工程共长 110 丈，并堤身内帮加筑土堤计长 100 丈，估需工料银 4930.59 两、夫土银 3626.25 两，除木器变价银 45.3 两，实用银计 8511.54 两。工部尚书曹振镛等核销实用银时，因头工嘴堤外加筑排桩石工一律全用条石难以

---

① 参见乾隆《大清会典则例》卷 38《户部·库藏》，清文渊阁四库全书本，第 30 页。

② 参见江田祥《清乾嘉之际白莲教"襄阳教团"的地理分布与空间结构》，《宗教学研究》2008 年第 3 期。

③ 参见《为核议湖广总督酌筹拨款协济襄阳府城外堤工事宜并请邀免各典未完息银事》，嘉庆六年三月十四日，工科题本，中国第一历史档案馆藏，档号：02 – 01 – 008 – 002547 – 0011。

核准，由承办之员照数追赔 57.61 两，实销银 8453.93 两。其中，老龙堤工府库现存筹备银与岁修银仅 5367 两，不敷银 3086.93 两，由湖广总督庆保议请在藩库沙洋堤工筹备款内借用，并以节省的府库筹备银与岁修银照数归还。文献所见，此为老龙堤工府库银首次不敷修费的支出，标志着府库银全额支付的终结。同时，督抚首开借支藩库他项沙洋堤工生息银例的先河，此后老龙堤工修防借支藩库各款成为常例。

嘉庆二十四年（1819）以来，汉水江中周家洲迤下数十丈紧靠北岸复涨出周家嘴石滩，横截江心，沙石层叠，随挖随淤。每遇伏秋汛涨，水势汹涌，大溜直逼南岸堤身，逼高二三丈不等，致老龙石堤迎面顶冲、回溜搜根深数丈，俗名"龙窝"。[①] 由是，嘉庆二十四年、二十五年（1820）至道光四年（1824），老龙石堤龙窝等迎溜顶冲工段连年溃漫，工繁费巨。嘉庆二十四年龙窝等处工段冲塌矬裂 448.3 丈、土戗冲缺 90.4 丈，嘉庆二十五年二工嘴上首等处旧工老堤冲塌 38 丈，修筑实用银共 24050.75 两，除尽数动用府库筹备银 1362.95 两外，借支藩库沙洋堤工筹备款共 22687.8 两，加上嘉庆二十二年以来六次大修共借支沙洋堤工银 25774.73 两，占实用银 32562.29 两的 79.16%。藩库沙洋堤工借款由府库筹备银每年的 450 两及岁修银中扣还，但与借款数额相差甚远，加之此后大工频仍致府库银无款可还，因此嘉庆朝藩库沙洋堤工借款是老龙堤工修防的大宗支付款。

（二）藩库借款之正项款等九项

道光元年（1821）、二年（1822）、四年各年夏、秋汛，江水盛涨，老龙石堤龙窝、二工嘴等顶冲迎溜处老堤、子堤漫溃矬塌自 275 丈至 616 丈不等，加上土戗被刷应加帮培厚、堤脚外临深潭回溜搜根应抛石护脚等各工，修费大增至 15000～30000 两不等，居高不下。如道光元年老龙堤工修防估需工料银共计 29985.37 两，其中府库现存筹备银及木器变价平余等银仅有并支付 1424.34 两，不敷银 28561.03 两，则借拨藩库商捐堤河生息款 14351.67 两、正项款 14203.99 两、找发银 5.37 两。然除去删减银、变价

---

① 参见周凯《襄阳必告录》卷7《挑浚襄水故道宣泄江涨略节》，载邱仲麟主编《"中研院"历史语言研究所"傅斯年图书馆藏未刊稿钞本·方志》第13册，"中研院"历史语言研究所，2016，第221页。

银共 103.88 两，此次堤工修防实用银 29881.49 两。因而，此次藩库的借款俟府库筹备银还完沙洋堤工筹备银后，须再行还款计 28457.15 两。道光二年老龙堤工修防实用银 16451.64 两，现存府库筹备银等计有 1062.23 两，于藩库工赈款、善后工程款、正项款内共借支 14932.41 两，工部核销因新添铁器未与上届存工铁器扣抵而追赔承办之员 457 两，则实销银 15994.64 两。道光四年老龙堤工修防实用工料银 17993.88 两，府库筹备银仅存 1115.17 两，不敷银 16878.71 两分别于藩库善后工程款、萧姓生息款、沙洋堤工款、逆产租息款、商捐堤河生息款、军需三成款、汉阳江工款内借支。至此，道光初年老龙堤工实用银共计 64327.01 两，其中藩库各项借款因时因地各不相同并逐渐繁多，有正项款、商捐堤河生息款、善后工程款等计九项共 60268.27 两，占实用银的 93.69%，近乎全额，府库筹备银共 3601.74 两，占 5.6%，追赔银 457 两，占 0.71%。

（三）藩库筹款发商生息银

嘉庆二十二年至道光四年，老龙堤工修防实用银共计 96889.3 两，除追赔银 514.61 两由承办之员完缴外，府库现存筹备银及岁修银 10331.69 两远不敷支用，于藩库沙洋堤筹备款等九项共借支 86043 两，并以每年的府库筹备银 450 两扣还藩库借款。实际上，府库筹备银一旦积存便尽数动支，加之旧欠未还，新工又新借藩库各款，愈积愈多，如此反复，遑论还清藩库借款。至道光六年（1826），老龙堤工府库银未还藩库借款计 82137.35 两①，九年时间实则仅还款 3905.65 两，占所欠藩库借款的 4.76%。因此，老龙堤工府库本工筹款与定款早已入不敷出，负债累累，并无望于归还藩库借款，致堤工修费无以为继、濒临崩溃。

由是，道光六年，湖广总督李鸿宾、湖北巡抚杨懋恬据藩司暨襄阳道府议后奏准，于发交汉商生息之藩库商捐堤河银 150000 两内拨出 50000 两专备老龙堤工修费，仍照旧发商生息，每月一分生息，每年得银 6000 两②，一

---

① 参见《清宣宗实录》卷 101 "道光六年七月下"条，中华书局，1986，第 34 册，第 647 页。
② 藩库商捐堤河款先前是嘉庆朝淮商为湖北疏浚河道、建筑堤闸而捐银 500000 两，在修筑河堤闸工等动用后尚存银 100000 两发商生息，以备堤河善后工程随时动用，后催缴还款与提拨商交息银，凑足商捐堤河银 150000 两，发交汉岸商人承领，月息一分，每年缴生息银 18000 两，备全省堤工之用。参见中国第一历史档案馆编《嘉庆道光两朝上谕档》，广西师范大学出版社，2000，第 15 册，第 612 页；第 19 册，第 1041 页。

半归还藩库借款，一半存贮藩库备用，并豁免前借商捐堤河生息银共15651.67两，其余所剩借款八项共银66485.68两，按照现定章程逐年扣还。此筹款即为老龙堤工藩库本工筹备银，实质为汉商捐修堤河款发商生息银。自此，老龙石堤遇有坍裂系由藩库本工筹备息银内动支，取代了襄阳府库筹款发商生息银，并缓解了修费经久不敷的局面。

道光十二年（1832）夏秋江水叠涨，导致老龙石堤自旧旺嘴起至大北门止冲溃坍塡共十六段计456丈，以及堤身加高培厚工程计846丈，应行修筑，实用工料银42907.56两，除尽数动支藩库筹备生息银11170.77两外，不敷银31797.78两，全数借支藩库商捐堤河款及其生息款。此次上谕等明确指明藩库借款不准动支库存正项款。[①] 至此，作为另案、大工修费的襄阳府库筹款发商生息银的确已不复存[②]，也标志着老龙堤工的筹款来源已完成由襄阳府库向湖北藩库的转变。道光二十八年（1848）、二十九年（1849），老龙堤工因水势叠涨塡塌老堤、子堤应行拆修及加修石矶、勾抿、培补撑帮各工程，实用实销藩库本工筹备生息银共9410.54两。此时，藩库本工筹备银全额支付修防，并已还清藩库所有各项借款，且有存余。[③]

据表2可知，嘉道时期老龙堤工修防估需银共计149628.94两，除去删减、变价银共421.54两外，实用银149207.4两，各年大工不断、修费居高不下，减半的府库筹备银入不敷出、无以为继，而设藩库筹备银得以纾解，所借支藩库九项款达102128.12两亦被藩库筹备银归清，因此堤工修费转以藩库筹备银为大宗，共计118803.78两，占总额的79.62%，几近八成，而解难纾困、挹彼注兹的藩库借款使堤工修防得以完成，至为及时且无法替代，其中被免除的商捐堤河生息银15651.67两成为修费来源，占总额10.49%，余9.84%则为府库筹备银等与追赔银计14751.95两。同

---

① 参见中国第一历史档案馆编《嘉庆道光两朝上谕档》第37册，第734页。

② 囿于档案等文献记载的遗缺，老龙堤工自道光六年专设藩库本工生息银后，襄阳府库本工筹备银不复存在的原因难以知晓。笔者推测存在两种情况，一是府库筹备银不再用于老龙堤工另案、大工的修防，转向支付1000两以下的修费；二是老龙堤工府库筹备银本金原属军饷银，被提解原用或他用，故而已无襄阳府库筹备银。

③ 自嘉庆二十二年至道光二十九年，老龙堤工修防所借藩库各款计98222.47两，支用藩库筹备银20581.31两，共计支出藩库筹备银118803.78两。按照老龙堤工藩库筹备银每年6000两的使用章程，以道光七年起至道光二十九年计算，藩库本工筹备银共计138000两，足以支付修费并还清藩库各项借款，且有存余19196.22两用于他项。同时，道光二十八、二十九年老龙堤工修费由藩库筹备银全额支付、并无借款亦是佐证。

表 2 嘉道时期老龙石堤修防经费表

嘉庆六年，经白莲教起义，襄阳各典商婴城敝扰，无力完缴老龙堤委湾堤库券麦筹款银，归还武昌盐道道光昌法道库存筹备银之襄阳典商承领本银5000两如数；湖广总督姜晟等将石机筹备银，而老龙堤工府库筹备银减至每年900两

时间	修防工程堤段	估需银	删减银	变价银	实用银	来源款项及所占比重				藩库借款名目及备注
						实销银		追赔银	藩库借款	
						藩/府库筹款现存银	藩、府库筹款旧还藩库借款银			
嘉庆二十二年	站铁牛西、头工嘴、挨连堂、黑龙庙加筑及土堤等各工	8556.84两	45.3两		8511.54两	5367两 63.06%	3086.93两 36.27%	57.61两 0.68%	3189.84两	沙洋堤工筹款
嘉庆二十四年	龙窝、二工嘴、观音堂、黑龙庙等	15347.15两	49.16两	25.54两	15272.45两	1362.95两 8.92%	13909.5两 91.08%		13984.2两	沙洋堤工筹备款
嘉庆二十四年	添筑冲缺龙窝等石工的土埝	5799.34两			5799.34两		5799.34两 100%		5799.34两	沙洋堤工筹备款
嘉庆二十五年	二工嘴、大沙窝西、坤路巷西	2978.96两			2978.96两		2978.96两 100%		2978.96两	沙洋堤工筹备款
道光元年	龙窝、二工嘴、观音堂、禹王庙及黑龙窝等加石护脚、抛石加高岸厚各工程	29985.37两	58.74两	45.14两	29881.49两	1424.34两 4.77%	28457.15两 95.23%		28561.03两	商捐堤河生息款14351.67两，正项款14203.99两，找发银5.37两

续表

时间	修防工程堤段	估需银	删减银	变价银	实用银	来源款项及所占比重			藩库借款	藩库借款名目及备注
						实销银		追赔银		
						藩/府库筹款现存银	藩、府库筹款旧还藩库借款银			
道光二年	旧旺嘴西、孔家埠口至宋家嘴、卧铁牛、老龙庙西、禹王庙西、黑龙庙西等加高培厚、抛石护脚各工程	16496.94 两		45.3 两	16451.64 两	1062.23 两 6.46%	14932.41 两 90.77%	457 两 2.78%	15434.71 两	工赈款 3456.79 两，善后工程款 3589.93 两，正项款 8387.99 两
道光四年	老龙庙至老龙庙东、龙窝西、沙窝至大沙窝东、禹王庙、禹王庙西、大马头、大马头东、铁桩西及龙窝堤后土坝各工程	18057.89 两	14.85 两	49.16 两	17993.88 两	1115.17 两 6.2%	16878.71 两 93.8%		16942.72 两	善后工程款 5300 两，萧姓生息款 3700 两，沙洋堤工款 300 两，逆产租息款 4000 两，商捐堤工生息款 1300 两，军需三成款 2100 两，汉阳江工款 242.72 两
道光六年	道光六年，为筹措老龙石堤修费与归还藩库借款，湖广总督李鸿宾等将藩库商捐堤河银 50000 两发交汉岸商人生息 6000 每两，并免除藩库本工筹备银 3000 两按年扣还。此后，老龙堤工修费转由藩库本工筹备银支付。所剩其他人项借款 66485.68 两，筹借生息银 15651.67 两									
道光十二年	旧旺嘴至大北门十六段及老龙庙至普陀庵、老龙庙西、禹王庙至黑龙庙、大马头大北门帮培子埝、酌加石工四段	42968.55 两		60.99 两	42907.56 两	11170.77 两 26.03%	31736.79 两 73.97%		31797.78 两	商捐堤河款 26613.12 两，生息款 5184.66 两

续表

时间	修防工程堤段	估需银	删减银	变价银	实用银	来源款项及所占比重				藩库借款名目及备注
						实销银		追赔银	藩库借款	
						藩/府库筹款现存银	藩、府筹款旧还藩库借款银			
	至迟于道光十四年，基于老龙石堤旧编号次丈尺长短不齐，亦无石界，每号各长五十丈，镌刻号数地名，湖广总督讷尔经额将老龙石堤编列四十号，各立石界，形成规范化格局[1]									
道光二十八年	孔家埠口西、大马头大东、大北门、杨涧庙闸口及软桩、赛归旧堤加改二座石矶等	1588.04两		2.34	1585.7两	1585.7两 100%				
道光二十九年	旧旺嘴西、旧旺嘴、宋家嘴、卧铁牛、站铁牛、二工嘴西、二工嘴、大嘴西、禹王庙西、沙窝、禹王庙、黑龙庙、黑龙庙东、丁家嘴西、丁家嘴、长坡埠口、长门等拆修、勾抵工程及加帮土戗	7849.86两		25.02两	7824.84两	7824.84两 100%				

续表

时间	修防工程堤段	估需银	删减银	变价银	实用银	来源款项及所占比重			藩库借款	藩库借款名目及备注
						实销银		追赔银		
						藩、府库筹款现存银	藩、府库筹款归还藩库借款银 117779.79 两 78.94%			
							免除	实在	514.61 两 0.34%	商捐堤河筹备款 47449.45 两 占 39.98%
总计		149628.94 两	85.53 两	336.01 两	149207.4 两	30913 两 20.72%	15651.67 两 10.49%	102128.12 两 68.45%	118688.58 两	沙洋堤工筹备款 26252.34 两 占 22.12%
						藩库筹备银 118803.78 两 占 79.62%				正项款 22591.98 两 占 19.03%
						藩库借款商捐堤河生息银 15651.67 两 占 10.49%				善后工程息款 8889.93 两 占 7.49%
						府库筹备及岁修银 14237.34 两 占 9.54%				逆产租息款 4000 两 占 3.37%
						追赔银 514.61 两 占 0.34%				萧姓生息款 3700 两 占 3.12%
										工赈款 3456.79 两 占 2.91%
										军需三成款 2100 两 占 1.77%
										汉阳江工款 242.72 两 占 0.2%
										找发银 5.37 两 占 0.005%

资料来源（以时间先后为序）：

（1）中国第一历史档案馆藏：工科题本，档号：02-01-008-002457-0016，02-01-008-002398-0014，02-01-008-002425-0013，02-01-008-002453-0003，02-01-008-003268-0017，02-01-008-003272-0018，02-01-008-002547-0011，02-01-008-003322-0010，02-01-008-003177-0003，02-01-008-003397-0020，02-01-008-003233-0016，02-01-008-003396-0018，02-01-008-003402-0012，02-01-008-003431-0019，02-01-008-003468-0002，02-01-008-003477-0004，02-01-008-003835-0018，02-01-008-003870-0001，02-01-008-003880-0027，02-01-008-004222-0018，02-01-008-004248-0003，02-01-008-004206-0020，02-01-008-004209-0006，02-01-008-004222-0001；未批奏折，档号：04-01-05-0151-018，04-01-05-0157-010，04-01-05-0154-041，04-01-01-0602-002，04-01-01-0628-010，04-01-01-0630-032，04-01-01-0674-013，04-01-01-0121-023，04-01-01-0740-011，04-01-01-0747-034，04-01-01-0753-073，04-01-01-0835-041，04-01-01-0843-049，04-01-01-0836-052；录副奏折，档号：03-2100-007，03-2104-022，03-2107-031，03-2108-061，03-9930-010，03-1799-101，03-2098-077，03-3534-009，03-3575-036；户科题本，档号：02-02-036

002634-0030、02-01-02-3225-009；

(2) 周凯：《襄阳必告录》卷7《挑浚襄水故道宣泄涨略节》，第221、182、183页；

(3) 台湾"中研院历史语言研究所"藏，内阁大库档案，档号：148382-001、065705-001、157142-001、157075-001；

(4) 台北故宫博物院藏：宫中档奏折，档号：404017200；军机处档折件，档号：064858、068534。

注1：老龙石堤编列字号：万山东、旧旺嘴西、头工嘴东、站铁牛西、老龙庙、凡六号共长三百丈，皆水势平易；卧铁牛、宋家嘴、孔家埠口西、孔家埠口、龙窝西、龙窝东、二窝东、二工嘴、凡十二号共长六百丈，皆临潭顶冲；普陀庵东、大沙窝、皆临潭西、禹王庙东、禹王庙、黑龙庙东、牌路巷东、二工嘴嘴西、丁家嘴嘴西、丁家嘴、凡十一号共长五百五十丈，皆迎水顶冲；长坡埠口西、象鼻嘴普陀庵、禹王庙西、黑龙庙西、赛妇堤东、二花楼、凡八号共长四百丈，皆近城临潭；杨泗庙闸口长禹两号共长一百丈，皆水势平易；站铁牛、黑龙庙、大马头、赛妇堤、大北门、铁桩、大马头东、凡四十号共长二千零四丈，通计十一里一分零六丈。但清代档案等诸多文献中，仍沿用"明老龙石堤计十里三分"为记。参见前昌池、禹王庙两号共长五十丈，水势平易；凡四十号共长二千零四十丈，水势平易。烈《楚北水利堤防纪要》，成文出版社，2017，第80~83页。

时，湖北藩库乃一省财赋之总汇，各州县岁征田赋、杂赋，除存留支用外，余悉起解布政使司贮库①，作为府库的上级库藏，不仅统筹、协调、分配湖北省级财政的收支，当然也承担着府库以外难以支付的款项。在老龙官工府库银不敷支出的困境下，湖北主政官灵活动用藩库筹款发商生息银和各项借款，但没有形成制度化的专项经费与直接拨款，也使得老龙堤修防工程井然有序。

四　藩库定款与筹款：咸同光时期老龙石堤的修防经费

（一）　藩库定款岁修银与外销款

咸丰二年（1852）以来，太平天国军兴，湖北办理团练，急需军饷。除协济他省钱粮外，湖北各府州县所领发典本息银两提解藩库，以充军需，并支应兵差防堵，其中藩库堤工如武昌江工、汉阳江工、沙洋堤、老龙堤等本息银两亦充饷。② 由是，老龙堤工存贮藩库、府库筹款发商生息银荡然无存，所剩府库存留岁修银转由襄枣宜南光谷六县按年随同正赋额解藩库③，即为藩库存贮堤工定款岁修银每年401.33两，此后大修、岁修均由藩库岁修银拨款，相较于筹款大为削减而甚少，须选择险要工程进行修防。

据表3《咸同光时期老龙石堤修防经费表》可知，同治六年（1867），老龙堤工老龙庙等处坍塌臌裂324.5丈，修筑各工实用藩库岁修银1501.85两，工部核销加筑的土戗浮开283.33两，系土2361.1方，每方银0.012两，计28.33两，对承办各员追缴银255两，实销银1246.85两。同治八年（1869），普陀巷至杨泗庙闸口段被水冲坍，如式修理实用工料银2432.14两，实销藩库堤工定款1803.87两，不敷银628.27两系由地方官筹捐办理，并不奏销报部，属外销款，而不知其款项名目。至此，老龙堤工藩库岁修定款已使用殆尽而不敷支出，且值湖北藩库库藏奇绌，无别项可筹，遂由外销或动拨厘金等款以济之。

---

① 参见乾隆《大清会典则例》卷38《户部·库藏》，第28页。
② 参见《奏报查明各属原领生息等支应兵饷数目》，同治十年八月初九日，军机处档折件，台北故宫博物院藏，档号：109412。
③ 参见同治《襄阳县志》卷2《建置志·堤防》，第65页。

（二）藩库筹款厘金与其他

同治十年（1871），老龙石堤普陀庵东等堤脚被水冲塌痤裂，修防估需银 1748.53 两，除变价银 3.47 两外，尽数动拨藩库定款存银 689.59 两，不敷之项由樊城厘金支出 1055.47 两，实用银 1745.06 两。按档案所见，此为老龙堤工藩库岁修银不敷修费时首次由樊城滨河水卡自咸丰五年（1855）始征出入境货物的湖北厘金支付。同治十三年（1874），老龙石堤老龙庙等段拆修培补、增筑子堤各工程计 218 丈，实用银 14603.91 两，因藩库定款存银仅数百两，由厘金全额支付。当然，湖北厘金自举办以来，每年抽收实数在 130 万~200 万两左右①，成为清后期老龙堤工与湖北堤工修费的巨额来源款。

光绪二年（1876），老龙堤工丁家嘴至铁桩段老堤、子堤坍塌，实用藩库定款岁修银 1467.4 两，而工部以丁家嘴子堤脚石未将旧石打捞抵用为由核减 58.65 两，由承办之员照数赔缴，实销银 1408.75 两。自是，老龙堤工藩库岁修定款现存无多，又值光绪四年（1878）卧铁牛等处修费实用实销工料银 2635.93 两，在厘金项下如数动拨。光绪六年（1880），老龙堤工丁家嘴西等段崩塌痤裂，分别拆卸修筑实用工费银 2903.3 两，实销堤工岁修银 1976.33 两，不敷银 926.97 两由地方捐办公用的外销款支付，可见晚清财权的下移与地方督抚财权的扩张。光绪十年（1884），老龙石堤黑龙庙等工拆修实用银 1524.32 两，尽数动支藩库定款 1515.63 两，不敷银 8.69 两由藩库关款凑足。光绪十年，老龙堤工藩库定款尽数支用，加之日常维护工费，至光绪十一年已存剩无几，是年禹王庙东等工被水冲裂一并修筑，实用银为 1632.97 两，由藩库厘金动支。综上可见，光绪朝老龙堤工修费呈现出藩库岁修银与厘金交替循环支付的迹象，一旦岁修银存余便尽数动用，不足则由厘金全款支付，又转使岁修银存余，如此反复，亦反映出即使在湖北藩库库藏支绌的困境中，老龙堤岁修银每年仍能足额征解拨发，可见官工岁修银制度得到了有效执行。

据表 3 可知，同治六年至光绪十一年，老龙石堤修防工程除老龙庙、普陀庵、丁家嘴等临潭、迎水顶冲堤段外，集中在长坡埠口西至杨泗庙闸口近城临潭及水势平易堤段，修防难度系数大为下降，工程相对简易量小，

---

① 参见洪均《厘金与晚清财政变革——以湖北为例》，《江汉论坛》2012 年第 9 期。

表 3 咸同光时期老龙石堤修防经费表

时间	修防工程堤段	估需银	变价银	实用银	来源款项及所占比重					备注
					实销款		厘金	关款	追赔银	
					藩库定款	外销款				
咸丰二年以来，湖北办理团练，老龙堤工修费之道光以前所存库本息库两全行提用充饷，再无本工筹款，即藩库定款额解藩库，按年额解额银每年401.33两										
同治六年	老龙庙等处	1506.83两	4.98两	1501.85两	1246.85两 占83.02%				255两 占16.98%	
同治八年	普陀巷至杨泗庙闸口段	2436.52两	4.38两	2432.14两	1803.87两 占74.17%	628.27两 占25.83%				
同治十年	普陀庵东、站铁牛西，并象鼻嘴至篾妇堤各段堤脚	1748.53两	3.47两	1745.06两	689.59两 占39.52%		1055.47两 占60.48%			
同治十三年	老龙庙、普陀庵东、站铁牛西、篾妇堤	14617.83两	13.92两	14603.91两			14603.91两 占100%			此时藩库岁修银仅存数百两
光绪二年	丁家嘴牛铁桩段	1470.37两	2.97两	1467.4两	1408.75两 占96%				58.65两 占4%	
光绪四年	卧铁牛等处	2644.84两	8.91两	2635.93两			2635.93两 占100%			
光绪六年	丁家嘴西、丁家嘴大马头、篾妇堤东、长门、杨泗庙闸口等处	2930.78两	27.48两	2903.3两	1976.33两 占68.07%	926.97两 占31.93%				

续表

时间	修防工程堤段	估需银	变价银	实用银	来源款项及所占比重					备注
					实销银				追赔银	
					藩库定款	外销款	厘金	关款		
光绪十年	黑龙庙、长坡埠口西、象鼻嘴等	1532.1 两	7.78 两	1524.32 两	1515.63 两 占99.43%			8.69 两 占0.57%		
光绪十一年	禹王庙东、长陂埠口西、大北门	1640.45 两	7.48 两	1632.97 两			1632.97 两 占100%			此时藩库岁修银存剩无几
总计		30528.25 两	81.37 两	30446.88 两	8641.02 两 28.38%	1555.24 两 5.11%	19928.28 两 65.45%	8.69 两 0.03%	313.65 两 1.03%	

资料来源（以时间先后为序）：

（1）中国第一历史档案馆藏：录副奏折，档号：03-4969-031，03-4970-003，03-4970-056，03-7077-006；工科题本，档号：02-01-008-004443-0001，02-01-008-004444-0016，02-01-008-004462-0010，02-01-008-004462-0041，02-01-008-004483-0034，02-01-008-004493-0046，02-01-008-004482-0039，02-01-008-004494-0018，02-01-008-004522-0013，02-01-008-004535-0039，02-01-008-004551-0001，02-01-008-004562-0019，02-01-008-004577-0035，02-01-008-004588-0015，02-01-008-004589-0037，02-01-008-004590-0005，02-01-008-004603-0052，02-01-008-004614-0006，02-01-008-004674-0014；朱批奏折，档号：04-01-01-0930-002；满文题本，档号：02-01-04-22335-006；

（2）台北故宫博物院藏，军机处档折件，档号：109412。

少有石矶、抛石护脚、土戗等各接续工程，侧面说明清前中期老龙石堤迎溜顶冲等处各工修防成效显著，堤固水畅而水患险情减少。除同治十三年大工外，老龙堤工各年实用修费均不及 3000 两，共计 30446.88 两，藩库岁修定款支出 8641.02 两，占总额的 28.38%，与岁修银不敷时组合支付的外销等款计 1563.93 两，占 5.14%，承办各员追赔银 313.65 两，占 1.03%，余皆由藩库厘金并多次全款支付共计 19928.28 两，占 65.45%，成为老龙堤工修费的首要来源。按照《大清会典》的规定，藩库厘金等作为老龙堤工岁修银无法支付修费时的他项拨款，属于筹款。显而易见，清后期老龙堤工的修费转由藩库定款岁修银与筹款组成。至光绪十七年（1891），老龙石堤每届工费由安陆船捐局项下拨支，按照下水征收的多寡以襄阳、张家湾两局船厘的四成拨充岁修用费，光绪三十一年（1905），改办统捐，由安陆局统收统支。① 尽管清末老龙堤工的定款岁修银由地丁银转为厘金或统捐，但官工岁修银制度并未改弦更张，直至清亡。更为重要的是，面对清后期湖北藩库库藏的支绌，也基于藩库岁修地丁银不能全部支付老龙堤工修费的困境，湖广督抚等量出制入、谋篇裁决将堤工经费转向新财源的藩库厘金或不被中央政府所全然掌控、地方自筹公用办理的外销款，使修防未因此耽误乃至废弃并行之有效。当然，这与晚清中央政权受战乱等因素的影响使权力逐步下移，地方督抚事权、财权的扩张相呼应。同时，老龙堤工修防的奏销较清代前中期呈现出程序松弛、内容简略乃至格式化处理的趋势，工部审核修费全由藩库定款岁修银支付时明显更严谨，并适当地核减追赔。

五　源与流：清代国家官工水利的政策与地方政府的财政治理机制及能力

在清代水利事业的建设中，水利工程的管理体制可以分为三类，以湖北堤工为例：第一类为官征官修，通常为江河最关紧要、郡城保障的堤工，如荆州万城堤、武昌江工、江夏县荞麦湾堤、襄阳老龙堤、荆门沙洋堤等②；

---

① 参见民国《湖北通志》卷 50《经政八·权税》，1921 年刻本，第 45 页。
② 参见王兆虎、丁寿石等《湖北堤防纪要》，成文出版社，2017，第 33~42 页。

第二类为官征民修或官督民修，如四邑公堤①；第三类为民征民修，如襄阳樊城石堤②。就清代三种不同类型的管理体制而言，仅官征官修所属为官工，其余皆是民工。清代国家官工水利事业发展，实质取决于中央与地方政府的水利策略与财政治理机制及能力。

清代国家水利政策的形成，一方面，水利事业暨公共事业介于国家和社会之间，清政府理性的选择是让社会分担或承担公共事务，不仅降低财政运行的成本，也降低自身所面临的风险；另一方面，基于公共事务中绝大多数人的利益，并不一定符合清政府的利益，此种情况下，即使清政府投入足够的资源，未必能符合公共事务的利益，也得不到为此花费足够资源的收益③，因此希冀以最少的资源投入获取最大的经济效益，而采取合理的选择介入的策略④。清代水利工程绝大多数属于官征民修或官督民修的管理体制，虽属民工，但"官征/督"本质体现出清代国家选择性介入各省水利事业。

对于各省官工水利事务而言，以襄阳老龙石堤修防为例，清前、中、后期老龙石堤修费分由襄阳府库与湖北藩库的定款、筹款、借款组合而成，三款各尽其用，但自始至终没有转向中央户部银库的直拨，最大范畴即在湖北藩库内协调各款、发商生息、使用新财源厘金等，因此，堤工修费非属中央财政，系湖北地方财政⑤，而文献记载中的"官帑""领帑""拨帑""发帑""动帑"等中的"帑"亦实属湖北地方财政。如是，清代中央政府选择放弃对湖北官工江防乃至各省水利事务的干预，在修费上罕

① 参见杨国安《国家、堤防与社会：明清两湖水利事业中的国家介入与区域协作——以四邑公堤为中心的考察》，载冯天瑜主编《人文论丛》2012年卷，中国社会科学出版社，2012。
② 参见王汉东《水与城：堤防视野下的清代襄阳地方社会——以樊城石堤为中心》，《中国社会经济史研究》2019年第1期。
③ 参见埃莉诺·奥斯特罗姆《公共事物的治理之道——集体行动制度的演进》，余逊达、陈旭东译，上海三联书店，2000，第10~19页。
④ 参见魏丕信《水利基础设施管理中的国家干预——以中华帝国晚期的湖北省为例》，魏幼红译，载陈锋主编《明清以来长江流域社会发展史论》，武汉大学出版社，2006，第614~647页。
⑤ 本文"地方财政"的定义采用赵思渊、申斌《明清经济史中的"地方财政"》一文中所指，即事实上提供地方公共品的支出及供给此支出的收入定义为经济学意义上的"地方财政"。所谓地方公共品，即包括地方公益事业（水利、教育、荒政、慈善），也包括地方行政事务（征税、司法、官吏薪俸）。参见赵思渊、申斌《明清经济史中的"地方财政"》，《中山大学学报》（社会科学版）2018年第1期。

有支出，呈现出保守的策略，官工水利事务尚且如此，遑论民工水利事务。在晚清国家财政出现危机时，更是如此，中央政府从而逐渐失去在水利事业中的主导地位。鉴于清中央政府及财政选择放弃干预水利事业的策略，地方政府转向大规模干预官工水利事业，承担官工水利事业的管理与修防经费，系由地方财政运作，地方政府实际上主导了各省官工水利事业的建设，执行起国家水利事业的选择策略。即使清代财政结构发生变化，国家也不会做出相应的调整。此为清代国家官工水利的一种选择策略，也是湖北官工江防乃至各省官工水利管理与修费来源的一般模式。

与此同时，清代国家对官工水利选择策略的实施，由湖北地方政府主导本省官工水利事业的建设，与湖北地方财政收支结构及政策的演变休戚相关，实质体现出湖北地方政府的财政治理机制与能力，以老龙堤工修费为例分而论之。

其一，官工修费的来源与湖北地方财政收支结构的演变相契合。清乾隆年间国力强盛，襄阳府库充盈，财政政策量入为出，除老龙堤工府库岁修银外，襄阳府库、武昌盐法道库库银两次发襄属典商生息增加堤工府库筹备银，此后再无增加且减少如初。嘉道时期，老龙堤工修费陡增数倍，达到峰值，为此湖北藩库借款横起，并发巨额的商捐堤河生息银，用以支付高额的修费，但不需户部银库的支拨，反映出嘉道时期的财政支出规模保持着缓慢扩张的态势，收支相抵后一般出现盈余。[①] 咸同光时期，湖北非常支出项目不断增多，只能通过加税增捐、开征厘金、举债等手段弥补经常性收入的不足，包括湖北堤工本息银提充军饷，量出制入，以期平衡收支，但财政支绌不可逆转。[②] 湖北藩库无他款支付堤工修防，经费转向新财源厘金及外销款等，不仅表明湖北地方政府事权与财权的扩大，而且反映出了晚清国家财政权力分配存在着"外重内轻"[③] 的局面。同时，从内销款的奏销可知，襄阳府库与湖北藩库是中央户部银库在地方的派驻机构与储存库，并不独立，堤工修防的任何一笔经费均须督抚奏销，工部核销，体现出清代国家"统收统支"的集权式财政体系。

其二，官工定款岁修银制度的稳健保守透视出湖北地方财政治理的不

---

① 倪玉平：《试论清朝嘉道时期的财政收支》，《江汉论坛》2018年第2期。

② 参见倪玉平《从国家财政到财政国家——清朝咸同年间的财政与社会》，科学出版社，2017，第269页。

③ 参见刘伟《晚清督抚政治——中央与地方关系研究》，湖北教育出版社，2003，第402页。

完全机制。有清一代，湖北官工之老龙堤的定款岁修银始终维持在每年400余两。一方面，尽管清后期湖北财政支绌，岁修银从襄阳府库转为湖北藩库，以及清末岁修银来源由藩库地丁银转为厘金或统捐，但岁修银制度并未改弦更张且稳健落实；另一方面，定款岁修银数额极其有限，又不得突破，毫无伸缩可言，彰显定款岁修银制度保守刻板，实际远不足以支付堤工修防，必须依赖于岁修银之外的其他各款项，但又没有形成新的经制化的专项款，是不完全财政体制的一种表现形式①，可视为湖北地方财政的治理机制。

其三，官工筹款、借款的灵便有效折射出湖北地方财政治理能力的高超。面对府库、藩库岁修银无以为继的困境，湖北地方政府富有弹性地协调藩库银的分配与使用堤工本息，藩库筹款发商生息银、厘金与借款等成为老龙堤工主要的经费来源，对于妥善办理修防事务至为关键。其中，荞麦湾堤筹备款再次发商生息作府库本工筹备银，藩库借款之沙洋堤筹备款是湖北地方财政内官工水利经费的协拨，藩库借款之商捐堤河款亦发商生息作本工筹备银，藩库九项借款被本工筹备银还清，厘金、外销款的应运支付等，恰恰与官工定款岁修银制度的保守刻板相反，表现出湖北地方政府财政治理能力的灵活变通、成效卓著，各款挹彼注兹、相机而动，足以应对岁修银制度设计上的缺陷。在此之下，老龙堤工修防始终秩序井然、行之有效，也未曾转为民堤，至民国时期亦属官堤②，可谓"百世卫城官工"。

综合视之，在清代国家的公共事业中，各省官工水利事业建设的长盛不衰及其重要性始终如一，源自国家水利岁修银的制度与地方政府大规模干预官工水利事业的政策，并与地方政府财政收支结构的演变休戚相关。透过湖北官工水利的典型江防之老龙石堤修费的确切个案，可知湖北地方政府对官工采取强力能动的管理与修防，以及筹款发商生息银、厘金背后显示出汉商、淮商等始终参与汉江水利事业的建设，对于揭示官工水利经费与地方政府的财政治理能力具有普遍性的阐释作用，其他如武昌金沙洲江工、江夏荞麦湾堤、汉阳江岸堤工、荆门沙洋堤等亦如是。即使清中央政府及财政采取放弃干预水利事业的政策，湖北地方政府与财政仍能保障汉江官工水利事业的建设。因此，湖北地方政府的干预与财政运作，有效

---

① 参见何平《清代不完全财政体制引发的危机》，《人民论坛》2020年第2期。
② 参见王兆虎、丁寿石等《湖北堤防纪要》，第203页。

地主导了湖北官工水利事业的建设，使老龙石堤修防行之有效，显现出地方政府的财政治理机制与能力富有弹性、卓有成效，此亦可谓地方政府的官工水利治理机制与能力。

Defense Works Along the Han River, Government Project and Local Finance Governance: On the Funds for the Repair of Laolong Dike of Xiangyang City in Qing Dynasty

Wang Handong

Abstract: In the Qing Dynasty, Laolong Dike was the only and most important government project as the waterproof barrier of Xiangyang. During the Yongzheng and the Qianlong Period, the funds used for the repair of Laolong Dike was directly allocated by Xiangyang's government repository for fixed amount of repair funds and interest generating institutes. During the period of Jiaqing and Daoguang, the raised funds in Xiangyang's government repository were not enough for the repair of Laolong Dike. Therefore, the funds in Hubei's repository and the funds used for generating interest donated by merchants were appropriated. In the second year of Xianfeng, the funds used for repairing Laolong Dike were transferred to support regionalized military in Hubei due to the emergence of the Taiping army. The annual repair funds were then allocated by Hubei's repository. In the period of Tongzhi Guangxu, the repair of Laolong Dike was conducted with the likin in provincial government repository and the raised money by local governments, because the original funds for repairing in the repository were not enough. In the Qing Dynasty, the funds for repairing Laolong Dike in Xiangyang came from local finance all the way. In different stages, the dike was repaired with money that was fixed, borrowed and raised respectively. Among raised funds, the funds delivered to merchants for interest generating and the likin were of great significance. Since then, the central government of the Qing Dynasty chose to give up the strategy of intervening in the provincial official works and water conservancy undertaking. Instead, the local government of Hubei province took the lead in the Han River official defensive works and managed the expenditure for repairing the Laolong Dike so as to make the repairing work effective. It can be seen that local governments have a flexible fiscal governance capacity and can deliver effective results. This is the regular pattern of provincial official work and water conservancy management.

Keywords：Defense Works along the Han River；Government Project；Government Repository；Provincial Repository；Financial Governance

从办货规程看清代民国山西商人纸品贸易[*]

陈稷东　　魏晓锴^{**}

摘　要：纸品贸易是清代民国山西商人经营的重要领域。在采办过程中，他们对纸品质量严格把关。山西商人还广泛参与到裁剪、染色、印刷等加工制作中，实现了纸品的"再生产"，提高了产品附加值。山西商人对纸品的流通也极为重视，流通路线、运输方式、经营管理等都体现出专业化特征。纸品贸易还与其他商品贸易发生广泛联系，茶叶、布匹等商品需求为纸品贸易提供了巨大的市场。纸品作为诸多商品贸易的一种，扩大了山西商人的经营范围，完善了山西商人的经营结构，体现了山西商人的贸易品格。

关键词：办货规程；清代民国；山西商人；纸品贸易

造纸术是中国古代闻名于世的四大发明之一。我国至少从汉代就开始生产和使用纸张，唐代以降，纸品越来越广泛地运用到民众的日常生活中。随着科技史和社会史研究的兴起与发展，中国"纸业史"得到了广泛关注。明清山西商人辉煌商界五百年，除茶叶、毛皮等行业外，纸品贸易也是其中具有代表性的一种。目前学界关于山西商人研究取得了丰硕的成果，但关于纸业商人的研究成果并不多见。[①] 近年来，大量关于山西商人

---

* 本文系用友基金会"商的长城"重点项目"清代民国山西商人商业教育史料整理与研究"（2019 – Z09）阶段性成果。

** 陈稷东，山西太原人，山西大学历史文化学院博士研究生，主要研究方向为中国近代经济史；魏晓锴，山西清徐人，山西大学历史文化学院教授，博士生导师，主要研究方向为中国近代社会经济史。

① 目前学界关于山西纸业商人研究，尚无专门的著作及论文，大多散见于山西商人综合性研究中。具有代表性的著作有〔日〕寺田隆信《山西商人研究》，山西人民出版社，1986；黄建晖《明清山西商人研究》，山西经济出版社，2002；史若民等《平、祁、太经济社会史料与研究》，山西古籍出版社，2002；张正明、张舒《晋商兴衰史》，山西经济出版社，2010。论文有范金民《明清时期运河重镇苏州城的地域商帮》（《人 （转下页注）

的民间文献的发掘与出版，为我们的研究提供了极大的便利。由刘建民先生主编的 88 卷《晋商史料集成》是目前出版的有关山西商人文献中规模最大、种类最全、编选最精的一种。其中的"办货规程"包括办茶规程、办布规程和杂货规程，尤其杂货规程，大量涉及清代民国时期的纸品贸易。本文尝试以办货规程为切入点，揭示这一时期山西商人纸品贸易的复杂面相，以期丰富相关领域的研究。

一　清代民国山西商人纸品贸易中的采办

清代民国时期，山西商人经营着数量庞大的纸品。"办货规程"显示，这一时期纸品名称多达 200 种以上。其命名方式众多，有以形制命名的，如各种表纸、连纸、笺纸；有以颜色命名的，如梅红纸、刷绿纸、亮青纸；有以纸品纹饰命名的，如白底兰花纸、黄罗纹纸、素花白绫纸；有以规格命名的，如三三表辛纸、一八净红纸；有以产地命名的，如高丽纸、宣纸；有以原材料命名的，如桑皮纸、棉纸；有以用途命名的，如奏本、门神纸等。"采办"是山西商人纸品贸易的首个步骤，如何采办到种类繁多且质量上乘的纸，是纸品贸易持续发展的关键。山西商人首先对纸的质量严格把关，对纸品的"出处"即产地尤为重视。

"出处"是"办货规程"中常见的一种子规程，一般以商品名称为条目，记录各商品的产地等信息。纸品的出处，有的在专门的"纸张出处""纸品出处"规程中，如《清代纸张、杂货、糖等货物规程》有"纸张出处"，《民国八年宝善堂记货商杂志》有"各省色纸出处"；有的则在综合的"出处"规程中，如《道光元年杂货规程》有"诸样杂货出处"，《咸丰七年应用杂货本》有"诸货出处"。从这些"出处"来看，山西商人所经营纸品大多原产于江西、福建两省。《道光元年杂货规程》中"诸样杂货出处"记有纸品 36 种，其中出于江西的有 19 种，出于福建的有 5 种[①]；《民国八年宝善堂记货商杂志》之"各省色纸出处"中共记有 46 种纸品，

（接上页注①）文论丛》2018 年第 2 辑，武汉大学出版社，2018），间有提及明清时期的山西纸业商人，如《晋商兴衰史》第三章第二节述及山西商人在京师开办之纸店。

① 《道光元年杂货规程》，刘建民主编《晋商史料集成》第 68 册，商务印书馆，2018，第 509～620 页。

其中出于江西的有 42 种，出于福建的有 3 种①。当然，其中一些纸品的出处并不是唯一的，《清代纸张、杂货、糖等货物规程·纸张出处》中有"五合大毛边，出江西广信府，福建登州府九日县、顺昌县亦出"②。在采办过程中，山西商人对货物出处尤为重视，通过商品的基本信息来把握货物的评价标准。

山西商人之所以关注纸品的出处，是因为它直接关系到纸品的质量。"办货规程"记录的纸品有上百种，几乎每种都有自己的标准，总的来说，主要有产地、触感、色泽、规格等。清代民国时期，山西商人采办纸品以产地为首要标准。《道光元年杂货规程》记录："表辛：出湖南衡州府湘潭县，夷阳汉庄顶高，白果上，东山次，龙山更次。"③《民国二十三年恒裕王记办杂货规程》记录："锦纸：出东府次，朱镇佳，杭州更佳。"④ 在长期经营过程中，山西商人更是在产地标准上衍生出了字号标准，产生了一种"品牌信任"。如清代《天津东昌等处办杂货规程》专门记录了东昌府"义源纸局""德胜纸局"等字号的纸品价格和交易规则。⑤ 到了民国，这种趋势进一步加强，在纸品名前冠以字号名，并以等级区分。《民国十八年米彩莘杂记本》记有"同发荣川连纸""复源生白官纸"等⑥；《民国二十三年恒裕王记办杂货规程》则分等级记录了经营贡川纸的 9 家字号，其中"魁元""和记"为"头户"⑦。可以看出，山西纸品商人与纸业字号有着长期的贸易合作，对这些字号货物信赖有加，他们达成商业信任，共同造就品牌效益。

除出处外，山西商人还以触感、色泽等实践经验判断纸品质量。首

---

① 《民国八年宝善堂记货商杂志》，刘建民主编《晋商史料集成》第 69 册，商务印书馆，2018，第 339 ~ 367 页。

② 《纸张出处》，刘建民主编《晋商史料集成》第 69 册《清代纸张、杂货、糖等货物规程》，第 254 页。

③ 《诸样杂货出处开录于后》，刘建民主编《晋商史料集成》第 68 册《道光元年杂货规程》，第 583 页。

④ 《纸札》，刘建民主编《晋商史料集成》第 69 册《民国二十三年恒裕王记办杂货规程》，第 422 页。

⑤ 《东昌买义源纸局》《东昌买德胜纸局》，刘建民主编《晋商史料集成》第 69 册《天津东昌等处办杂货规程》，第 495 页。

⑥ 《各种纸张类》，刘建民主编《晋商史料集成》第 69 册《民国十八年米彩莘杂记本》，第 385 页。

⑦ 《贡川字号》，刘建民主编《晋商史料集成》第 69 册《民国二十三年恒裕王记办杂货规程》，第 411 页。

先，是以触感为标准，细滑为佳，粗糙乃至纤维突出者差。如《咸丰七年应用杂货本》中有"棉连纸，要白净光洁，不要漏连帘"①；《同治七年各类杂货兼兰州秤头、行规谱》提到方白麻纸"要白净硬者好，麻渣多黑次"。"净""洁"都有手感光滑的含义，是高质量的表现；反之，渣多者手感粗糙，归于次品，更有甚者漏帘扎手，为山西商人所摒弃。其次，是以色泽为标准，色匀且正为佳。《同治七年各类杂货兼兰州秤头、行规谱》中有粉连纸"要纸细白，无云者好"②；《清代纸张、杂货、糖等货物规程》记录，色宫尖"朱红为上，色要亮，面色匀者佳"③。"白""朱红""亮"是对纸张色泽的标准；"无云"指纸浆厚薄均匀不结团，"面色匀"指纸张染色均匀，都是要求纸品视觉效果整齐。这两类方法都是运用长期贸易实践中总结出的感官体验，明确了纸品买办的标准。

在采办过程中，山西商人除了关注纸品的产地，还关注价格、去向、用途等其他信息。如《清代纸张、杂货、糖等货物规程》中有"潼关纸：出陕西汉中府，捻火纸煤用""长连：出河南固始县，消于朱仙镇，做染色染连使用，周口亦用"④。这些记录虽少，但说明了山西商人经营纸品种类丰富。另外，从清代到民国，山西商人一直经营有进口性质的"洋纸"，如《清代纸张、杂货、糖等货物规程》记录"洋连纸""金银花洋兰""素洋兰"等"洋纸"均出广州⑤；《咸丰六年程宅某号第二本杂货作载随平码》中则记载有用"番银"进行"洋兰"交易的记录⑥。我国机器造纸工业始于1884年，直至甲午战前，国内只有两家机器造纸厂。⑦ 在这期间，山西商人较早地开始采办机器纸，《光绪十八年广顺源记花名折》中

---

① 《诸货出处》，刘建民主编《晋商史料集成》第68册《咸丰七年应用杂货本》，第667页。
② 《新抄海菜杂货兼兰州秤头、行规》，刘建民主编《晋商史料集成》第68册《同治七年各类杂货兼兰州秤头、行规谱》，第728页。
③ 《纸张出处》，刘建民主编《晋商史料集成》第69册《清代纸张、杂货、糖等货物规程》，第264页。
④ 《纸张出处》，刘建民主编《晋商史料集成》第69册《清代纸张、杂货、糖等货物规程》，第256、258页。
⑤ 《纸张出处》，刘建民主编《晋商史料集成》第69册《清代纸张、杂货、糖等货物规程》，第265页。
⑥ 《广东杂货规矩》，刘建民主编《晋商史料集成》第68册《咸丰六年程宅某号第二本杂货作载随平码》，第650页。
⑦ 上海社会科学院经济研究所轻工业发展战略研究中心：《中国近代造纸工业史》，上海社会科学院出版社，1989，第51页。

出现了"机器洋粉连"等机器纸的记录，其他规程也多有"机器纸"的记载。[1] 山西商人花费大量篇幅记录纸的品质信息，体现了纸品贸易中对商品质量严格把关，力求经营品质上乘、规格标准的纸品，这也是山西商人纸品贸易在清代民国时期能够发展延续的重要因素。

二 清代民国山西商人纸品贸易中的加工

重视商品的质量，是清代民国山西商人纸品贸易成功的关键。办货规程显示，清代民国山西商人纸品贸易是复杂的，整个贸易过程不仅仅是简单"贩卖"，而且融入了大量的"再生产"元素，即对商品进行"加工"和"再加工"，提高纸品的产品附加值。纸张的"再生产"涉及不止一种原料，还需要技术工人以及资金等支持，山西商人能够以各种手段参与其中。纸品贸易中的加工，首先体现在纸品的裁剪。"帖套"是一种纸制函套，类似信封，与不同的精致纸张配套，它的制作工序中最主要的是裁剪，故称"裁帖套"。"办货规程"中，"裁帖套"子规程频繁出现，地点主要在山东东昌和山西曲沃。"帖套"盛装的主要是规格固定的纸，故"裁帖套"最重视的是尺寸。《清代纸张、杂货、糖等货物规程》的《帖套尺寸》记录了近20种不同尺寸的帖套，如"官单纸做大改式封，长八寸四，宽三寸三八，重九两[2]；《东昌府裁帖套》记录，一刀"生上净纸"可做"九五大套"八百零八个，每包二百，工钱二十五，重一斤[3]，体现裁剪加工的不同规格。

在"裁帖套"的子规程中，如何进行裁剪加工的规则尤为详细。《天津东昌等处办杂货规程》的《东昌府裁纸规例》记录："大赛边：每一篓计六刀，每刀一百九十五张，每一篓做云尖纸一十二刀，余纸三十张，除破碎，每篓水工银一两四钱至一两八钱不等。"[4] 裁剪纸品规格的加工相较裁"帖套"更简单，山西商人将大多数裁剪工作都集中在"裁帖套"的中心东昌和曲沃进行。还有些零散的裁剪记录，如《天津东昌等处办杂货规

---

① 《光绪十八年广顺源记花名折》，刘建民主编《晋商史料集成》第69册，第58页。
② 《帖套尺寸》，刘建民主编《晋商史料集成》第69册《清代纸张、杂货、糖等货物规程》，第160页。
③ 《东昌府裁帖套》，刘建民主编《晋商史料集成》第69册《清代纸张、杂货、糖等货物规程》，第179～180页。
④ 《东昌府裁纸规例》，刘建民主编《晋商史料集成》第69册《天津东昌等处办杂货规程》，第518页。

程》记录了"毛卜纸"以大化小的加工规格，"毛卜纸：每篓计一十二刀，每篓裁小码二百六十四刀，每刀按一百九十六张数拆小码，每刀九十，每刀印工钱三个"①。裁剪是一种较初级的纸品加工方式，由于纸张均有固定规格，故裁剪是纸品加工必不可少的环节，甚至很多纸品名称都显示出"裁剪"特色，如各种"剪边纸""裁边纸""切边纸"等。"剪纸"本身也是一种商品，技术要求更高，产品附加值也更高，规程中就有"长青剪纸""洋剪纸"等商品。山西商人大量经营这些裁剪特点明显的纸品，也是他们广泛参与纸张剪裁加工的一个侧面。

染色是山西商人对纸品更复杂的一种加工方式。纸张本身大多接近白色，但市场上各种有色纸需求很大，如民间遇有过节、嫁娶、祭祀等就常用到红、黄、金、绿等纸。办货规程显示，清代民国山西商人在纸品贸易中很多情况下融入了"染纸"的加工环节，主要地点是河南的朱仙镇。《清代纸张、杂货、糖等货物规程》的《朱仙镇染纸规例》记录了染纸用的原料、工钱、价码等信息，如"毛把纸做大丹红一刀，用丹三两，工银二钱四"，开价"大红加二码"，除各种红纸，该号还染黄、金、绿、铜等色纸。②《民国二十三年恒裕王记办杂货规程》的《朱镇作坊做色纸规例》记载了染不同颜色纸的工钱："银红工银三两二，大红工银二两，紫色工银两六，蓝绿金黄工银一两，青黄古铜工银九钱。"③《宣统二年庆喻堂办茶、办杂货规程》中有《沠染连歌》，记录了染各色纸之要诀，歌曰："金色染连俱是全，每一架中九样颜。桃大二红共十五，青三黑绿五刀半。鹅黄紫绿淡兰色，各是刀半共为全。"④ 染纸的原料主要是纸和颜料，二者都需要专门采办。以染制"云笺"为例，朱仙镇是它的主要产地之一，是在原纸基础上刷"云粉"而制成。《道光元年杂货规程》中有"云粉：出云南，白亮的刷云笺用"⑤。山西商人在朱仙镇染"云笺"，需要先采办云南

① 《毛卜纸》，刘建民主编《晋商史料集成》第69册《天津东昌等处办杂货规程》，第534页。
② 《朱仙镇染纸规例》，刘建民主编《晋商史料集成》第69册《清代纸张、杂货、糖等货物规程》，第238、239页。
③ 《朱镇作坊做色纸规例》，刘建民主编《晋商史料集成》第69册《民国二十三年恒裕王记办杂货规程》，第423页。
④ 《沠染连歌》，刘建民主编《晋商史料集成》第67册《宣统二年庆喻堂办茶、办杂货规程》，商务印书馆，2018，第486页。
⑤ 《诸样杂货出处开录于后》，刘建民主编《晋商史料集成》第68册《道光元年杂货规程》，第598页。

"云粉"和江西原纸。除原料外，还需要技术工人以及资金等的支持，足见山西商人纸品贸易之精细和复杂。

在纸品贸易中，除进行裁剪、染色等加工外，山西商人还从事纸张印刷。造纸术与印刷术常常被联系在一起，纸张与印刷品有着天然的关联。山西商人的纸品贸易也包含大量印刷产品，清中期办货规程中多有经营《诗经》、《易经》、四书、门神等印刷纸品的记录。《天津东昌等处办杂货规程》有一套较完整的"做书"规程，包括《东昌做"四书"规例》《书中张页》《四书开价规例》三个子规程。《东昌做"四书"规例》记录的是做四书的各项花费，《书中张页》是所做书籍用纸数，《四书开价规例》则是"四书"等书籍的售价。① 这些记录充分体现了纸品贸易中加工元素色彩。版画是山西商人经营的又一大纸类印刷制品，最突出的是门神画。《清代纸张、杂货、糖等货物规程》记录"门神：出东昌府聊城县，样式开庄，一刀重一斤，大裁一十七对，二裁二十五对"②。门神是家家户户每年都要消费的商品，市场亦很庞大。《咸丰六年某号第吉本各路买货代发脚》记录了在东昌做"门神"的信息，指明了不同质量的门神用纸，最好的是用"正顶梅"红纸，价格为次一等的"正行梅"两倍之多。③ 《同治七年各类杂货兼兰州秤头、行规谱》则记录"门神纸"出于山西和西安，兰州发往西宁的货物有"门神一担"，该号可能是将门神纸从山西运至兰州，印刷成门神画后运至西宁。④ 除门神外，山西商人还经营其他神像印刷制品，如《天津东昌等处办杂货规程》的"全码一刀各样底处""柜处卖套码规矩"记录了门神、财神等上百种民间神祇，均为版画之具体素材。⑤ 对纸品进行加工和再加工，极大地提高了山西商人在纸品贸易中的竞争力和影响力。

---

① 《东昌做"四书"规例》《书中张页》《四书开价规例》，刘建民主编《晋商史料集成》第 69 册《天津东昌等处办杂货规程》，第 514、515 页。

② 《纸张出处》，刘建民主编《晋商史料集成》第 69 册《清代纸张、杂货、糖等货物规程》，第 270 页。

③ 《东门神》，刘建民主编《晋商史料集成》第 68 册《咸丰六年某号第吉本各路买货代发脚》，第 633 页。

④ 《计开新抄海菜、杂货兼兰州秤头、行规列于其后》《计开各货税纹银行市规矩开列于其后》，刘建民主编《晋商史料集成》第 68 册《同治七年各类杂货兼兰州秤头、行规谱》，第 717、730 页。

⑤ 《全码一刀各样底处》《柜处卖套码规矩》，刘建民主编《晋商史料集成》第 69 册《天津东昌等处办杂货规程》，第 461~464 页。

三　清代民国山西商人纸品贸易中的流通

清代民国时期，山西商人不仅在纸品贸易中对纸的质量严格把关，而且还参与到了纸品的生产和加工当中。除采办和加工外，流通也是纸品贸易中重要的一环。通过"办货规程"可以看出，清代民国山西商人纸品贸易中的流通体现出专业化的特征。纸品贸易中的专业化流通，首先是行商路线的相对固定和成熟。笔者对"杂货规程"中涉纸文献所反映的路线信息进行了整理，具体情况如表1所示。

表1　"杂货规程"中纸品贸易路线情况一览表

规程名目	年份	字号	经营纸品情况	主要贸易路线
道光元年杂货规程	1821	曲沃某字号	约40种纸品	曲沃—赊旗—汉口—吴城
咸丰六年某号第吉本各路买货代发脚	1856	祁县某字号	约50种纸品	祁县—赊旗—运河网络各地
咸丰六年程宅某号第二本杂货作载随平码	1856	祁县某字号	涉及纸品生产加工	汉口—赊旗
咸丰十年瑞庵堂记各省办货路程规例	1860	瑞庵堂记	涉及纸品生产加工	湘潭—武昌——镇江
同治七年各类杂货兼兰州秤头、行规谱	1868	不详	约50种纸品	西宁—兰州
光绪十六年李霖沧记则例后本	1890	李霖沧记	有独立纸规程	天津、大兴等地至通州
光绪十八年广顺源记花名折	1892	广顺源记	以纸品为主营之一	无
光绪二十二年春秋记颜料规例	1896	春秋记	以纸品为主营之一	无
光绪二十二年颜料规例	1896	春秋记	以纸品为主营之一	无
清代纸张、杂货、糖等货物规程	1906	太原商号	以纸品为主营之一	东昌、赊旗等地至太原
民国八年宝善堂记货商杂志	1909	宝善堂	有独立纸规程	无
民国十三年合记售诸货名堂目录	1924	不详	纸品为主营之一	无

续表

规程名目	年份	字号	经营纸品情况	主要贸易路线
民国十八年米彩华杂记本	1929	"米焕文"商号	有独立纸规程	无
民国二十三年恒裕王记办杂货规程	1934	恒裕王记	有独立纸规程	吴城—赊旗
天津东昌等处办杂货规程	不详	寿阳宗艾镇某字号	有独立纸规程	天津—小范；东昌—获鹿

资料来源：本表据刘建民主编《晋商史料集成》第68、69册，商务印书馆，2018，"杂货规程"相关子规程内容整理。

山西商人的纸品贸易一般从商号所在地出发，因此办货规程中大多都有关于其本号的信息。通览"杂货规程"中涉及纸品部分，可以看出多数商号可归户于晋中一带，少量分布在晋南等地。清代民国时期山西商人经营的纸品，原产地主要在江西、福建，加工地主要在河南、山东，他们的行商路线基本上是从山西本土出发，在河南赊旗等地顺运河南下赣、闽等地采办纸品；采办完成后，将纸品由南方发达的水路网汇集至汉口、樊城等处入运河，经运河至朱仙镇、东昌府等地对纸品进行加工，然后陆路发往山西、陕西、西北及东北各地，也可经运河直达北京通州，向北陆运至草原腹地。《道光元年杂货规程》中记录了从山西曲沃经河南赊旗，由运河运至湖北汉口，再辗转于江苏、江西等地采办货物的路线，大量纸张就在江西采办的。[1]《咸丰六年某号第吉本各路买货代发脚》中的运输路线，以运河重要市镇赊旗镇为中心，记录了从赊旗镇到山西、山东、河南、湖北等各地的运输情况。[2] 显然，沿运河线路是山西商人纸品贸易的最重要通道，各商号在经营过程中都形成了以运河为中心的相对稳定的线路，它们构成了山西商人纸品贸易的商业网络。

清代民国山西商人的纸品贸易，不仅有相对成熟的商业线路，还有专业化的纸品流通。山西商人纸品贸易的运输方式主要是水运，运河是纸品流通的主要通道，沿线水系发达，根据水路情况，水运起止点是灵活的，如运河时有阻塞，可能以陆运方式经过阻塞路段，也有可能在阻塞处直接

---

[1] 《曲沃县往赊旗镇》《赊旗镇往东津湾》，刘建民主编《晋商史料集成》第68册《道光元年杂货规程》，第605～619页。

[2] 《咸丰六年某号吉本各路买货代发脚》，刘建民主编《晋商史料集成》第67册，第621～644页。

换为陆运抵达终点。所用的交通工具也是灵活的，如水大则多用大船，水小则使用小船。陆运方式更加灵活多样，驼、骡、马、牛车以及人力挑扛都很常见。清末民初，随着现代化交通工具的引入，山西商人纸品流通较早地搭上了轮船、火车等现代运输的"顺风车"。《清代纸张、杂货、糖等货物规程》中记录了利用"火轮舟"运输的情况①；《民国八年运费价目及卖茶规例》详细记载了正太铁路的纸张运费，"（每）二十吨每法里一元一二"②。轮船、火车相较传统的木船和骡马，不仅速度快，而且运量大，运费更稳定。山西商人与时俱进，纸品贸易中轮船、火车等先进工具的运用，是纸品流通专业化的重要体现。

在纸品流通过程中，运费、税费是最主要的花费，山西商人对流通花销的管理亦相当专业。办货规程显示，运费、税费大量体现为计件付费，每种纸品都有明确的规格，纸品规格与运费、税费密切关联，很多纸品规格的记录就包含在运费与税费的相关子规程中。运费在规程中称"脚钱"，水路运费称"水脚"，《光绪十二年杂货规程、茶布规程平码》中有"毛边：三篓一中担"，需过载水脚"毛银五钱四分"③；《清代天津办杂货规程》记录"天津发李家庄，每担水脚大钱三百上下，外加上下船小力钱一百"④。税费名目众多，以厘金最为常见，《光绪二十七年办杂货规程》记录，大黑纸在三原县"每担厘金银二两零四"⑤；《民国三年王宅槐茂堂杂货规程》载该号光边纸由常德至汉口需纳"厘金钱六十"⑥。其他还有入城税、火耗银、学捐银等。《同治七年各类杂货兼兰州秤头、行规谱》记录，广本纸在西宁"入城每担税纹银五钱八"⑦；《光绪十二年杂货规程》记

---

① 《海味出处》，刘建民主编《晋商史料集成》第69册《清代纸张、杂货、糖等货物规程》，第200页。

② 《正太铁路运货总价单》，刘建民主编《晋商史料集成》第67册《民国八年运费价目及卖茶规例》，第683页。

③ 《北舞渡杂货过载担头水脚规矩》，刘建民主编《晋商史料集成》第68册《光绪十二年杂货规程、茶布规程平码》，第765页。

④ 《天津发李家庄》，刘建民主编《晋商史料集成》第69册《清代天津办杂货规程》，第118页。

⑤ 《西安省》，刘建民主编《晋商史料集成》第69册《光绪二十七年办杂货规程》，第115页。

⑥ 《常德》，刘建民主编《晋商史料集成》第69册《民国三年王宅槐茂堂杂货规程》，第316页。

⑦ 《计开各货税纹银行市规矩开列于其后》，刘建民主编《晋商史料集成》第68册《同治七年各类杂货兼兰州秤头、行规谱》，第714页。

录，在安徽涧溪过关，需按货品报税、按包缴杂使费、按船缴验船钱，"每加五分加三火耗，九兑纹银"①；《民国六年办茶规程》中《由汉大船来安铝、纸、吃食沿途报厘金规》载，纸品等货物过长江城陵矶除厘金外，"以四成加军饷，另有印花税等，奉饬每正税一串附收警察捐三十文"②。民国年间税费不仅名目繁多，而且缴算复杂。《民国三年王宅槐茂堂杂货规程》就记录了祁县"民国四年新起落地税，其税无论何货物件，纳税有谱，税征大洋，如不够大洋，付小洋；每毛丁大洋八分，外加税票一张，钱十个；每税洋一元，外加征收钱二十二个"③，同时用到大洋、小洋、税票和铜钱。地域不同，地方性贸易规则千差万别，直接影响着流通花销。其中，最常见的是各类用银、用钱、用秤规则，重要的产纸区往往会有专门的纸类秤平。《咸丰十年瑞庵堂记各省办货路程规例》中就有"江西草帽平比买各货平"，记录了几种江西纸类专用秤平，如"表辛（平）每百两（比草帽平）小二钱二分""毛边（平）每百两（比草帽平）小一两二钱"④。秤平的差异对纸品贸易成本影响巨大，山西商人对各类贸易规则的重视和运用也集中体现在办货规程中。运费税费等流通成本核算清晰便捷，是纸品流通专业化特征的又一体现。办货规程较全面地展示了清代民国纸品贸易中的专业化流通，这也是山西商人纸品贸易能够不断发展、生生不息的重要因素。

四　山西商人纸品贸易与其他商品贸易的关系

清代民国时期山西商人的办货规程显示，在纸品贸易中，纸品经营与其他商品经营有着密切的联系，其中以茶叶贸易最为突出。从明中叶开始，山西商人就从福建及两湖茶区采购、生产茶叶，而后千里迢迢转输到草原腹地及更远的地方进行贩卖。在茶叶贸易中，茶叶采办、生产、加工、运输都与纸品密切相关，尤其是茶叶包装。山西茶商经营不同类型的

① 《陈集买菜规矩》，刘建民主编《晋商史料集成》第68册《光绪十二年杂货、茶布规程平码》，第764页。
② 《由汉大船来安铝、纸、吃食沿途报厘金规》，刘建民主编《晋商史料集成》第67册《民国六年办茶规程》，第649页。
③ 《祁县落地税》，刘建民主编《晋商史料集成》第69册《民国三年王宅槐茂堂杂货规程》，第326页。
④ 《江西草帽平比买各货平》，刘建民主编《晋商史料集成》第68册《咸丰十年瑞庵堂记各省办货路程规例》，第691页。

茶叶，运往不同的地区，包装极为复杂。以种类来说，有箱茶、篓茶、盒茶等；以销售地论，有口庄、洋庄、广庄等，因此产生了"东口三六大箱""广庄工夫大箱"等专业包装方式。复杂的包装体现了茶叶贸易的成熟，无论何种包装，纸张都是必不可少的。办货规程显示，几乎所有"办茶"的规程中都有"办纸"的子规程，办茶用纸量最大的，要数"包茶"和"贴票"。这方面记录最明确的是《清中期洋楼洞、洋楼司买茶规程》，现以其中"东口三六大箱"包装用纸情况为例，如表2所示。

表2　《清中期洋楼洞、洋楼司买茶规程》载东口三六大箱包装用纸情况表

用途		用纸	纸价
包茶砖		京榜纸，每张包砖一块，每千箱用二十五块	每块钱一千三五，每块一十五刀
		改连纸，两张包砖三块，每千箱用二十九块	每块钱九百上下，每块一十二刀
		大改连纸，每张包砖一块，每千箱用一十二块	每块钱一千一百上下，每块一十五刀
		票板纸，每张包二块，每千箱用二十九块	每块钱二千零五上下，每块十刀
		折表纸，每块砖用纸一张半，每千箱用二十一块	每块钱一千二上下，分头、二、三印，头印每块八十刀
贴票	内票	黄尖纸，每张裁票二十个，每千箱用一十九刀	无
		元花纸，每张裁票一十八个，每千箱用二十一刀	无
	外票	连四纸，每张裁票一十六个，每千箱用二十四刀	每块钱七千五，每块＊＊刀
		改连纸，每张裁票九十个，每千箱用二十刀	每块钱九百上下，每块一十二刀

资料来源：本表根据《清中期洋楼洞、洋楼司买茶规程》（《晋商史料集成》第67册，商务印书馆，2018，第297~298页）整理编制。

"押砖"是山西商人生产加工茶叶的重要程序，在这份办茶规程中，《押砖式》子规程记录押砖动辄"五六千箱"[1]，如果按五千箱全为"三

---

[1] 《押砖式》，刘建民主编《晋商史料集成》第67册《清中期洋楼洞、洋楼司买茶规程》，第305页。

六"箱茶，全以较常见的改连纸算，则仅包茶砖纸就需约145块，合钱约130500文。该规程所记当时"担砖"等一般人力工钱一天约150文。① 相比之下，用纸确实是一笔较大的花费。茶叶贸易用纸量大，茶商对纸极为重视。一般而言，办茶前先要将各种纸张裁剪、刷印妥当，以备使用。《清中期洋楼洞、洋楼司买茶规程》的《汉口投行》子规程中有"到汉之日，赶紧先买纸张刷印，票纸齐备，着一人将纸押上先走"②。办好做茶用纸为办茶头等大事，茶商对裁、印纸张的花费记录十分细致，如做贴票要刻版，"大砖外票板每块银二钱二，内票板每块银一钱八"；要刷印，"每千张足数工价银三分二"③。这些都说明，山西茶商极其重视办茶用纸，不光亲自采购纸品，还要对纸张进行加工，茶叶包装用纸常为自行裁剪，有的还要用到染纸，纸上还要刷印字号标识或名称。在办茶规程中，采办纸品类型众多，有白绫纸、梅红纸、净红纸、色染纸、丹红纸、云阳纸、江西纸、潼关纸、京稿纸、小毛边、光边纸、准切边纸等，在颜色、产区、样式上均有标准和要求。

除生产和加工外，茶叶运输亦与纸品关系密切。《清中期洋楼洞、洋楼司买茶规程》的多个运输和报税子规程涉及纸张，如《临清关报税》记载，"每块折表纸正税元银一钱，京榜改连纸每块正税银八分"；《赊旗镇发汝州》记载"纸张浮捎"，即纸张作为捎带不算运费。这说明茶商向北运输的货物中必须有纸，这些纸主要是用来"修茶"的，即要定时检查茶叶包装的纸张破损、脱落情况，酌情修补。《东口修茶谱》就反映了这种情况，其中说明"纸张不够再买"④。可能"修茶"所用的纸就是做包装后所剩的纸张，跟随茶叶"浮捎"运输，在途中随时修补使用。"办茶规程"是除"杂货规程"外涉及纸品最多的规程，说明山西商人的"办茶"与"办纸"有相当紧密的联系。中国古代"四大名纸"没有产于山西境内的，造纸的主要原料有棉、麻、竹、檀等，山西也并不占优势。那么，山

---

① 《开押用人》，刘建民主编《晋商史料集成》第67册《清中期洋楼洞、洋楼司买茶规程》，第291页。
② 《汉口投行》，刘建民主编《晋商史料集成》第67册《清中期洋楼洞、洋楼司买茶规程》，第298页。
③ 《刊砖票板规例》《刷印票规》，刘建民主编《晋商史料集成》第67册《清中期洋楼洞、洋楼司买茶规程》，第336页。
④ 《临清关报税》《赊旗镇发汝州》《东口修茶谱》，刘建民主编《晋商史料集成》第67册《清中期洋楼洞、洋楼司买茶规程》，第322、325页。

西商人缘何涉足纸业贸易呢？"办茶规程"提供了一种可能的解释：办茶与为纸品提供了巨大的市场，山西商人开始亲自采办、加工包装用纸；"修茶"的需要使纸张一路随茶北上，自然地为南方纸品开辟了市场；"办茶"大量用纸可能是促使山西商人从事纸品贸易的直接原因。

除茶以外，其他商品包装也需用纸，布是又一大宗。《清代太谷锦泰蔚布庄办布规程》中的《京都夏布》子规程就记录了该号包装布匹用纸情况。如"八二荣昌县漂白提尖衣料：四箱四钱、四钱二五、四钱二，每箱计数一百五十二匹，双大油纸六张，八一麻布箱套一个"①，即布匹先用油纸包好，再装入箱内，箱外套麻布套，其中油纸的作用主要是防潮。有的布包装更精，用纸更多，如《咸丰年间湖北各处办布规程》载，在湖北办布，有的布匹要用"红纸绒""托包"；有的则要在"油纸"基础上加一层"里纸"，进一步保护布匹。② 纸品包装不仅广泛应用在各色固体商品上，而且还应用在液态商品的包装上。《光绪十二年杂货规程、茶布规程平码》中《常德灌桐油规矩》记录，在常德每灌油一篓需加皮纸一百一十张，封口纸十张，糊篓纸若干；到了曲沃县交易时，每篓桐油要去纸皮四斤到六斤。③ 山西商人的纸品贸易，极有可能就是逐渐从茶叶、布等大宗贸易中独立出来的。

纸品的利润较低，但用途广泛，市场广阔，山西商人对纸品的经营往往不是独立的。在所有办货规程中，没有任何一份规程"纸"是该商号绝对主营的商品，故没有像"办茶规程""办布规程"分出单独的"办纸规程"，而是包含在各类办货规程中。纸品不是作为茶、布等大宗商品的从属，就是与其他货物并列为"杂货"之一种。如《清代纸张、杂货、糖等货物规程》是纸品内容较丰富的一种文献，其中纸品也只是与干菜、颜料、糖果、海味、茶叶、烟等货物地位相当。"纸品贸易"应归为"杂货贸易"之一。"杂货规程"显示，几乎所有山西商人长途贩运贸易的重要节点，如汉口、东昌、朱仙镇、赊旗镇、曲沃等，都是纸品贸易的重要

① 《京都夏布》，刘建民主编《晋商史料集成》第68册《清代太谷锦泰蔚布庄办布规程》，第218页。
② 《石牌镇》《汉口镇》，刘建民主编《晋商史料集成》第68册《咸丰年间湖北各处办布规程》，第72、92页。
③ 《常德灌桐油规矩》，刘建民主编《晋商史料集成》第68册《光绪十二年杂货规程、茶布规程平码》，第737页。

集散地，记录有大量当地贸易规则，说明在商品流通过程中，山西商人很可能也从事"贩卖"。杂货出处繁杂，需在各地采办，各种杂货在一个市镇的市场又往往有限，因此山西商人很可能在采办、运输纸品等杂货途中采用"边贩边卖"灵活营销方式，不舍小利，灵活周转，极具"行商"特点。杂货是山西商人除茶、布外经营较多的行当，以纸为主的商品是"杂货"的一大品类，纸品贸易无疑扩展了山西商人的经营范围，完善了山西商人的经营结构，对山西商人产生了较大的影响。

五 结语

明清山西商人辉煌商界五百年，在长期的商业贸易中，他们将自己的经商经验记录下来，以供后来经商者参考。这些经验记录，涉及茶叶、布匹、杂货等不同行当，体现为形形色色的办货规程。通过清代民国办货规程可以看出，山西商人的贸易经营中，纸品是除茶、布以外最大宗、最复杂的商品。山西商人在经营纸品的过程中，重视纸品质量，从事纸品加工，进行专业流通，善于灵活营销，使得纸品贸易能够持续发展。从山西商人所经营纸品来说，既有各种手工纸，并且较早开始经营机器纸；又有常见的生活生产用纸，还涉及"高丽纸"及进口染料"洋兰"做成的"洋纸"①。从经营模式来说，山西纸商就已不同于狭义的"纸商"，他们不仅买卖纸品，还参与纸品加工，并由此渗入茶叶、布匹以及各色杂货贸易当中，形成了"多元一体"的庞大贸易网络。此外，还重视运用新式交通工具进行专业流通。总之，清代民国时期，山西纸品商人仍在不断发展。在时代转型变革下，山西商人经营管理之道也体现在这一时期的纸品贸易当中。他们广泛参与商品的采购、加工、运输、销售中，标准化生产加工，体现的是工匠精神；根据市场需求灵活选择采办、加工、销售的地点，灵活选择运输方式和准确把握市场惯例，体现的是科学化的管理和精细化的营销，这既是山西商人的成功之道，也是现代商人应该具有的贸易品格。

---

① 《纸张出处》，刘建民主编《晋商史料集成》第 69 册《清代纸张、杂货、糖等货物规程》，第 265 页。

Paper Trade of Shanxi Merchants in Qing Dynast and the Republic Period from the Perspective of the Procedure of Goods Acquisition

Chen Jidong   Wei Xiaokai

Abstract: The paper trade was an important field of Shanxi Merchants in Qing Dynast and the Republic Period. In the procurement process, they strictly controlled the quality of paper products. Shanxi merchants were also widely involved in cutting, dyeing, printing and other processing and production, realizing the "reproduction" of paper products and increasing the added value of products. Shanxi merchants also attached great importance to the circulation of paper products, circulation distance, transportation mode, management and so on all reflect their circulation specialization characteristics. Paper trade also had extensive contacted with other commodities, such as tea, cloth and other commodities demand for paper trade provides a huge market. Paper products, as one of many sundry goods, expanded the business scope of Shanxi merchants and improved their business structure, reflected their trade character.

Keywords: The Procedure of Goods Acquisition; Qing Dynast and the Republic Period; Shanxi Merchants; Paper Trade

理想与现实：20世纪20年代纸币的联合发行与联合准备制度[*]

马国英　王少煜[**]

摘　要：20世纪20年代，针对纸币发行泛滥，纸币信用良莠不齐的问题，联合发行与联合准备制度得到了广泛的讨论，在实践中亦先后涌现出四行准备库和辽宁四行号联合发行准备库两家机构。北洋政府提出的实行公库制的构想引发了学界的探讨，但未能付诸实施；北四行联合组建的四行准备库坚持行库独立、准备充实的原则，发行的纸币信用良好，流通广泛；由东北当局推动成立的辽宁四行号联合发行准备库虽然发挥了积极的作用，但未能真正实现联合发行与联合准备。在竞争性纸币发行的现实制度背景下，联合发行与联合准备是普通商业银行强化纸币信用的一种制度选择，但不适用于实现政府集中纸币发行权的理想。

关键词：纸币发行；公库制；四行准备库；辽宁四行号联合发行准备库

近代的纸币发行长期采取多数发行制，纸币发行权分散于多家不同属性的银行，包括国家银行、华资商业银行、专业银行、地方银行和外商银行（含中外合资银行）。国家银行和华资商业银行发行的纸币主要流通于各大中城市；各省官办或官商合办的地方银行发行的纸币主要在该省内部流通，形成了以东三省官银号发行的奉票和富滇银行发行的滇币等为代表的地方性纸币；外商银行发行的纸币基本上只在设有租界的城市中流通。

---

[*]　本文系北京用友公益基金会资助项目"清代制钱铸造及银钱比价数据库建设与研究"（2020 - Z01）阶段性成果。

[**]　马国英，中国社会科学院经济研究所副研究员，中国社会科学院大学经济学院副教授；王少煜，中国社会科学院大学经济学院硕士研究生。

除此之外，另有大量钱庄、银号和票号发行的票据，以及铁路局、工矿企业和商店等非金融机构发行的私票等小区域货币在城市或乡镇的地方性市场中流通。[①] 至 20 世纪 20 年代，由于北洋政府无力约束银行等机构的纸币发行，对于纸币发行采取自由放任的态度，纸币发行权的分散达到极点，导致纸币的发行和流通呈现出极端复杂和混乱的局面。[②] 由于发行主体庞杂，政府监管缺失，市场上流通的纸币信用良莠不齐，挤兑风潮频繁发生。[③] 在此背景下，时人对于改革纸币制度多有议论，提出了诸多思想见解和政策建议，其中包括实行联合发行与联合准备的纸币发行制度。

联合发行与联合准备的基本含义是由银行公会或多家银行共同组建专门从事纸币发行业务的金融机构，由该机构发行纸币，并存储和保管各银行交纳的准备金，各银行通过向该机构领用纸币而进行纸币发行。联合发行与联合准备制度具有强化纸币发行的监督管理，保障发行准备充实，强化纸币信用的积极意义。20 世纪 20 年代前期，实行公库制，组织银行公库[④]作为发行机关，以取缔金融和非金融机构纸币发行的改革方案，得到了广泛的讨论，具有一定的影响力。不过，因面临的困难和阻碍过多，由参加银行公会的多家银行合组公库，集中纸币发行权的设想仅停留在理论构想的层面。在实践中，与公库制相似的联合发行准备库取得了成功。联合发行准备库是由少数几家银行共同组建，专司纸币发行业务的金融机构，在近代货币金融史上占有独特的地位。20 世纪 20 年代先后成立了两家联合发行准备库，分别是由华资商业银行北四行（盐业银行、金城银行、大陆银行和中南银行）共同组建的四行准备库，以及由东北地方当局推动创办的辽宁四行号联合发行准备库。

---

① 详见陈晓荣《民国小区域流通货币研究》，中国社会科学出版社，2012。

② 戴建兵：《白银与近代中国经济（1890—1935）》，复旦大学出版社，2005，第 86~97 页。

③ 参见康金莉《论货币发行权的约束，兼评哈耶克〈货币的非国家化〉——基于中国近代竞争性货币发行史的分析》，载魏明孔、戴建兵主编《中国经济史评论》2019 年第 1 期，社会科学文献出版社，2019。

④ "公库"一词在近代经济史中泛指具有公共属性的金库机构，有多种不同的具体含义。如国民政府时期建设的管理中央和地方财政资金的机构称为公库，相应的财政管理制度称为公库制度；又如天津市银钱业各金融机构曾于 1932 年合组公库，作为集中办理票据清算，调节货币供应和管理货币流通的机构。详见张超《国民政府的公库制度建设与财政资金管理（1936—1945）》，《中国经济史研究》2020 年第 4 期；张百顺《天津市银钱业合组公库研究》，《城市史研究》2022 年第 1 期。本文所研究的属于纸币联合发行与联合准备制度的公库制及相应的银行公库机构是近代"公库"诸多具体含义中的一种。

对于近代实行公库制的设想和讨论，学界专门的研究并不多见，其中戴建兵对近代白银核心型货币体系的研究，康金莉对北洋政府币制监管的研究，以及董昕对 20 世纪二三十年代中国银行业领券发行的研究中对这一问题有所提及。① 关于联合发行准备库发行纸币的实践，学界于四行准备库和辽宁四行号联合发行准备库这两家机构积累了一定的研究。康金莉及黄丽珍等分别有专文研究四行准备库，田兴荣对北四行联营的研究、马长伟对中南银行的研究中也有专门的章节论述四行准备库联合发行中南银行纸币的制度沿革和实践成效。② 张胜雪、董昕分别对辽宁四行号联合发行准备库的兴衰过程和制度特征进行了介绍和讨论，徐雪晴在张学良时期东北币制改革的研究中对辽宁的四行联合准备库做了简要论述，将其定位为改革的先期试探。③ 总的来说，学界对近代纸币发行制度中公库制的构想缺少关注，对于两家联合准备库的研究虽有一些成果，但主要停留在介绍其沿革和归纳其特征的层面，较少结合当时纸币发行和流通的背景探讨联合发行与联合准备付诸实践的意义所在，缺乏论述的深度。

笔者认为，联合发行与联合准备制度是近代银行纸币发行制度的组成部分，对公库制的讨论与联合发行准备库的实践在近代币制，尤其是纸币制度的理论和实践层面的探索中具有重要的意义，因此有必要对二者做贯通的考察和探析。本文将分别梳理 20 世纪 20 年代学者和官员对公库制的探讨，以及四行准备库和辽宁四行号联合发行准备库的发行制度与实践，在此基础上对联合发行与联合准备制度做出评价。

一 空中楼阁：实行公库制的提议与讨论

20 世纪 20 年代，纸币发行权呈现极度分散的局面，针对这种情况，

---

① 戴建兵：《白银与近代中国经济（1890—1935）》，第 101 页；康金莉：《论北京政府时期的币制监管》，《史学月刊》2010 年第 7 期；董昕：《20 世纪二三十年代中国银行业领券发行制度的变化与发展》，《学术月刊》2020 年第 7 期。

② 康金莉：《四行准备库钞票发行研究》，《中国经济史研究》2010 年第 3 期；黄丽珍等：《合作与共赢——北四行准备库研究》，《中国钱币》2021 年第 5 期；田兴荣：《北四行联营研究（1921—1952）》，上海远东出版社，2015，第 50～51、58～103 页；马长伟：《侨资中南银行研究（1921—1952）》，中华书局，2022，第 77～120、148～168、300～303 页。

③ 张胜雪：《辽宁四行号联合发行准备库研究（1929—1931）》，硕士学位论文，辽宁大学，2015；董昕：《辽宁四行号联合发行准备库管窥》，《历史教学》2017 年第 22 期；徐雪晴：《张学良执掌东北期间币制改革的举措与困境》，《安徽史学》2021 年第 3 期。

政府希望通过组织银行公库，要求银行领用公库兑换券，以限制银行的纸币发行，确保兑换券准备金的充实，强化兑换券的信用。政界、学界和银行界针对公库制这一纸币制度改革方案展开了讨论。

（一）整理纸币背景下公库制的提出

粗略统计，北洋政府时期除中国银行和交通银行两家国家银行之外，发行纸币的商业银行和专业银行有 40 余家，外商银行有 21 家，地方官银钱号和省银行至少有 20 余家，至于发行私票的金融和非金融机构则难以计数。① 为了收束纸币发行权，缓解纸币发行过于泛滥的问题，北洋政府于 1915 年和 1920 年先后颁布了《取缔纸币条例》和《修正取缔纸币条例》，意图限制国家银行之外的金融机构的纸币发行。前者规定新设和已设立尚未发行纸币的银钱行号皆不得发行纸币；有特别条例规定准许发行纸币的银钱行号在营业年限内可以继续发行，但期满后应将纸币全数收回；无特别条例规定的发行机构不得增发纸币，并由财政部酌定期限，将已发行的纸币陆续收回。② 后者对原条例的内容做了小幅修改，要求发行纸币业经核准有案的银钱行号不得逾额增发，附有特别条件的仍照核准原案办理，同时增加了对非银钱行号发行纸币的取缔。③ 这两版《取缔纸币条例》虽然对发行纸币的金融机构提出了结束发行的要求，但也给予了一定的发行期限，并未强制收回其发行的纸币。不过，在颁布《取缔纸币条例》后，北洋政府不仅没有采取限制银钱行号发行纸币和收回纸币的实际行动，反而继续授予一些新成立的银行纸币发行权。1916～1920 年，有利银行上海分行（英商）、上海美丰银行（中美合办）、中华汇业银行（中日合办）、中华懋业银行（中美合办）、友华银行上海分行（美商）、农商银行、边业

---

① 参见戴建兵《白银与近代中国经济（1890—1935）》，第 89～97 页；《历年在华发行纸币的外籍银行设立先后顺序表》，载献可编著《近百年来帝国主义在华银行发行纸币概况》，上海人民出版社，1958，第 20～21 页；《各省官银钱号各种纸币流通数表》（1917 年 12 月底止），《曹汝霖为币制重要亟宜整理缮具币制节略呈》（1918 年 8 月 12 日），载中国第二历史档案馆编《中华民国史档案资料汇编》第 3 辑，"金融"（1），江苏古籍出版社，1991，第 158～161 页。

② 《财政部呈准取缔纸币条例》（1915 年 10 月 20 日），载中国第二历史档案馆编《中华民国史档案资料汇编》第 3 辑，"金融"（1），第 91～92 页。

③ 《币制局关于修正取缔纸币条例》（1920 年 6 月 27 日），载中国第二历史档案馆编《中华民国史档案资料汇编》第 3 辑，"金融"（1），第 93 页。

银行和大中银行等多家银行取得了纸币发行权。①

纸币发行权的持续泛滥引发了银行业对于确定纸币制度，集中纸币发行权的呼吁。1920年12月，全国银行公会召开第一届联合会议，大会向国务院和财政部提交了建议案，其中明确建议政府确定币制。② 1921年5月，全国银行公会第二次联合会议再次就纸币制度问题呈文财政部和币制局，恳求政府"俯察国内舆情，采取适当学说"，在中央银行单一发行制和多数银行发行制之间做出选择，"速定发行制度，以垂国家久远之规，免贻政法两歧之诮"，并建议政府在确定发行制度后再向请求发钞的银行授予发行权。③

对于银行公会的建议，北洋政府无动于衷。此后不久，金融界发生了一场风潮。1921年7月，中、法两国合办的中法实业银行突然宣布停业，并停止兑现纸币。为了避免发生严重的金融风潮，各地银行公会宣布代兑中法实业银行发行的纸币（未设银行公会之处由中国、交通两行代兑），共计兑付2099162元，占该行发行总量2326227元的90.24%。④ 这场风波虽然在银行公会的努力下得到了平息，并未酿成挤兑风潮，但也使银行界进一步体会到了纸币发行泛滥对于货币金融市场的危险所在。然而，同一时期，北洋政府又特许了华威银行和中南银行的纸币发行权。为此，北京银行公会致函币制局，表达了强烈的反对意见，并再次请求政府确定发行制度，对于"凡不应发行之银行，其从前暂得之权，亟应规定检查监督之方，及渐次收回之法，未发行之行，即一律截止"⑤。

在银行界再三恳请确定纸币制度后，币制局做出了回应，提出了"由各地银行公会组织之公库发行兑换券，即定名为银行公库兑换券"的改革方案，并指出了实行公库制的益处，包括有利于充实纸币准备金及强化对

---

① 《历年在华发行纸币的外籍银行设立先后顺序表》，载献可编著《近百年来帝国主义在华银行发行纸币概况》，第20～21页；《北洋政府时期享有纸币发行权的官商合办特种银行发行钞票情况简表》《北洋政府时期享有纸币发行权的商业银行发行钞票情况简表》，载中国人民银行总行参事室编《中华民国货币史资料》第1辑（1912—1927），上海人民出版社，1986，第788～795页。

② 《银行公会之建议案》，《银行周报》第5卷第3号（1921年）。

③ 《呈财政部、币制局文（请予确定发行制度）》，《中华民国银行公会第二次联合会议议录》（附呈财政部函各公会稿），《银行月刊》第1卷第10号（1921年）。

④ 李一翔：《中法实业银行停业风波述评》，《史林》2003年第3期。

⑤ 《北京银行公会恳请确定纸币发行制度以维币政函》（1921年7月27日），载中国第二历史档案馆编《中华民国史档案资料汇编》第3辑，"金融"（1），第169页。

准备金的监督和检查，推广政府公债的销售，以及限制各银行的纸币发行，集中纸币发行权。关于实行公库制的具体方法，币制局拟定了《银行公库兑换券条例》，共 12 条。条例首先明确："银行公库兑换券，由各地方银行公会组织公库发行"，在全国范围内流通，公库先在天津、上海和汉口三地设立。对于发行准备金，条例规定"以国币或通用银元，或生金银七成为现金准备，以公债票及商业有价证券三成为保证准备"，准备金率可以根据金融状况进行调整。关于领用公库兑换券的资格，条例规定，经过财政部核准注册的银行均可向公库承领兑换券，依法律教令规定特准发行兑换券的银行可同时保留纸币发行权，其他发钞银行则需要取消纸币发行，而后方可承领公库兑换券。此外，条例还载明了公库兑换券的面值，兑换券准备金的检查和准备公开，以及违背该条例的处罚等内容。①

从该条例中可以看出，北洋政府希望通过要求银行领用公库兑换券限制银行的纸币发行，同时借助银行公会等行业组织的力量保障兑换券准备金的充实，强化公库兑换券的信用。条例允许特准发行纸币的银行继续发行，反映出政府实行公库制的目的不在于追求纸币发行权的绝对集中，而是意图以信用良好的公库兑换券取代信用良莠不齐的多种银行纸币，达到在适当收束纸币发行权的同时增进市场中流通纸币的信用的理想效果。不过，这一条例没有得到落实，银行公库未能组建，政府仍继续授予一些银行纸币发行权。② 1923 年底，财政部再次计划实行公库制，③ 拟定了《公库条例》10 条，以之代替此前颁布的《取缔纸币条例》。这一版本的《公库条例》规定：本国所有官立和私立银行应共同组建公库，将纸币发行权完全归公库主持；所有发钞银行应停止发行，将纸币收回销毁；各银行均可向公库领券发行，兑换券由公库指定的银行代兑；准备金率为现金七成，有价证券三成，公库基金和发行准备金由发行各行共同监督；公库应设在北京，省会和繁盛商埠可设立分库；等等。④ 与前一版本的《银行公

---

① 《币制局为录送银行公库兑换券条例函稿》（1921 年 8 月 27 日），载中国第二历史档案馆、中国人民银行江苏省分行、江苏省金融志编委会合编《中华民国金融法规档案资料选编》，档案出版社，1989，第 124～126 页。

② 例如，1922 年，北京政府核准了中国实业银行的纸币发行权。见《北洋政府时期享有纸币发行权的官商合办特种银行发行钞票情况简表》，载中国人民银行总行参事室编《中华民国货币史资料》第 1 辑（1912—1927），第 792～795 页。

③ 《纸币发行权集中公库之计划》，《银行周报》第 7 卷第 50 号（1923 年）。

④ 勖公：《财部所拟整顿纸币办法》，《申报》1923 年 12 月 24 日，第 6 版。

库兑换券条例》相比，这一版《公库条例》明显过于严苛。在此前对各银行的纸币发行相对宽容的公库兑换券条例尚不能得到实施的情况下，新条例试图用行政命令的手段组建公库完全统一纸币发行，实属不切实际的空想。最终，由银行共同设立银行公库发行纸币的构想仅停留在设想层面，未能成为现实。

（二）各界对于公库制的讨论

在北洋政府提出《银行公库兑换券条例》后，政界、学界和银行界针对公库制这一纸币制度改革方案展开了讨论。财政部泉币司司长王世澄1922年撰写《有关发券制度商榷书》，提倡实行公库制，拟定了《公库制大纲》7条；① 1924年又撰写了《整理货币之意见书》，在整理纸币的讨论中再次主张实行公库制，将原先的7条《公库制大纲》扩展至10条，提出中央银行成立后应取消公库，收回公库兑换券。按照王氏的观点，在国家无力建设中央银行实行集中发行制，而多数发行制又导致发行过于泛滥，纸币信用不佳的背景下，公库制是一种折中办法，也是由多数制向单一制过渡的制度选择，可以为建设中央银行集中纸币发行提供必要的准备。② 另有一些学者在认同公库制的基础上，对政府制订的《银行公库兑换券条例》和《公库条例》提出了修改和完善的意见。如程本固指出《银行公库兑换券条例》的第二条和第五条存在问题，需要做出调整。前者规定公库兑换券在全国范围内流通，但由于当时的货币市场存在着严重的市场分割问题，不同城市的洋厘行市之间存在一定的差异，③ 纸币在不同地区的流通会引发套利现象，即持纸币由洋厘行市较低到较高的地区兑现，这会极大增加银行公库运输现金的费用，给公库造成损失。后者规定所有核准注册的银行均可向公库领用兑换券，但并未规定公库运营的各项费用如何在各银行之间分摊，其中存在争议之处。对于两版公库条例规定的准备金制度，《银行周报》撰稿人阮静如批评现金七成、债券三成的比例准备制存在纸币流通额无伸缩力和公债信用不佳等弊端，有必要进行修改；

① 《王世澄具拟有关发券制度商榷书》（1922年），载中国第二历史档案馆编《中华民国史档案资料汇编》第3辑，"金融"（1），第189～197页。
② 《王世澄拟整理货币之意见书》（1924年5月后），载中国第二历史档案馆编《中华民国史档案资料汇编》第3辑，"金融"（1），第211～213页。
③ 参见杜恂诚《近代中国货币市场的整合与分割》，《中国社会经济史研究》2018年第3期。

汉口《银行杂志》副编周沉刚则建议允许银行在短时期内降低现金准备率，同时规定充作保证准备的有价证券的种类，防范债券跌价的风险。关于公库的组织和所在地，何育禧认为公库设在北京容易受到政潮牵累；沉刚亦认为应先在上海、天津和汉口等金融中心分别设立公库，再推广至全国。基于上述修改和调整的建议，学者还对公库制的长期发展进行了构想。阮静如指出公库制应当在中央银行成立后过渡为"独占制"，即单一发行制。[①] 从中可以看出，时人大多对公库制持肯定的态度，对公库制在中国付诸实践以及进一步的发展抱有一定的希望。

不过，亦有学者在深入分析实行公库制的计划后，对公库制的实践效果提出了负面的预期。时任北京大学教授的经济学家马寅初在题为《公库制与集中制之比较》演讲中，对集中发行制和多数发行制的利弊进行了详细的讨论，进而分析了在中国实行公库制的困难和障碍，否定了公库制的实践前景。马氏明确指出公库制与集中制的性质完全冲突，进而在分析王世澄所拟的 7 条《公库制大纲》及采用公库制的理由的基础上，做出了如下评价："平心而论，此制能够实行，可以说有利无害。但是按之事实，恐难办到，并且他自身也有缺点。"具体而言，公库制的缺陷首先在于，取消外商银行和军阀控制的地方银行极为困难，其他拥有发行权的银行也不会轻易牺牲自身利益而放弃发行权，因此"以各银行组织公库于事实上很是难办"。其次，公库兑换券只能在有限的地点兑现，其余地区只能汇兑的规定存在诸多缺陷。再次，《公库制大纲》的准备金制度也存在现金准备率随纸币兑现而降低等不妥之处。在上述问题中，最难解决的是取消军阀控制下的地方银行的发行权。如果省银行滥发纸币，并利用强制力推动纸币流通，则公库兑换券势必受到排挤而无法流通。"所以不驱逐省银行所凭藉的军阀，公库制决难办到；即使办到，也无好的结果。"[②]

总之，20 世纪 20 年代，在北洋政府无力建设中央银行的背景下，"各埠银行为自卫计，兼为金融市场计，一方既有银行公会之组织，迹其近年

---

① 程本固：《对于本届银行公会联合会议之意见》，《银行周报》第 6 卷第 14 号（1922 年）；静如：《纸币发行与集中公库之研究》，《银行周报》第 8 卷第 1 号（1924 年）；沉刚：《银行公库准备制度平议》，《银行杂志》第 1 卷第 6 号（1924 年）；何育禧：《公库兑换券制度述评》，《银行杂志》第 1 卷第 6 号（1924 年）。

② 马寅初：《公库制与集中制之比较》（在华北大学讲演），《银行月刊》第 4 卷第 2 号（1924 年）。

代兑中法实业银行钞票一事，大有取中央银行职务而代之之势"①。在这种情况下，政府提出实行公库制，是希望先借助银行公会的力量，利用公库收束各银行的纸币发行，待中央银行成立后再将发行权集中于中央银行。从公库制的设计来看，政府的制度构想在一些方面存在明显的缺陷，为学者在讨论中所指出和修正。从现实的角度看，集中制既不能实行，公库制也只能停留在理想层面，作为一种制度构想供学者讨论而已。

二　信用卓著：四行准备库的纸币发行

尽管公库制在分裂与混乱的经济政治背景下无法付诸实践，但与之相似的联合发行准备库确为华资银行所运用，并在运营中取得了良好的绩效。其中的成功案例即为北四行联合组建的四行准备库。四行准备库是北四行联营的主要载体之一，在性质上属于多家银行共同组织的联合发行准备库，在发行制度上实行过十足现金准备的准备金制度，其发行的纸币信用良好，在市场流通中所占的份额仅次于中国银行和交通银行两家国家银行，长期位居华资商业银行的首位。其后，东三省官银号、边业银行、中国银行奉行和交通银行奉行仿效四行准备库，组建辽宁四行号联合准备库，联合发行纸币，成为银行组织公库发行机构的又一次实践。通过论述20世纪20年代四行准备库的发行业务，以及辽宁四行号联合发行准备库的创办，可以探讨联合发行准备库的实践成效。

（一）北四行联营与四行准备库的发起

1921年11月，盐业、金城和中南三家银行"为互相辅助，调剂金融，提倡储蓄，发展实业起见，办理三行联合营业"，订立联合营业规约，成立联合营业事务所，推三行总经理（总理）吴鼎昌、周作民和胡笔江为办事员，又推吴鼎昌为办事员主任。② 1922年7月，大陆银行加入联合营业，三行联营遂发展为四行联营。③ 是年9月，四行修改联合营业规约和联合营业事务所章程，规约中所载的联合营业事务包括联合准备事宜、联合储

---

① 方椒伯：《中央银行与联合准备银行》，《银行杂志》第1卷第1号（1923年）。
② 盐业银行档案：《盐业、中南、金城三银行会议记录》（1921年11月16日），载中国人民银行上海市分行金融研究室编《金城银行史料》，上海人民出版社，1983，第82~84页。
③ 中国人民银行上海市分行金融研究室编《金城银行史料》，第86页。

蓄事宜、联合投资事宜及联合调查事宜。① 其中，联合准备事宜即为成立四行准备库，由四行联合发行中南银行纸币。

中南银行成立于1921年，系南洋侨商黄奕住回国投资创办，黄奕住任董事长，聘曾任交通银行北京分行经理的胡笔江为总经理。该行的资本总额定为2000万元，先收500万元开业。② 在呈请创办之时，该行即向财政部申请取得纸币发行权，提出："伏查银行发行兑换券一项，推其作用，不外节省现金，扩充通货，而在国内之本国特种银行、外资银行及中外合资之各银行，多享有发行之权，今若多一发行之本国银行，则一方可减外券发行之力，一方可增国内经济之资，洵一举而两得焉。"为此，该行希望政府准许其发行兑换券。"至于他日币制统一，则国家法令，自当敬谨遵行。"③ 7月11日，币制局批准了中南银行的纸币发行权。④

尽管中南银行资本雄厚，但在当时的金融环境下，中国、交通两行的纸币失信，商业银行发行的纸币也面临着挤兑的风险。因此，中南银行决定与盐业、金城和大陆银行联合发行纸币，以四行的资力为后盾，保证准备金充实，从而建立和维护纸币的信用。1922年7月，胡笔江在四行联营第一次会议上提议："中南银行为慎重政府赋予发行权及维持社会上钞票流通之信用起见，兹拟将中南钞票规定为十足准备，并由四行联合发行，设立四行准备库，公开办理，以坚信用。"⑤ 会上当即议定了《四行准备库规约》六条。9月4日，四行联营第二次会议又议决通过了《四行准备库发行章程》、《四行准备库办事章程》和《四行准备库稽核处章程》。⑥ 11月1日，四行准备库的天津准备库首先成立；次年3月和5月，上海准备总库和汉口准备库分别成立。⑦ 至此，四行准备库的制度和机构建设初步

---

① 《盐业、金城、中南、大陆四行联合营业规约及联合营业事务所章程》（1922年9月7日），载何品、张慧编注《北四行联营机构》（文字版），上海远东出版社，2021，第3页。

② 《中南银行创立会议决录》（1921年6月5日），载何品、彭珊珊编注《中南银行（1921—1937）》（文字版），上海远东出版社，2020，第10页。

③ 《中南银行发起人为银行立案事致北洋政府财政部呈稿》（1921年6月），载何品、彭珊珊编注《中南银行（1921—1937）》（文字版），第11页。

④ 中南银行档案：《董事会文卷》（1921年7月11日），载中国人民银行上海市分行金融研究室编《金城银行史料》，第88～89页。

⑤ 盐业银行档案：《四行联营第一次会议记录》（1922年9月4日），载中国人民银行上海市分行金融研究室编《金城银行史料》，第89页。

⑥ 何品、张慧编注《北四行联营机构》（文字版），第4～6页。

⑦ 徐沧水：《民国钞券史》，银行周报社，1924，第62页。

完成。

北四行联营和四行准备库发起的这一时期，是近代金融环境较为动荡的一段时期。1950年，周作民在回忆四行联营的发起时谈到，"我们这几行合作的行动轫始于1921年的联合宣言，那时中交第二次止兑，金融风潮突起，私营金融业一时陷于呼天不应，求地不灵的无援状态，盐业、中南、金城乃相互联系发表了这个联合营业宣言"[1]。当时，作为国家银行的中国银行和交通银行先后发生了1916年的停兑事件和1921年的挤兑风潮。[2] 这两场金融风潮既造成了货币金融市场的混乱，也使两行及其纸币背后的国家信用损失殆尽。在此背景下，保障发行准备金充实，维护发行纸币的信用，成为各家发钞银行所面临的最关键的问题。中南银行意图利用十成现金准备的制度树立纸币信用，"但如此十成现金准备，又另设专库，其开支甚重。且本行十成准备，势亦须有其他之行为之证明，故决与声誉素著之盐、金、陆三行联合组织准备库办法，不独可以减轻开支，亦借证明十成准备之制"。[3] 四行成立联合发行准备库，通过联合发行的方式保障发行准备金的充足，建设和维护纸币信用，"要为适合经济思潮之一种试验也"[4]，是银行纸币发行制度的重要创新。

（二）四行准备库纸币发行的实践成效

四行准备库成立后，对于发行业务力求稳健，注重纸币信用的建设。同时，因四行业务经营的发展及市场对纸币需求的增加，20年代，四行准备库的发行量增长较快，在华资银行纸币中所占的份额逐步提高，成为仅次于中国银行和交通银行的第三大发行银行。这一时期重要华资发行银行的发行总额及其纸币在市场中所占的比重详见表1。

---

① 《武行董事代表协商会议记录》（1950年11月10日），载中国人民银行上海市分行金融研究室编《金城银行史料》，第972页。

② 详见余捷琼《民国五年中交两行的停兑风潮》，《社会科学杂志》第7卷第1期（1936年3月）；潘晓霞：《危机背后：北京政府时期的中国银行和交通银行挤兑风潮》，《中国经济史研究》2015年第4期。

③ 中南银行档案：《股东常会记录》（1923年3月25日），载中国人民银行上海市分行金融研究室编《金城银行史料》，第89~90页。

④ 沧水：《盐业、金城、中南、大陆四银行联合营业述评》，《银行周报》第7卷第47号（1923年）。

表 1　重要华资发行银行的发行总额及市场比重（1922～1930 年）

单位：万元；%

行别	1922 年			1923 年			1924 年		
	金额	百分比	比数	金额	百分比	比数	金额	百分比	比数
总计	11748	100.00	100.0	14049	100.00	119.6	15147	100.00	128.9
中央银行									
中国银行	7777	66.20	100.0	8099	57.65	104.1	8998	59.40	115.7
交通银行	3252	27.68	100.0	3852	27.42	118.5	4161	27.47	128.0
中国通商银行	176	1.50	100.0	161	1.15	91.5	181	1.19	102.8
浙江兴业银行	90	0.77	100.0	110	0.78	122.2	17	0.11	18.9
四明银行	172	1.46	100.0	360	2.56	209.3	462	3.05	268.6
中国实业银行	31	0.26	100.0	60	0.43	193.5	54	0.36	174.2
其他银行									
四行准备库	250	2.13	100.0	1407	10.01	562.8	1274	8.41	509.6

行别	1925 年			1926 年			1927 年		
	金额	百分比	比数	金额	百分比	比数	金额	百分比	比数
总计	20500	100.00	174.5	22896	100.00	194.9	26216	100.00	223.2
中央银行									
中国银行	12709	62.00	163.4	13742	60.02	176.7	15900	60.65	204.4
交通银行	4834	23.58	148.6	5714	24.96	175.7	6510	24.83	200.2
中国通商银行	231	1.13	131.3	279	1.22	158.5	184	0.70	104.5
浙江兴业银行	381	1.86	423.3	375	1.64	416.7	357	1.36	396.7
四明银行	544	2.65	316.3	511	2.23	297.1	746	2.85	433.7
中国实业银行	350	1.71	1129.0	733	3.20	2364.5	757	2.89	2441.9
其他银行							29	0.11	100.0
四行准备库	1451	7.08	580.4	1542	6.73	616.8	1733	6.61	693.2

行别	1928 年			1929 年			1930 年		
	金额	百分比	比数	金额	百分比	比数	金额	百分比	比数
总计	30882	100.00	262.9	35024	100.00	298.1	41297	100.00	351.5
中央银行	1171	3.79	100.0	1538	4.39	131.3	2267	5.49	193.6
中国银行	17230	55.79	221.6	19773	56.46	254.2	20385	49.36	262.1

续表

行别	1928 年			1929 年			1930 年		
	金额	百分比	比数	金额	百分比	比数	金额	百分比	比数
交通银行	6803	22.03	209.2	6922	19.76	212.9	8289	20.07	254.9
中国通商银行	216	0.70	122.7	384	1.10	218.2	483	1.17	274.4
浙江兴业银行	431	1.40	478.9	396	1.13	440.0	730	1.77	811.1
四明银行	899	2.91	522.7	961	2.74	558.7	1129	2.73	656.4
中国实业银行	1125	3.64	3629.0	1704	4.87	5496.8	2831	6.86	9132.3
其他银行	43	0.14	148.3	34	0.10	117.2	265	0.64	913.8
四行准备库	2964	9.60	1185.6	3312	9.46	1324.8	4918	11.91	1967.2

资料来源：中国人民银行上海市分行金融研究室编《金城银行史料》，第 299～301 页。

原表注：1. "其他银行"指中国农工、中国垦业、中国农民及农商 4 家银行。

2. 四行准备库 1922 年金额数字补自联合银行档案：《联合银行历史考证初稿》。

如表 1 所示，1923～1930 年，四行准备库的发行量从 1407 万元增长到 4918 万元，增长了约 2.5 倍；发行纸币所占的市场份额大体保持在 5%～10%，仅低于中国、交通两家国家银行，而高于浙江兴业银行等其他商业银行。从流通范围来看，四行准备库沪库发行的纸币流通于江苏、浙江两省及津浦路沿线的主要城市，在南京和镇江等十余个城镇设有代兑处；汉库发行的纸币流通于湖北、湖南及河南三省的主要城市，在长沙、宜昌和郑州等地委托四行或钱庄收汇、汇兑或代兑本钞。① 由此可见，四行准备库所发行的纸币得到了市场的认可。

在准备金方面，表 2 呈现了四行准备库 20 世纪 20 年代发行纸币的准备金情况。可以看出，1922～1927 年，四行准备库的现金准备率超过了 95%。如果就此而言，四行准备库做到了其所标榜的"十足现金准备"。不过，关于这一点，银行家之间的往来信函反映出的情况不尽相同。1923 年，金城银行上海分行副经理吴蕴斋在致金城银行总经理周作民的信函中报告了四行准备库上海分库的发行和准备情况："查沪库现共发行四百五十万元，库存现洋二百十万余，存放八十一万余，其他则为各行庄未到期之本票及期票，计一百三十八万余，有扬、杭、苏、宁、锡、镇各埠之库

① 详见《汉库、汉会十年记事册》《沪属各地分库、代兑处之沿革及各地本钞流通概况》，载何品、张慧编注《北四行联营机构》（文字版），第 77～79、95～121 页。

存证计十九万余，十足准备，不容假借。"① 其中，库存和存放他处的现金准备金共 291 万余元，约占发行额 450 万元的 64.7%，其余的本票、期票和寄库证约占 34.9%。虽然本票等票据在金融市场上具有较强的流通性和变现能力，但如果发生金融风潮等系统性风险，这些票据就不能在短时间内转换为现金。因此，可以认为，上海准备库当时的准备金情况与十足现金准备有一定的差距。由于四行准备库在 1927 年 11 月降低了四行领券的现金准备比例，1928 年起，四行准备库的现金准备率降低到 60%～70%。在四行准备库发行的纸币已经建立起牢固信用的情况下，这样的现金准备率足够充实。

表 2　四行准备库现金准备金和保证准备金情况（1922～1930 年）

时间	现金准备金（元）	现金准备率（%）	保证准备金（元）	保证准备率（%）	准备金合计（元）
1922 年 12 月 31 日	2052398.00	100			2052398.00
1923 年 12 月 31 日	14071540.00	100			14071540.00
1924 年 12 月 31 日	12674820.07	99.46	69029.93	0.54	12743850.00
1925 年 12 月 31 日	13842107.63	95.36	672849.87	4.64	14514957.50
1926 年 12 月 31 日	14823331.44	96.13	597430.86	3.87	15420762.30
1927 年 12 月 31 日	16733365.10	96.55	597013.90	3.44	17330379.00
1928 年 12 月 31 日	19093499.81	64.41	10552405.19	35.59	29645905.00
1929 年 12 月 31 日	21858884.03	66.00	11261451.97	34.00	33120336.00
1930 年 12 月 31 日	32127230.10	65.32	17057425.90	34.68	49184656.00

资料来源：《现金准备金、保证准备金表》，载何品、张慧编注《北四行联营机构》（影印版），第 550 页。

在日常业务中，四行准备库中十分重视稳健经营和严格管理。如 1928 年 12 月，吴鼎昌在致钱新之②的信函中，要求四行准备库严格管理发行准备金，不宜在一家金融机构（银钱号）过多存放；各行领券务必严格照章

---

① 《吴蕴斋致周作民函》（1923 年 9 月 22 日），载彭晓亮编注《周作民日记书信集》（文字版），上海远东出版社，2014，第 156 页。

② 1926 年 2 月，四行准备库总稽核处、四行储蓄会总会聘任钱新之为副主任。见《四行准备库总稽核处、四行储蓄会总会为聘任钱新之为副主任事致四行准备库沪库、四行储蓄会沪会函》（1926 年 2 月 9 日），载何品、张慧编注《北四行联营机构》（文字版），第 30 页。

办理，不得用本票冲抵现金。① 诸如此类谨慎而细致的要求，是四行准备库能够做到准备充实，发行量稳步提高的基础。因经营稳健，信用良好，四行准备库发行的纸币平稳地度过了20世纪20年代上海、天津和汉口等地发生的数次小规模的挤兑风潮。② 挤兑的频繁发生反映出当时金融环境不稳定和商民对纸币缺乏信心的常态，但对四行准备库而言，挤兑反而是向社会展示其充实的现金准备的机会。因此，在挤兑风潮过后，四行准备库的纸币信用往往会得到强化，流通额也随之增加。20世纪20年代末，时人对四行准备库的纸币信用有极高的评价："今日如中国、交通、四行等等，皆为发券银行之中坚，而具有为同业欢迎领券之资格也。"③ 能够与中国和交通两家资力雄厚的国家银行相提并论，可见四行准备库的联合发行与联合准备取得了极大的成功，实现了其发行纸币信用良好、流通广泛的理想。进一步，借助四行准备库发行纸币的信用，四行的联合放款和联合投资等事业得到了发展壮大，实现了四行单独经营所不能达到的成就，推动北四行兴办联营事业的理想成为现实。

三　昙花一现：辽宁四行号联合发行准备库的纸币发行

1929年5月，东三省官银号、边业银行、中国银行奉行和交通银行奉行在沈阳联合组织辽宁四行号联合发行准备库，联合发行纸币。当时，由东三省官银号发行的奉票汇兑券（不兑现，仅可做汇兑的纸币）陷于严重的毛荒之中，兑换现洋的价格持续下跌。自第二次直奉战争后，奉系势力

---

① 《吴鼎昌致钱新之函》（1928年12月23日），载彭晓亮、董婷婷编注《钱新之往来函电集》（文字版），上海远东出版社，2015，第13页。

② 20年代四行准备库经历的挤兑风潮共10次，分别为：1923年9月，汉口准备库因谣言发生挤兑；1923年秋，北京分库因谣言发生挤兑；1924年，天津准备库因他行钞票贴水发生挤兑；1924年秋，上海准备库因受战争影响发生挤兑；1926年3月，汉口准备库因受湖北官钱局钱票挤兑的影响发生挤兑；1926年11月，厦门分库因报纸谣言发生挤兑；1926年，天津准备库因受他行挤兑影响发生挤兑；1927年，天津准备库因谣言发生挤兑；1928年春，北京分库、天津准备库因北平金城银行与存款人发生误会而受到挤兑；1928年，天津准备库因懋业、汇业两银行倒闭风潮而发生挤兑。以上挤兑风潮均在短期内得到平息。详见《津库会事略》《汉库、汉会十年记事册》《沪属各地分库、代兑处之沿革及各地本钞流通概况》《四行准备库始末记》，载何品、张慧编注《北四行联营机构》（文字版），第55~57、73~75、96~97、131~134页。

③ 谦益：《论领券制度》，《钱业月报》第9卷第5号（1929年）。

入主北洋政府，北洋政府的财政支出主要依靠东三省的财政收入予以支持。为了缓解财政压力，奉天当局采取"以纸易现"的经济政策，由东三省官银号等政府控制下的金融机构发行奉票等不兑现纸币，用这些纸币收购粮食和大豆等土特产，而后向其他地区出口获取现金，再以此供给财政支出。① 在这种"贸易发行"下，东三省官银号的奉票发行数额迅速膨胀，由 1924 年 9 月的 78046000 元增长到 1928 年 12 月的 652266300 元，② 增幅达 7.36 倍之多。如此滥发导致奉票急剧毛荒，1927—1929 年，奉票（汇兑券）对现大洋的比价由 10.35 元兑 1 元跌至 50.23 元兑 1 元。③ 在更长的时间段内，奉票对日金的比价由 1920 年的 100 元兑 100 元跌至 1929 年的 2510 元兑 100 元。④ "由于奉票愈益暴落，省民逐渐使用现大洋进行商品交易，特别是与外国人，不用金圆或现大洋根本不能交易"；就纸币而言，辽宁还有相当数量的边业银行发行的"北京"和"天津"地名券，以及为数极少的中国、交通两行在北平、天津发行的纸币流通。⑤ 同一时期，日本金票亦在东北广泛流通，"三省商民之心理，已早与外币相狎习，益以本国钞票之变动不居，贵贱无准，群以外币为金钱，视奉票如货物"。⑥ 日本当局利用东北商民的这种心理，积极策划通过货币金融手段加剧对东北地区的经济侵略。《田中义一奏章》即提出在东北以日本金票排斥奉票等中国货币，进而操纵东北的金融和财政的构想。⑦

面对如此严峻的金融形势，以张学良为首的东北当局⑧受到美国联邦

---

① 详见康金莉《奉系当政时期东三省纸币的贸易发行》，《中国钱币》2020 年第 6 期。

② 静子译：《奉天票流通史》（下），《钱业月报》第 11 卷第 3 号（1931 年）。

③ 南滿洲鐵道株式會社經濟調查會編『滿州各種紙幣流通額統計表』經調資料，第 61 編，山東省經濟調查資料，第 2 輯，南滿洲鐵道，1935 年，3 頁，转引自中国人民银行总行参事室编《中华民国货币史资料》第 1 辑（1912—1927），第 807 页。

④ 広畑茂『支那貨幣史錢莊攷』建設社，1933 年，转引自中国人民银行总行参事室编《中华民国货币史资料》第 1 辑（1912—1927），第 808 页。

⑤ 藤井諒『遼寧の準備庫と現大洋票』南滿洲鐵道株式會社，1930 年，转引自中国银行辽宁省分行、中国银行吉林省分行、中国银行黑龙江省分行合编《中国银行东北地区行史资料汇编（1913～1948）》，1996，第 343～344 页。

⑥ 静如：《论东三省币制之改革》，《银行周报》第 13 卷第 24 号（1929 年）。

⑦ 《田中义—满蒙积极政策奏章》（1927 年 7 月 25 日），上海《读书杂志》第 1 卷第 7、8 期合刊（1931 年）。

⑧ 1928 年 12 月 29 日"东北易帜"后，东北政务委员会为东北地区最高行政机关，东北边防军司令长官公署为东北地区最高军事机关，张学良任东北政务委员会主席、东北边防军司令长官。

储备体系和四行准备库的成功实践的启发，决定组织多家银行联合成立专门
的发行机构，发行现大洋票投入流通，以取代毛荒的奉票，同日本金票和其
他华资银行发行的纸币竞争，争夺货币发行的利权。1929 年 5 月，在辽宁省
政府的推动下，中国、交通银行奉行，边业银行及东三省官银号四行号共同
组织的联合发行准备库正式开办。联合发行准备库共筹集 1000 万元作为兑现
专用基金，其中四行号各出资 175 万元，另以省公债筹资 300 万元；准备库
的监理官由辽宁省长翟文选兼任。准备库制定了《辽宁省城各银行号联合发
行准备库暂行章程》，规定该库专门办理纸币发行业务，不得兼营其他业务；
发行准备金率为现金准备七成，保证准备三成；准备库暂用边业银行纸币加
盖 "联合发行准备库" 字样发行，各行号向准备库领用加暗字的兑换券，其
他商业银行或殷实钱庄亦可以十足准备向准备库领用兑换券；准备库的账目
完全独立于各行号，发行兑换券和库存准备金数目由监察随时稽核，定期报
告各行号和省政府；等等。① 以上规定一方面体现了发行独立，准备充实的
原则，与四行准备库等商业银行的发行制度相一致；另一方面则反映出联合
发行准备库具有政府背景，需要对省政府负责。为了配合准备库兑换券的发
行和流通，省政府同时出台了《辽宁管理金融及禁止现金出境章程》，要求
收回沈阳境内流通的外埠银行纸币；本地银行须加入准备库方能发行纸币，
不得单独发行（边业银行除外）；准备库发行的纸币与现大洋一律通用，不
得折扣，并可无限制作汇；禁止现金贩运出城，商民可携带一百元以下的现
金出境。② 这一章程在制度层面严格限制了沈阳境内商业银行纸币的发行和
流通及现金的外流，对于推行准备库发行的纸币，保障准备库发行准备金的
充实具有十分关键的作用。从中也可以看出，辽宁四行号联合发行准备库的
成立，含有东北当局整理纸币制度，集中纸币发行权的意图。

就共同组建联合发行准备库的四家机构而言，东三省官银号是东北当局
兴办的地方银行，拥有代理省库等特权；中国银行和交通银行作为国家银
行，在金融体系中资力最为强大，信用最为良好；边业银行创办于 1919 年，
拥有纸币发行权，1925 年由张作霖出资收购，将总行由天津迁至奉天，从而
为张氏父子所掌控。四家机构都拥有官方背景和雄厚的实力，以此为基础创
办联合发行准备库，属于强强联合之举，体现了东北当局整顿纸币发行，树

---

① 《辽宁四行准备库暂行章程》，《银行周报》第 13 卷第 24 号（1929 年）。

② 《辽宁管理金融及禁止现金出境章程》，《银行周报》第 13 卷第 24 号（1929 年）。

立纸币信用的决心。因此，辽宁四行号联合发行准备库的成立得到了金融界的高度评价，有论者称其"为统一东省金融之先河，用意至为深远"。[1] 从成立之后的实践来看，联合发行准备库有效落实了暂行章程的规定，做到了发行独立、准备公开。对于发行准备金，联合发行准备库"每月终邀请各法团、各银行号派员检查一次"，并将检查结果登载于《银行周报》。历次检查报告均显示准备库的纸币发行符合章程中现金准备七成，保证准备三成的规定。[2] 公开向市场展示了联合发行准备库准备充实，运行良好，有效地建立了准备库发行的纸币的信用。因此，联合发行准备库发行纸币的流通量在前期实现了快速增加，由刚成立时的60万元增至1930年9月的1500万元（见表3）。同时，持券向准备库兑现者并不多，准备库1929年5月15日至12月底共兑现843035元，1930年1月1日至5月底共兑现1857900元，平均每月兑出225000元。[3] 准备库券的流通范围以沈阳及其周边地区为主，涵盖了东三省的各主要城镇，可在东三省内的29个地点免费通汇[4]。随着东北当局的势力范围扩展至华北地区，准备库券进入北平、天津等地流通，并可在当地兑现。[5] 总之，辽宁四行号联合发行准备库的运营呈现稳中向好的局面。

表3　辽宁四行号联合发行准备库纸币流通额（1929—1932年）

时间	各行号领券发行额（元）				流通总额（元）
	东三省官银号	中国银行奉行	交通银行奉行	边业银行	
1929年5月	600000.00	—	—	—	600000.00
1929年6月	2000000.00	—	—	—	2000000.00
1929年9月	5000000.00	—	—	—	5000000.00

---

[1]　述人：《对辽宁省城各银行号联合准备库成立之评议》，《东三省官银号经济月刊》第1卷第1号（1929年）。

[2]　详见《辽宁四行号联合发行准备库检查报告》，《银行周报》第14卷第6号（1930年）；《辽宁四行号联合发行准备库第九次检查报告》，《银行周报》第14卷第9号（1930年）；等等。

[3]　东三省金融整理委员会编印《东三省金融整理委员会报告书》，1931，第108~109页。

[4]　藤井諒『遼寧の準備庫と現大洋票』，转引自中国银行辽宁省分行、中国银行吉林省分行、中国银行黑龙江省分行合编《中国银行东北地区行史资料汇编（1913—1948）》，第347页。

[5]　《东三省官银号在平津发行库券十足兑现》，《东三省官银号经济月刊》第2卷第10号（1930年）。

续表

时间	各行号领券发行额（元）				流通总额 （元）
	东三省官银号	中国银行奉行	交通银行奉行	边业银行	
1929 年 12 月	7900000.00	—	200000.00	—	8100000.00
1930 年 3 月	9300000.00	750000.00	1000000.00	—	11050000.00
1930 年 6 月	9300000.00	1000000.00	1000000.00	—	11300000.00
1930 年 9 月	13000000.00	1000000.00	1000000.00	—	15000000.00
1930 年 12 月	13000000.00	1000000.00	1000000.00	—	15000000.00
1931 年 3 月	12000000.00	1000000.00	1000000.00	—	14000000.00
1931 年 6 月	6000000.00	1000000.00	1000000.00	—	8000000.00
1931 年 9 月	5000000.00	500000.00	800000.00	—	6300000.00
1931 年 12 月	4000000.00	500000.00	750000.00	—	5250000.00
1932 年 3 月	4000000.00	500000.00	735000.00	—	5235000.00
1932 年 6 月	3475712.50	—		—	3475712.50

资料来源：《辽宁四行号联合发行准备兑换券月末流通额表》，南满洲鐵道株式會社經濟調查會編『滿州各種紙幣流通額統計表』、32 頁。转引自中国银行辽宁省分行、中国银行吉林省分行、中国银行黑龙江省分行合编《中国银行东北地区行史资料汇编（1913—1948）》，第 349～350 页。

注：原数据为月度数据，限于篇幅，除准备库成立的首月外，本表只摘录了每季度末月的数据。

　　然而，从表 3 中不难发现，联合发行准备库所发行的纸币绝大部分由东三省官银号领券发行，中国银行和交通银行的领券发行额只占很小的比例，边业银行则没有通过准备库领券发行，只是为准备库提供券料。所以，联合发行准备库实际上是由东三省官银号一家机构主导，"乃官银号假边业银行之现洋券而发行之外府也"。[1] 东北当局和东三省官银号联合另外三家机构共同组建准备库，意在利用这三家机构的实力和地位强化准备库的信用，保障准备库券的流通和兑现。这三家机构中，边业银行拥有纸币发行权，其纸币在准备库成立前已在市场上流通；中国、交通两行在平津发行的纸币有一定数量流入辽宁流通，并可以在当地兑现。[2] 有统计显示，1929 年 12 月末，辽宁流通的现大洋票共 2270 万元，包括准备库券

---

[1] 东三省金融整理委员会编印《东三省金融整理委员会报告书》，第 247 页。

[2] 藤井諒『遼寧の準備庫と 現大洋票』，转引自中国银行辽宁省分行、中国银行吉林省分行、中国银行黑龙江省分行合编《中国银行东北地区行史资料汇编（1913—1948）》，第 348 页。

830 万元，边业银行券 1200 万元，交通银行天津地名券 200 万元，中国银行天津地名券 40 万元。[①] 也就是说，联合发行准备库成立后，准备库券虽然发行量逐渐增加，且信用良好，但在市场流通中并未占据多数份额，收回外埠纸币的规定也没有得到落实，纸币发行权未能实现有效的集中。对东三省官银号来说，由于联合发行准备库运营稳定，准备库券信用良好，该号通过向准备库领券强化了自身的信用，积累了发行银行兑换券的经验。1930 年 7 月起，东三省官银号开始自行发行现大洋票，[②] 并于同年 10 月得到政府核准。[③] 与此同时，联合发行准备库在向边业银行借用的 1500 万元券料发行完毕后，拟再借用 500 万元，[④] 但未得到批准。11 月，准备库券的发行限额定为 1500 万元，不再增加。[⑤] 当年年末，东三省官银号的现大洋票发行额达到了 2122.7 万元，已经多于准备库券的发行限额。此后，准备库券的流通额逐步萎缩（见表 3），联合发行准备库的业务趋于停滞。东三省金融整理委员会建议取消准备库，将其归并于拟由东三省官银号改组成立的辽宁省银行之内。[⑥] 九一八事变发生后，辽宁四行号联合发行准备库被日军武装接收。1932 年 7 月 1 日，联合发行准备库被强行并入新成立的伪满洲中央银行，准备库券停止流通，由该银行以新币一元兑换准备库券一元的比例收兑。[⑦] 与奉票、官帖等其他纸币被伪满洲中央银行有意压低兑价相比，[⑧] 准备库券以 1∶1 的比例兑换新币，表明其在市场流通中始终保持着坚实的信用。

回顾辽宁四行号联合发行准备库昙花一现般的发展历程，可以发现，在奉票毛荒和日本金融侵略的背景下，东北当局和东三省官银号选择联合

---

① 静子译《奉天票流通史》（下），《钱业月报》第 11 卷第 3 号（1931 年）。该统计所载的准备库券流通额与表 4 略有出入。

② 《现大洋票各月末总发行额表》，南满洲鐵道株式會社經濟調查會編『滿州各種紙幣流通額統計表』34—35 頁。转引自中国银行辽宁省分行、中国银行吉林省分行、中国银行黑龙江省分行合编《中国银行东北地区行史资料汇编（1913—1948）》，第 353 页。

③ 《东三省官银号总号通函（券字第七号）》（1930 年 10 月 13 日），《东三省官银号经济月刊》第 2 卷第 11 号（1930 年），"法令及本号通函择要"，第 5 页。

④ 《四行号准备库又借边业银券》，《盛京时报》1930 年 10 月 4 日，第 4 版。

⑤ 《四行号准备库券限度》，《盛京时报》1930 年 11 月 5 日，第 4 版。

⑥ 东三省金融整理委员会编印《东三省金融整理委员会报告书》，第 47 页。

⑦ 《新旧货币兑换率》（1932 年 6 月 28 日），满洲中央银行调查课『滿洲國金融關係法規集』1938 年，第 7~8 頁。转引自吉林省金融研究所编《伪满洲中央银行史料》，吉林人民出版社，1984，第 135~136 页。

⑧ 吉林省金融研究所编《伪满洲中央银行史料》，第 9 页。

发行准备制度，联合中国、交通和边业三家实力雄厚的银行组建联合发行准备库，目的在于发行信用良好的可兑现纸币，在货币竞争中争夺货币利权，维护金融主权，进而利用联合发行准备库和准备库券集中纸币发行。辽宁四行号联合准备库拥有浓厚的政府背景，联合了辽宁省内实力最为雄厚的四家金融机构，既是一家与四行准备库性质相同的联合发行准备库，也在一定程度上寄托着实践公库制的理想。然而，联合发行准备库的业务并未得到边业、中国和交通三行的积极响应，准备库券的发行始终由东三省官银号一家机构主导，联合发行与联合准备成为东三省官银号借三家银行的声誉和实力增强自身信用的招牌。尽管并未实现真正意义上的联合发行与联合准备，但联合发行准备库有效的制度建设和良好的业务运营保障了准备库券的信用，为东三省官银号积累了发行兑换券的经验，还是发挥了不可忽视的积极作用。

四　结语

在近代纸币发行主体多元混杂，纸币信用良莠不齐的背景下，20 世纪20 年代，联合发行与联合准备作为保障纸币发行准备金充实，强化纸币信用的一种制度选择得到了政界、学界和银行界的广泛关注。北洋政府提出了实行公库制，由各地银行公会组织公库集中纸币发行的构想，引发了时人一系列的讨论；华资银行将联合发行准备制付诸实践，先后成立了四行准备库和辽宁四行号联合发行准备库。通过对银行公库与两家联合发行准备库进行比较，可以发现，由于当时的政府和银行公会不具备集中纸币发行的能力，公库制的实行只能停留在理论探讨的层面；而数家银行通过组建联合发行准备库，在小范围内实现联合发行与联合准备，是具有可行性的制度选择。北四行依靠联合发行与联合准备充实资力，强化纸币信用，在纸币发行业务中取得了不逊于中国、交通两家国家银行的成效，四行准备库的成功即为联合发行与联合准备制度的成功。另一方面，从四行准备库与辽宁四行号联合发行准备库的对比来看，联合发行与联合准备制度虽然具有可行性，但并不具有普适性。在中国、交通和边业三行均有独立发行纸币的实力的情况下，由东三省官银号主导的辽宁四行号联合发行准备库尽管发行了信用良好的准备库券，但并未实现真正的联合发行与联合准备。由此可见，对于实力相对有限的普通商业银行而言，联合发行与联合准备是保障发行准备充实，强化纸币信用的有效制度；而对中国银行和交通银行这类实力雄厚的大型银行而言，联合发行与联合准备不是必要的制度选择。

事实上，联合发行与联合准备属于银行集团的集体行动，其成功与否取决于是否遵循集体行动的逻辑。对于多个成员追求共同利益的集体行动问题，美国经济学家奥尔森提出了经典的观点：小集团比大集团更容易实现集体行动；在大集团中，具有选择性激励（selective incentive）机制的集团比没有这种机制的集团更容易实现集体行动。其中，选择性激励包括社会奖励和社会制裁，指的是不参加集体行动就不能得到或将失去的东西。[1]北四行同属华资商业银行，规模相近，业务大体一致而各有特色，加之四行的经营者相互之间具有密切的人际关系，而且都有将银行发展为财团的理想。在这种选择性激励的作用下，以四行准备库的联合发行与联合准备为代表的四行联营得以成功，北四行通过联合经营实现了各自单独经营所不能达到的成就。[2]相反，辽宁的四行号中，除东三省官银号以外的三家机构没有参与联合发行准备库的动机，集团中不存在选择性激励，所以辽宁四行号的联合发行与联合准备未能成功实现。类似地，所有发钞银行组成的集团中更难形成选择性激励，由银行公会联合所有发钞银行组织公库的计划也就更加难以实现，只能作为一种构想停留在讨论层面。

总之，在近代中国竞争性发行的现实制度环境下，对规模和资力相对较小的发钞银行而言，由数家银行组成小集团进行联合发行与联合准备，是增强纸币信用，实现稳健发行的一种有效的制度选择；但对于政府而言，集中纸币发行权的理想无法依靠联合发行与联合准备实现，而是有赖于建设制度完善且具有独立性的中央银行。

Ideal and Reality: The Joint Issuance and Joint Reserve System in the 1920s

Ma Guoying   Wang Shaoyu

Abstract: In the 1920s, the joint issuance and joint reserve system was

---

[1] 详见〔美〕奥尔森著，陈郁、郭宇峰、李崇新译《集体行动的逻辑》，上海人民出版社，1995，第 64 ~ 79 页。

[2] 参见马长伟《侨资中南银行研究（1921—1952）》，第 123 ~ 137 页。

widely discussed in response to the problem of rampant issuance and intermingled credit of paper money. In practice, two institutions, Four-banks Reserve and Liaoning Four Financial Institutions Joint Issuing Reserve, had emerged. The idea of implementing the public reserve system put forward by Beijing government had aroused academic discussion while it had not been put into practice. The Four-banks Reserve jointly established by the Northern Four Banks adhered to the principle of independence of the banks and the reserve as well as replenishment of reserve fund thus its banknotes had good credit and wide circulation. Although Liaoning Four Financial Institutions Joint Issuing Reserve promoted by the northeast authorities had played a positive role, it had not really realized the joint issuance and joint reserve. Under the realistic system background of competitive banknote issuance, joint issuance and joint reserve was an institutional choice for ordinary commercial banks to strengthen banknotes credit, but it was not suitable for the ideal of realizing government's centralized right to issue banknotes.

Keywords: Note Issue; Public Reserve System; Four-banks Reserve; Liaoning Four Financial Institutions Joint Issuing Reserve

全面抗战时期山西根据地土地流转之
典押与回赎[*]

贺　翕[**]

摘　要：典押与回赎是中国乡村传统土地流转的重要方式。全面抗战爆发前，山西农村土地的典押与回赎，受民间习惯与小农经济商品化的双重作用，既是乡村金融借贷的渠道之一，亦是乡村土地流动的主要推手。自八路军进驻山西并创建抗日根据地后，根据地陆续推行了一系列新土地法令和借贷政策，为土地流动的良性运行提供了制度保证，不仅调整了传统的乡村借贷关系，亦扭转了土地典押回赎的传统走向，土地开始更多地从地主富农向贫雇农转移。不过，追寻土地流动之内因，中共新土地政策固然不可或缺，但战争环境、乡村土地与乡村资本之间复杂的互动关系，以及小农经济的脆弱性及其各阶层之间的利益博弈等，都成为全面抗战时期山西抗日根据地土地流转的基本变量。

关键词：中国共产党；山西；抗日根据地；土地流转；典押回赎

传统的中国社会是一个"乡土性"的社会，土地与芸芸乡民"附着"而行。[①] 然而，土地问题因其在政治革命、社会变迁、基层动员、农民生存等方面的重要性，成为历代学人不断讨论和关注的重要课题。以往学术界对中共土地问题的论述多集中于土地的公有与私有、土地对于中国农民及中国革命的重要性，以及土地革命与改革、土地的占有与分配等。买

---

[*] 本文为国家社科基金一般项目"中国共产党太行抗日根据地基层干部群体养成机制研究"（项目编号：20BZS136）阶段性成果。

[**] 贺翕，山西大学马克思主义学院博士研究生，山西传媒学院马克思主义学院讲师，主要研究方向为中国近现代史基本问题。

① 费孝通：《乡土中国·生育制度·乡土重建》，商务印书馆，2011，第6页。

卖、典押、回赎、分家析产等作为农村土地流转的四种基本形式，虽被学界普遍关注，然相较于买卖及分家析产，土地的典押回赎在近代山西农村土地流转中究竟扮演着何种角色，目前学术界仍少有专题研究，即就已有之研究成果而言，亦大多局限于土地占有权和占有量的更替变化，难免过于笼统宽泛，对土地典押回赎具体的流转方向、流转动力、流转过程、流转纠纷等并未给予足够的重视。① 鉴于此，笔者试图以山西抗日根据地土地的典押回赎为切入点，以山西省档案馆馆藏之相关档案资料为依托，系统论述山西抗日根据地土地流转的动态过程，以及由此而引起的乡村政治生态、民众认同、借贷关系、治理模式等方面的深刻变革。

一　全面抗战前山西农村土地典押回赎概况

全面抗日战争爆发之前，因受封建土地私有制的影响，中国乡村土地流转司空见惯，典押回赎现象常有发生。"土地的典当、买卖，在广大农村具有历史传统，特别是在山西农村。"② 与之相对应，中国农民自古就有"惜地"传统，很多农民甚至将其视为身家性命。对一般农家而言，若非天灾人祸，是绝不会出让尺寸土地的。揆诸史籍，除了少数"败家子"挥霍祖业外，鲜有主动变卖自家土地之事。如此一来，就有了这样一对矛盾：即一方面是个体层面的惜地慎让，另一方面是社会层面的土地流转。欲从理论上解释此种矛盾现象，其突破口无疑在于土地的典押与回赎。一般情况是，在小农经济的规约下，勉强度日的农民，特别是贫雇农，因种种原因不得不向富户高利举债，而面对家徒四壁的生活困境，土地无疑成为借贷抵押的不二选择，而后在市场金融、粮食价格、自然灾害、战争环境等因素的影响下，其土地最终由典押而变为"绝卖"，土地流转亦在无声无息中完成。

---

① 代表性的论著有：张佩国《地权分配·农家经济·村落社区——1900—1945 年的山东农村》，齐鲁书社，2000；方慧容《民国时期的土地典当：理论与实践》，上海人民出版社，2016；李金铮《革命策略与传统制约：中共民间借贷政策新解》，《历史研究》2006 年第 3 期；史志宏《20 世纪三四十年代华北平原农村的土地分配及其变化——以河北省清苑县 4 村为例》，《中国经济史研究》2002 年第 3 期；杨双利《农村经济的平衡：民国土地典当初探》，《社会科学》2016 年第 4 期；徐畅《抗战中后期鲁西冀南抗日根据地土地回赎运动述析》，《中国经济史研究》2017 年第 3 期；等等。

② 山西省农业区划委员会编《近代山西农业经济》，农业出版社，1990，第 236 页。

事实上，这种情况在全面抗战前的山西农村普遍存在。20 世纪 30 年代晋东南地区金融枯窘，现金难觅，使得土地流动现象"非常普遍，非常迅速"。平顺县战前很多高利贷者向农民借债，均以抵押土地、征收地租来代替利息。不过，由于高利贷者在名义上对所抵押之土地没有所有权，也就没有向国家缴纳税收的义务，但在使用上，仍能像对自己出租的土地一样收租。[①] 在晋西北，此类现象亦十分突出。如 1933 年兴县三区李家湾村韩孝义，一年之内三次押地，三次举债，几易土地，"债权人所得利已到原本八九倍"[②]。

全面抗战前山西农村地区的土地典押主要有"限期文书""死契活口"等形式，都是高利贷资本集中土地的方法，"流行于战前农民破产较急剧的地区"，陷入高利贷中的农民最终失去土地者"十有八九"[③]。这些典押形式的出现，与其说是乡间借贷的灵活自由，毋宁说是土地配置不均的隐形反映。那么，全面抗战之前山西农村传统的土地典押回赎主要有哪些特点呢？

（一）地域分布的不均衡。如晋西北一个区域内，其典押形式多寡不同。兴县桑蛾村战前出典地者仅有地主 1 户[④]，杨家坡村亦"典地很少"，蔡家崖村亦"典地不多"，而毗邻的临县、河曲两县则普遍"典地多"，辛密上村更是"典地很普遍"[⑤]。就押地而言，黑峪口村的押地现象只是零星出现[⑥]，桑蛾村也由于"战前借贷比较容易，放债的家数要多，没有发生押地现象"[⑦]。但在晋北的神池县某些村庄，押地现象则较为常见。[⑧]

（二）小农经济商品化程度高的地区，土地的典押呈现多面性。首先在不同阶层之间土地的流动，一般是中贫农典押于地主富农者居多。[⑨] 朔

① 赵梅生：《平顺县农村经济概况》，《益世报》（天津），1934 年 7 月 28 日，第 11 版。
② 《关于减租减息与回赎土地的资料》（1941 年 11 月 24 日），山西省档案馆藏，档号：A88 - 03 - 021 - 001。
③ 《太行区经济调查（第 1 集）》（1944 年 12 月），山西省档案馆藏，档号：Z01 - D01 - 979。
④ 《关于桑蛾村土地伙出典出数量及户数变化》（1942 年），山西省档案馆藏，档号：A141 - 01 - 109 - 003。
⑤ 《减租减息与土地回赎问题》（1942 年），山西省档案馆藏，档号：A88 - 03 - 021 - 002。
⑥ 《关于黑峪口土地典押与回赎的调查材料》（1942 年 9 月），山西省档案馆藏，档号：A141 - 01 - 099 - 003。
⑦ 《关于桑蛾村土地伙出典出数量及户数变化》（1942 年），山西省档案馆藏，档号：A141 - 01 - 109 - 003。
⑧ 《减租减息与土地回赎问题》（1942 年），山西省档案馆藏，档号：A88 - 03 - 021 - 002。
⑨ 《太行山北区土地问题材料》（1940 年 5 月），山西省档案馆藏，档号：A197 - 01 - 084 - 002。

县"一般的承典人为富农，出典人为中农"，如河堡村战前 13 户出典人中，中农 11 户，贫农 1 户；7 户承典人中，富农 5 户，中农 2 户。由于商品化的扩展，"一般的承典人为地主或大商"，如河曲、保德两县出典人多为破落地主以及贫农，他们多因生计所迫，"出口外做苦工"。不过，也有一些地主富农出典自己的土地。如河曲、保德两县就有一些商人，"自己经商尚有土地"，因不愿出租而将地典出。① 全面抗战前兴县黑峪口村的 12 宗典地中，出典人为地主富农商人者就有 4 户，而承典者虽多为富裕的小商人，但亦有贫农（见表 1）。

表 1　黑峪口村战前土地典押资料

出典户姓名	成分	承典户姓名	成分	出典地（垧）			典价	出典时期
				山梁地	平地	水地		
刘家坤	地主	外村	—	120	—	—	120 元	战前
任振纲	自由职业	马秉智	小商	—	1.5	—	9.5 元	战前
刘乘儿	自由职业	任□城	贫民	—	—	0.5	16 元	战前
刘兆兰	其他	刘秃孩	—	—	1.5	0.23	20 元	战前
刘德明	贫民	刘有礼	小商	—	1.5	—	20 元	战前
刘德明	贫民	刘如晏	小商	—	1.5	—	52 元	战前
刘树德	小商	刘如晏	小商	—	1.5	—	50 元	战前
刘树庭	富农	任憨小	小地主	—	4	2	130 元	战前
刘一珍	自由职业	刘如晏	小商	—	2	—	35 元	战前
王怀心	小商	任锦春	小商	—	5	—	20 元	战前
高阳满	外村	任秋生	贫民	—	—	—	50 元	战前
白有庆	外村	任永福	教员	3	—	—	不清楚	战前

资料来源：《关于黑峪口土地典押与回赎的调查材料》（1942 年 9 月），山西省档案馆藏，档号：A141 - 01 - 099 - 003。

（三）土地的典押既是土地问题，亦涉及借贷关系，其中尤其以押地为甚。传统的中国乡村，借贷的表现形式虽复杂多样，但其根本仍离不开土地；而土地的典押回赎，虽然程度与流向不同，但都与借贷相勾连。这一方面是因 20 世纪 30 年代山西农村土地负担奇重，水地每亩全年负

---

① 《减租减息与土地回赎问题》（1942 年），山西省档案馆藏，档号：A88 - 03 - 021 - 002。

担白洋 8 元，旱地 4 元，山地及坡地 2～3 元，其他临时摊款，尚不计入。加之谷价波动、民生艰难，"故地价跌落几半，而购者寥寥"①。另一方面则因借贷资金奇缺。即使"百亩之家"，借贷亦十分困难。其他阶层之借贷，即是"以八元当十元"，利率高达 30%。即便如此，其"放账之户，寥若晨星"②。

综上所述，全面抗战前山西农村的土地典押，既属土地问题，亦涉借贷关系。传统的中国乡村社会因封建土地所有制的存在，以及民间高利借贷习惯的延续，使困境中的贫雇农为求生存而不得不典押土地。不可否认，地主富农亦有典押行为，但多是因从事非农业职业而采取的调剂之举。全面抗战前山西农村的借贷不仅普遍，且呈现出"限期文书""死契活口"等多种形式。虽然典押的地尚有回赎之权，且这一权利在民间传统和司法实践中都被予以保护，然而 20 世纪 30 年代的中国，战争频仍，民生困苦，老百姓挣扎在生存的边缘线上，此情此景，毋庸说中贫农典押土地时背负着高额的利息，即使一般的回赎成本，对身陷生存困境的中贫农而言，十之八九都无法筹还。因此，全面抗战爆发之前，山西农村大量已典押之土地，多演变成土地绝卖。而这一土地流转方式中，土地的典押与高额的借贷如影随形，所不同者，只不过是因地域之不同而呈现出分布的不均衡。

二　中共新土地法令与典押回赎方式的嬗变

全面抗战爆发后，八路军挺进山西开辟敌后抗日根据地，建立新生的革命政权，并于 1940 年始，陆续制定和颁行了《晋察冀边区减租减息单行条例》《减租减息暂行条例》《晋绥边区回赎不动产暂行办法》《关于处理典地回赎问题的几项规定办法》《晋察冀边区租佃债息条例》等一系列新的土地政策法令。综观这一时期中共新土地政策法令，不难发现如下特点。

（一）基于土地典押回赎问题的复杂性，根据地政府在相关政策的制定中，经历了一个不断修订和完善的过程。抗日根据地建立后，一个亟须

---

① 马乘风：《最近中国农村经济诸实相之暴露》，《中国经济》1933 年第 1 卷第 1 期，第 5 页。
② 马乘风：《最近中国农村经济诸实相之暴露》，《中国经济》1933 年第 1 卷第 1 期，第 12 页。

解决的问题是：新生的根据地政权既要面对旧政权时代遗留的土地问题，又要应对新土地政策下产生的新问题，加之土地的典押回赎过程，其本身存在着复杂而多变之特性，导致根据地内的土地纠纷日渐增多。晋察冀根据地政府在报告中表示，"典当地回赎的争执，已有数县发生"，并有可能"成为普遍问题"。① 据统计，至1941年晋东南根据地"17县至少解决土地纠纷6712件"，而在一些地区，赎回押地的案件就占到50%，漳北区赎回典地的案件竟高达81%。② 且在解决土地问题的过程中，亦常有法令执行与实际情况相龃龉之现象。如晋西区交城县小济沟村武发照于1931年买了张成则一头牛，定价为48元，只交了8元，其余40元作为借贷，以其3.5垧地作为担保，年利25%。在随后的三年中，武发照每年都依照约定偿付本息，但第四年因本息未付，便将抵押的3.5垧地转典给张成则，典价为38元，尚欠10元，仍作借贷。1942年当武发照要求赎回时，根据地政府的解决办法是："将典价折作本币，按二折回赎，借洋十元，依抗战前欠债，未加利，原本折为本币交还。"③ 然而，当地政府的处理过程亦多有值得推敲之处，晋西北行署就提出如下意见：第一，买牛时双方的成分、现在双方成分及其发生转变之原因未明；第二，第四年是押地种地抑或"变典"，情况不明；第三，原剩40元，何以典地38元还欠10元；第四，典价38元、借洋10元，均折合本币未明，取二折以及为何不加利的法律依据不清楚；第五，如作典地则"赎法就不对"，因为变典时地价以及现在地价均不清楚。④

中共新土地政策执行中出现的诸多问题，亦引起中共中央的高度重视。1941年11月5日中共中央给李雪峰及北方局的指示信中称："你们的土地使用条例草案规定：'债务人已付利息超过原本二倍者，即作还清，由债务人带条件取回押地。'你们是否即采取此办法收回押地，这办法按照你们地区的习惯及舆论是否认为'公平'可行，又是否允许在30年内或30年外已经押死转成买卖关系者亦可清算收回？依据晋察冀经验，如果这也可以清算收回，则将影响抗战团结及根据地之巩固。"

---

① 《晋察冀边府规定典地回赎办法》，《解放日报》1942年11月25日，第2版。
② 《太行根据地土地问题材料初集》（1942年9月10日），山西省档案馆藏，档号：A01 - 09 - 003 - 012。
③ 《减租减息与土地回赎问题》（1942年），山西省档案馆藏，档号：A88 - 03 - 021 - 002。
④ 《减租减息与土地回赎问题》（1942年），山西省档案馆藏，档号：A88 - 03 - 021 - 002。

同时，中共中央还针对典地回赎之问题，提出了五点参考意见："一、除了纸币跌价有利于农民向地主赎地外，已经典死转成买卖关系者是否可赎？二、无钱赎者，是否在有些地方采取过'左'的押地换约的办法？三、典地作用是否会实际被取消？四、如果地主向农民赎回典地，对农民损失如何解决？五、究竟是地主典出土地的多，还是农民典出的土地多？"① 从晋冀鲁豫边区和其他边区各级政府后来修订的文件来看，上述意见，尤其是有关土地回赎问题的建议，均被结合实际而得以吸纳。

（二）对典地和押地进行法理上的区分，标志着根据地政府在解决农村土地问题上前进了一大步。1941 年 11 月晋西北行署制定《晋绥边区回赎不动产暂行办法》，较早区分了典地押地之间的区别，即"承典人支付典价，使用出典人之产物，此种产物称典产。借债以产物作担保，此种产物称押产"②。1942 年 11 月晋察冀边区颁布的《关于处理典地回赎问题的几项规定办法》，更为明确地指出："典地是地无租钱无息，活买活卖的土地买卖关系；当地是指押契押地借钱的银钱借贷关系。两者性质不同，必须截然分开。"因此，"目前所谓典当地回赎问题，实际只是典地回赎问题，不能牵涉当地，当地应依借贷关系处理"③。换句话说，典地体现的是土地关系，而押地体现的是借贷关系。

1945 年 4 月晋冀鲁豫边区政府在修订《晋冀鲁豫边区土地使用暂行条例》及《几个土地问题处理办法的决定》的基础上，进一步明确指出：典地即"承典人依法交付典价，订约税契后，在典权存续期间，享受使用出典人土地之收益权利者"；而押地则是"债务人向债权人不转移其土地之使用，而只抵押其土地，以担保偿还债款本息者"。④ 中国共产党正是认识到典地与押地之间的本质不同，即"押地带有明显的剥削性质"，因而在制定相关土地回赎办法的同时，赎回押地"可比赎典地在条例上给以某种

---

① 《中共中央关于农民土地问题给李雪峰的指示》，《中国的土地改革》编辑部、中国社会科学院经济研究所现代经济史组编《中国土地改革史料选编》，国防大学出版社，1988，第 77 页。

② 《晋绥边区回赎不动产暂行办法》（1941 年 11 月 1 日公布），山西省档案馆藏，档号：A88 - 03 - 002 - 005。

③ 《晋察冀边府规定典地回赎办法》，《解放日报》1942 年 11 月 25 日，第 2 版。

④ 《太岳区关于典地旧债纠纷押地问题之处理办法》，《新华日报》（太岳版）1945 年 7 月 7 日，第 4 版。

程度内的优待"①。上述土地政策的制定，为中共抗日根据地政府妥善处理各种土地纠纷提供了重要的法律依据。

（三）根据地政府颁行的一系列新土地政策，既要照顾出典人的利益，亦须保护承典人的利益，既要照顾贫雇农的利益，也要在一定程度上保护地主富农的利益。这是与全面抗战时期中共主张的抗日民族统一战线政策相适应的。正如1942年11月晋察冀边府在处理典地回赎问题时指出的："必须坚持保障地主土地所有权，保障农民土地使用权的原则。"如承典人亦系土地使用人，因失去该项土地的使用权，致使生活困难而与出典人发生纠纷时，"农会应约同双方进行调解，或协同政府进行和解"②。1944年晋冀鲁豫边府进一步规定，"出典人系贫苦农户，当时典出土地确因生活无着，得按原契约原典价赎地，不延典当期限。但承典人在土地上所出之各种改良费用，出典人须依情酌予补偿"③。1945年太岳区在制定"典地旧债纠纷问题"的相关政策时，进一步作了补充，即"在补偿地价时，得照顾双方家庭经济状况，酌情处理"之规定。同时在典地回赎、清理旧债方面，亦须考虑货币折算问题，并特别规定，"应根据双方家庭经济状况"，"在照顾贫苦人民利益的原则下"酌情处理。④

由此可见，全面抗战时期中国共产党在面对根据地内存在的各种复杂棘手的土地典押回赎问题时，在巩固抗日民族统一战线的原则下，在减租减息政策的指引下，不断修订和完善相关的政策和法令，其间经历了一个较长时段的探索和调试的过程。总体而言，对典地和押地进行法理层面的区分，是根据地政府处理土地典押回赎问题趋向成熟的一个重要标志，它为妥善解决以土地典押回赎为主体的土地纠纷问题奠定了法理基础。同时，基于全面抗战时期的特殊国情，中国共产党在制定土地典押回赎之相关政策时，亦较好地贯彻了抗战时期以减租减息为主旨的新土地法令，体现出既要有限度地保护地主富农利益，更要照顾贫雇农利益的精神要义。

---

① 《关于黑峪口土地典押与回赎的调查材料》（1942年9月），山西省档案馆藏，档号：A141-01-099-003。

② 《晋察冀边府规定典地回赎办法》，《解放日报》1942年11月25日，第2版。

③ 《晋冀鲁豫边区政府关于几个土地问题处理办法的决定》（1944年10月15日），山西省档案馆藏，档号：A198-02-135-001。

④ 《太岳区关于典地旧债纠纷押地问题之处理办法》，《新华日报》（太岳版）1945年7月7日，第4版。

三　中共土地典押回赎政策的初步实践

1941 年初山西抗日根据地传统的土地流动基本处于迟滞状态，而"非传统性"的土地流动速度加快，山西各地农村几乎都出现了"回赎土地的大浪潮"①。晋东南根据地 11 个县共解决土地纠纷 6721 件，地主与富农的土地在典押地回赎、永佃权与典买优先权的规约下，"大量流入贫农中农手中，晋东南土地关系及阶级关系已发生剧烈的变化，地主大大削弱"②。

尽管如此，根据地内土地典押现象依然"非常复杂"，积重难返的乡村习惯与中共土地政策之间不无矛盾和冲突。晋西北乡村中"以土地为抵押"的借贷形式依然存在。如兴县任家湾村有一户"卖地最多的中农"，因为急需用钱，而向碧村一户中农借了 15 元白洋，但却被"提"去"100 个畦子的园子地"③。土地回赎时，民间习惯仍然发挥作用。如晋东南，地主富农典押土地给农民者虽占大多数，且都定立了契约，并约定了回赎土地的期限。但在金融失序、粮价高涨的抗战年代，因之前所典押土地的价格非常低，因此典押土地者，不论地主、富农、中农、贫农各个阶层，都不按其原定典押地之契约执行，而是纷纷要求回赎土地。有的地方甚至出现了为逃避合理负担而假典当的现象。例如，随着太行山北区合理负担的实行，使得一些地主和富农因不愿意承担典当耕地之负担，而通过"把自己的土地假典当或假契给其亲戚朋友中之中农，也有把地廉价典当给比较富裕中农"以逃避负担。④ 这一时期根据地土地的典押回赎，虽表现出一个颇为繁琐复杂的态势，但并非毫无规律可循。以张闻天"晋陕农村调查团"所调查之兴县几个村庄为例（见表2），即可窥见其中端倪。

---

① 《关于任家湾土地的诸问题》（1942 年），山西省档案馆藏，档号：A141 - 01 - 117 - 001。
② 《中共中央关于农民土地问题给李雪峰的指示》，《中国的土地改革》编辑部、中国社会科学院经济研究所现代经济史组编《中国土地改革史料选编》，第 77 页。
③ 《关于任家湾土地的诸问题》（1942 年），山西省档案馆藏，档号：A141 - 01 - 117 - 001。
④ 《太行山北区土地问题材料》（1940 年 5 月），山西省档案馆藏，档号：A197 - 01 - 084 - 002。

表 2　全面抗战时期山西兴县农村土地典押与回赎一览表

所在村	出典（押）人 姓名	出典成分 战前	出典成分 战时	承典（押）人 姓名	承典成分 战前	承典成分 战时	出典（押）地（晌）山梁地	平地	水地	典价	出典时间	赎价	回赎时间
黑峪口村	任捧璧	地主	地主	任捧钰	富农	富农	1.5	—	—	6元	1940年	—	1940年
	刘家坤	地主	地主	—	外村（成分不详）	外村（成分不详）	120	—	—	120元	战前	—	1939年
	王金斗	外村（成分不详）	中农	任王珍	商人	地主	—	—	4	142.9元	1940年	—	—
	任秉衡	中农	中农	—	外村（成分不详）	外村（成分不详）	—	1	—	36元	1937年	—	—
	任振纲	自由职业	贫农	马秉智	小商	小商	—	1.5	—	284元	战前	214元	1941年
	刘秉儿	自由职业	贫农	—	外村（成分不详）	外村（成分不详）	—	1.5	—	10元	1941年	—	1941年
	刘兆兰	其他	贫民	任口城	贫民	贫民	—	—	0.5	16元	战前	—	1940年
	刘有礼	贫民	贫农	刘秃孩	外村（成分不详）	小商	—	1.5	0.23	20元	战前	—	1939年
	刘德明	小商	贫农	刘如晏	小商	小商	—	1.5	—	20元	战前	—	1942年
	刘树德	小商	贫农	刘如晏	小商	小商	—	1.5	—	52元	战前	—	—
	王抵全	外来	小商	—	外村（成分不详）	外村（成分不详）	—	1.5	—	50元	战前	—	—
	刘树庭	富农	贫农	任憨小	小地主	富农	1.5	—	0.2	12元	1941年	—	—
	刘一珍	自由	自由	刘如晏	小商	小商	—	4	2	130元	战前	—	—
	王怀心	小商	富农	任锦春	小商	中农	—	2	—	35元	战前	—	1939年
	—	小商	富农	外村	—	—	5	5	—	20元	战前	—	—
	—	—	—	外村	—	—	—	—	—	60元	1941年	—	—

续表

所在村	出典(押)人姓名	成分 战前	成分 战时	承典(押)人姓名	成分 战前	成分 战时	出典(押)地(垧) 山梁地	平地	水地	典价	出典时间	赎价	回赎时间
黑峪口村	—	外村(成分不详)		王平顺	小商	富农	14	—	—	0.2石米	1940年	—	—
	任候奴	贫农	全家死了	任明玉	游民	贫农	—	1	—	50元	1941年	—	—
	高阳满	外村	外村	任秋生	贫农	贫农	15	—	—	不清	战前	—	1940年
	白育庆	外村	外村	任永福	教员	小商	—	3	—	200元	战前	—	—
	—	地主	—	—	破落地主	—	27	—	—	—	战前	—	—
	—	富农	—	—	富农	—	20	—	—	—	战前	—	—
西坪村	刘朴口	榨花工人	贫农	刘厚昌	中农	中农	—	2	—	40元	战前	—	1937年
	刘开堂	游民	贫农	白永贵	西凹村(成分不详)		7	—	—	7元、麦子1小斗、软米1小斗、黄米1小斗	战前	—	—
	白桂堂	中农	中农	赵侯留	赵家川口村(成分不详)		—	4	—	60元	战前	13元	1942年
	刘中堂	中农	中农	白海生	居外村	中农	—	2	—	21元	1942年	—	—
	—	中农	—	刘芝堂	中农	—	—	—	—	120元	战前	—	—
	白緊驹	西凹村(成分不详)		刘福堂	中农	中农	—	2	—	12元	战前	—	—

续表

所在村	出典(押)人姓名	成分(战前)	成分(战时)	承典(押)人姓名	成分(战前)	成分(战时)	出典(押)地(晌) 山梁地	平地	水地	典价	出典时间	赎价	回赎时间
任家湾村	任俊明	—	中农	任学言	—	富农	—	23	—	50 元	战前	110 元法币	1939 年
任家湾村										□	战前		
任家湾村	任学良	—	中农	任杏之	—	贫农	60	—	1	40 元	1941 年	40 元法币	1941 年
任家湾村	任毛留	—	贫农	任学福	—	中农	5	—	—	6 元	1939 年	6 元法币	1940 年
桑峨村	王五保	地主	—	刘文良	中庄村（成分不详）		28	—	—	55 元	战前	—	1940 年

资料来源：《关于黑峪口土地典押与回赎的调查材料》（1942年9月），山西省档案馆藏，档号：A141-01-099-003；《关于西坪各阶级的土地租人租出、伙人伙出及典押回赎》（1942年），山西省档案馆藏，档号：A141-01-094-001；《关于任家湾土地的诸问题》（1942年），山西省档案馆藏，档号：A141-01-117-001；《关于桑峨村土地伙出典出数量及户数变化（初稿）》（1942年），山西省档案馆藏，档号：A141-01-109-003。

由表2可知根据地内土地典押回赎呈现出多重面相，其主要特点如下所示。

（一）结算标准及结算方式各色各样。以土地的典押价和赎价来看，其间既有货币方式，也有粮食方式。一般而言，山梁地"多用粮食来典，就是给的是钱，契约上也写为粮食，将来拿粮食来赎回"。究其原因，则为抗战年代金融环境"混乱与不统一"，"写粮食大为保险"①。不过，这一时期土地以货币方式典赎之案例亦有发生。如表2所示，有4宗土地的典价，是以"大花脸"结算，即"一元大花脸"相当于"一元白洋"。譬如，黑峪口村有地主、富农、贫民各1户，分别以120元、20元、16元"大花脸"典出120垧山梁地、5垧平地、0.5垧水地；还有一外村人，以50元"大花脸"典出黑峪口村1户贫民15垧山梁地。此外，还有一些以农钞结算的，其中涉及与省钞折算等问题。譬如，一宗原典价284元省钞的1.5垧平地，最终以214元农钞赎回，然后又以10元白洋的典价转典。在这一过程中，亦有因货币折算而引发的各类纠纷。如有一宗典地，出典人欲以"大花脸"结算，但承典人不同意，经过双方商议，最终以"再种一年无价抽回"而达成共识。典赎价格的折算也因人而异，全面抗战前赵家川口村赵侯留，以60元白洋承典西坪村白桂堂4垧地，到1942年白桂堂以13元白洋的价格赎回，因为"赎价按典价二成折算"。而全面抗战前，中庄村刘文良以55元白洋承典桑蛾村王五保的土地，则于1940年"照原典价赎回"，并于次年又以98元白洋出卖。②

（二）跨村界典押地现象时有发生。如表2所示，在33宗土地典赎案例中，即有15宗跨村界，占到总数的45%左右。不过，这种跨村界的土地典押，一般发生在相邻的村落之间。如桑蛾村的王五保出典28垧山梁地于中庄村的刘文良；西凹村的白骡驹押出2垧平地于西坪村的刘福堂；西坪村的白桂堂出典4垧平地于赵家川口村的赵侯留；西坪村的刘开堂出典7垧山梁地于西凹村的白米贵等。为什么会出现跨村典押土地的现象呢？究其原因，一方面是受到中共抗日根据地土地典押回赎政

---

① 《关于桑蛾村土地伙出典出数量及户数变化（初稿）》（1942年），山西省档案馆藏，档号：A141-01-109-003。

② 《关于黑峪口土地典押与回赎的调查材料》（1942年9月），山西省档案馆藏，档号：A141-01-099-003。

策的影响；另一方面则是受到耕地所处之地理位置、耕作条件等客观因素的影响。由于山西各相邻村之间存在着数量不少的插花土地，即 A 村有 B 村的地，B 村也有 A 村的地，邻村之间土地的相互典押，在一定程度上减少了单位土地的劳动时间，增加了生产效率，且这一现象与因贫困而借贷等并无直接的联系。

（三）土地的典押与回赎，与典赎人的阶级出身关系密切。在中共土地政策的指引下，尤其是在减租减息、公粮征收、合理负担等政策的推行中，根据地政府坚持有利于中贫农的方针，使得抗战前典出土地者"多是没钱的人，没钱用，等着钱又舍不得卖地而只得典出"土地的贫农，转变为"今天典出的人多是地主与富农，而典入的多是中农、贫农"①。譬如，上表中所列的 33 宗案例中，典出土地者，出典人明确为地主、富农者仅有 7 宗，占 21.2%；中贫农及贫民的 17 宗，占 51.5%。而承典土地时，承典人明确为地主富农者仅 5 宗，占 15.2%；中贫农及贫民 10 宗，占 30.3%。从回赎的情况看，黑峪口村赎地的 8 户中，有 2 户地主、1 户富农、1 户贫农、3 户贫民，而被赎地的 8 户中有 1 户富农、2 户小商、1 户中农、2 户贫民。②

（四）典押的土地以山梁地最多，平地、水地次之。如表 2 所示，典赎的土地总计约 369.93 坰，其中山梁地约计 304 坰，占典赎的全部土地的 82.2%；平地共 58 坰，占全部土地的 15.7%；水地共 7.93 坰，占全部土地的 2.1%。这一方面表明地主与农民在土地典赎时的理性选择，另一方面也说明土地的流转过程与土地结构的调整过程在某种程度上的一致性。

（五）与典地相较，押地为数较少，但其回赎几无可能。表 2 中西坪村有 4 宗押地，最终皆成"死地"，从一个侧面反映出押地具有更强的剥削性。战前西坪村某户地主以 200 元白洋押与同村某户破落地主 27 坰山梁地，后押地者又于 1942 年补给押出者"30 元白洋将地买死"。西凹村白骡驹押与西坪村刘福堂地，战后未见回赎。西坪村刘中堂以 120 元白洋押地于同村刘芝堂，"月利 3 分，每年照交，4 年共付利钱白洋 150 元"，并约

---

① 《关于桑蛾村土地伙出典出数量及户数变化（初稿）》（1942 年），山西省档案馆藏，档号：A141 - 01 - 109 - 003。

② 《关于黑峪口土地典押与回赎的调查材料》（1942 年 9 月），山西省档案馆藏，档号：A141 - 01 - 099 - 003。

定"何年不付利息，地归债主暂用收益，本利交清，地归原主"，但之后亦未见回赎。①

（六）典押多在抗战前，而回赎则多在抗战期间，其间隐现出中共土地政策对山西乡村土地流向的内质性引导。从回赎时间看，抗战前几乎没有，抗战发生后则较为集中。以典期而言，一般都在三年以内。

不可否认，根据地一些基层干部在执行新土地政策时，出现了"不很适当"的倾向。主要表现为"只顾改善贫苦农民生活，忘记了照顾各阶级利益"。如黎城县的贫农、中农，可将全面抗战前的典地"不付任何代价收回"，即使是抗战期间出典之土地，"也极少地付代价回地"。相反，地主、富农则不管土地出典于何时，不但要偿付原典地之款额，"还要把地之耕种权属于农民"。更有甚者，黎城县某村干部"不管三七二十一，一律无条件回当典地"；也有某县干部"不问青红皂白，一律不准回地"②。在晋西北，土地回赎曾一度发展成"赎地"性的群众运动。静乐县更是"几乎在全区实行"，甚至有人将光绪年间典押之地强迫赎回的现象。文水、交城两县有些地方亦将时隔90年已成"死地"的典地强制赎回③。在土地回赎运动中，一些中农也受到程度不同之伤害，如在合理负担中给中农特别是富裕中农"戴帽子"的现象就非常普遍④。岢岚、河曲、保德等地的农民还借农币跌价之机，利用农币赎地，使得一些"地主老财气得痛哭或把农票烧掉"⑤。通过这一时期大规模的赎地运动，中共山西抗日根据地内大部分的典地被赎回⑥。土地的典押与回赎也引起农村阶级结构的显著变化（见表3、表4）。

---

①《关于西坪各阶级的土地租入租出、伙入伙出及典押回赎》（1942年），山西省档案馆藏，档号：A141－01－094－001。

②《太行山北区土地问题材料》（1940年5月），山西省档案馆藏，档号：A197－01－084－002。

③《一九四〇年群众工作报告》（1941年2月），山西省档案馆藏，档号：A22－04－008－002。

④《关于边区土地政策执行的报告》（1946年12月），山西省档案馆藏，档号：A21－03－011－001。

⑤《一九四〇年群众工作报告》（1941年2月），山西省档案馆藏，档号：A22－04－008－002。

⑥《关于减租减息与赎地的总结》（1942年10月），山西省档案馆藏，档号：A88－03－010－002。

表3 武乡县五区、六区土地变动

	阶层　类别	赎地	典地	买地	卖地
五区	地主	—	5%	5%	20%
	富农	5%	30%	15%	10%
	中农	15%	—	50%	50%
	贫农	80%	—	30%	20%
	合计	100%	□	100%	100%
	说明	该表所列百分数有的按亩，有的按户。			
	阶层类别	典出	承典	赎回	被赎
六区 10个村	地主	—	—	—	37%
	富农	12%	27%	7%	38%
	中农	21%	32%	61%	21%
	贫农	67%	41%	32%	4%
	说明	1. 地主被赎的37%多系押地。 2. 表内所列"典出""被赎"之地多系赎押地。 3. 典出地中多系因债务典出者。			

资料来源：《土地债务及阶级变化》（1942年），晋中市档案馆藏，档号：D01－02－073－002。

表4 榆社县白村典赎地户数统计

	类别户别	总户数	地主	富农	中农	贫农	雇农	商人
典地	承典	20 户	—	—	—	16 户	2 户	2 户
	出典	9 户	2 户	1 户	6 户	—	—	—
回赎	赎回	3 户	—	—	—	3 户		
	被赎	3 户	—	3 户				

资料来源：《土地债务及阶级变化》（1942年），晋中市档案馆藏，档号：D01－02－073－002。

由表3、表4可知，在山西抗日根据地土地典押回赎的过程中，地主、富农是主要的土地转出者。如武乡县五区地主、富农典出土地占到35%，六区地主、富农被赎回的土地高达75%；榆社县白村出典和被赎回的12户中，地主、富农6户，占50%，中农亦占6户，占50%。而中农以下，则为土地的主要转入者。如武乡县五区中农、贫农赎地占到95%；六区10个村，中农、贫农阶层赎回土地占到93%；榆社县白村20户承典户中，全部为贫雇农和商人，赎回土地的 3 户，亦皆为贫农。

中共中央对于土地典赎政策执行过程中出现的诸多问题予以高度关注。1940 年 12 月 13 日毛泽东在《关于抗日根据地应实行的各项政策的指示》中指出："不要因减息而使农民借不到债，不要因清算旧债而没收地主土地。"① 12 月 25 日毛泽东进一步对"没收地主土地"做了更为具体的说明："不要因清算老账而无偿收回典借的土地。"② 1941 年 11 月 5 日中共中央给李雪峰及北方局的指示信中亦提到："我们感觉你们的农民土地政策还是有过'左'之处，你们觉得如何?"③

1942 年初至 1943 年底，在中共中央的高度关切下，随着《中共中央关于抗日根据地土地政策的决定》《关于如何执行土地政策决定的指示》等一系列政策文件的颁行，中共抗日根据地新土地政策推行中的各种问题逐步得以纠正，土地的典押与回赎开始朝着预期的轨道运行。不过，这一时期内"当出土地者多属地主与富农，而当入土地者则主要为中农贫农"。如武乡县大有村地主裴玉松，1941 年典出地 280 亩，1942 年又典出了 470 亩。④ 晋察冀边区阜平县 8 个区仅 1942 年 1~8 月，即发生土地典当 1008 亩，其中佃户依法承典者 822 亩，其他承典者 186 亩，佃户承典比例占 81.55%。北岳区 24 个村，截至 1942 年典出土地共 834.57 亩，其中地主、富农出典者 599.04 亩，占全部出典土地的 71.78% 左右，中农及以下阶层出典者 235.53 亩，占全部出典土地的 28.22%。北岳区 24 个村典入土地共 1019.87 亩，其中地主、富农典入者 90.2 亩，占全部典入土地的 8.84%，而中农、贫农典入者 929.67 亩，占全部典入土地的 91.16%。⑤

在晋绥边区，回赎土地既是"解决土地问题的重要形式之一"，亦是土地"由地主富农转移到农民手里"的重要形式。按晋绥分区回赎不动产条例之规定，"回赎内容包括过去的典地、押地、垒利吞地、地价不足地

---

① 毛泽东:《抗日根据地应实行的各项政策的指示》，载中共中央文献研究室编《毛泽东文集》第 2 卷，人民出版社，1993，第 320 页。
② 毛泽东:《论政策》，载中共中央文献研究室、中央档案馆编《建党以来重要文献选编》第 17 册，中央文献出版社，2011，第 703 页。
③ 《中共中央关于农民土地问题给李雪峰的指示》，载《中国的土地改革》编辑部、中国社会科学院经济研究所现代经济史组编《中国土地改革史料选编》，第 77 页。
④ 《土地债务及阶级变化》(1942 年)，晋中市档案馆藏，档号: D01-02-073-002。
⑤ 方草:《中共土地政策在晋察冀边区之实施》，《解放日报》1944 年 12 月 23 日，第 4 版。

等"，"典地和地价不足地，大部分是有偿赎出，赎价一般都是很低的"。此外还有清债地，即"地主富农的高利贷在减租清债过程中，按照政府法令，分半减息及停利还本、本利俱停的规定，抽约勾账。过去债主吃利超过两倍或一倍半的，要他们退回来，退不出的，将地作价退给农民"①。在晋冀鲁豫边区一些先进区，如辽县、武乡、榆社，很多土地订立了典当契约，明确了年限，但在落后地区，则按照"清理旧债，收回押地"之政策执行。据晋冀鲁豫边区12县1942年1~8月数据统计，"共解决土地纠纷案件3232件，其中押地占55.3%。所有每个纠纷案件的解决，都引起了土地关系的新变化，基本上都是有利于农民的"②。

不过，土地的回赎性流动亦呈现出一定的地区差异。譬如，据1944年相关调查资料显示，抗战时期兴县土地的"典赎关系是不发展的"，究其原因，则是该地"出典的土地少，因之回赎的土地也不多"③。据称，兴县近五年来"只有回赎土地百余亩"，而且"绝对多数的土地转移，几乎完全是经过买卖的方式"完成的。然而，在毗邻之临县，情况则截然不同。"临县三村的土地转移中，典当所占的比重较大"。三个村各阶级共转出土地10783亩，其中"经过出典的方式"典出土地3398亩，占全部转出土地的32%；回赎土地共729亩，占全部转出土地的6.8%④。武乡县的土地典赎流转，地位尤为突出（见表5）。

表5　武乡县土地变动调查表

六区 10个村	土地变动 总数	1842.1亩	变动种类	赎地	1041.6亩	各占全数 之百分比	56.5%
				典地	50.9亩		2.8%
				卖地	749.6亩		40.7%
五区	土地变动 总数	2158亩	变动种类	赎地	1118亩	各占全数 之百分比	51.8%
				典地	486亩		22.5%
				卖地	554亩		25.7%

---

① 《农村土地及阶级变化材料——根据老区九县二十个村调查》（1946年6月），山西省档案馆藏，档号：A21-03-014-001。
② 《土地债务及阶级变化》（1942年），晋中市档案馆藏，档号：D01-02-073-002。
③ 《关于任家湾土地的诸问题》（1942年），山西省档案馆藏，档号：A141-01-117-001。
④ 《农村阶级关系及土地占有的变化——根据兴县两个村、临县三个村材料》（1944年10月），山西省档案馆藏，档号：A21-03-004-001。

				赎典	75.8 亩		49.9%
二区某村	土地变动总数	151.8 亩	变动种类	赎押	70 亩	各占全数之百分比	46.1%
				买卖	6 亩		4.0%
				赎典	196 亩		60.9%
二区石门村	土地变动总数	322 亩	变动种类	赎押	25 亩	各占全数之百分比	7.8%
				买卖	101 亩		31.4%

资料来源：《土地债务及阶级变化》（1942 年），晋中市档案馆藏，档号：D01 - 02 - 073 - 002。

综上所述，从中国共产党进入山西并创建抗日根据地开始，随着新土地法令及其相关典押回赎政策的颁行，乡村高利贷被限制，土地的典押回赎纠纷得以妥善解决，土地开始从地主富农向中农贫农加速流动，甚至发展成为"赎地"性的群众运动。不过，在土地典押回赎政策执行过程中，亦发生了一些偏向性的问题，受到中共中央深切关注。从 1942 年初至1943 年底，随着中共一系列新土地政策文件的颁行，根据地出现的偏向性问题得以纠正，土地的典押回赎开始朝着中共中央预期的轨道运行。在这一运行过程中，土地的回赎性流动开始呈现出一定的地区性差别。至抗战胜利，随着减租减息、公粮负担等政策的普遍推行，以及大生产运动的广泛开展，一些新的土地纠纷问题得到妥善解决，土地的典押回赎开始朝着正常的轨道运行，农村土地的占有分配、阶级结构和社会秩序出现新的变动。

四　结语

土地的典押回赎既是农村土地流动的主要推手，亦是农村金融借贷的重要渠道。正如时人所言："如果对于农村中高利贷的剥削及高利贷与地租的结合有相当的明了，则将能更深刻的懂得土地制度的机构。"[1] 正常的土地典押回赎在乡村经济的运行中必不可少，但当土地的典押回赎与乡村高利贷相勾连时，其对乡村经济的意义则截然不同。"高利贷的利息是农民从生产中提出交给高利贷者，其作用在破坏生产"，而"典地的利息，是典地者从典

---

① 赵梅生：《平顺县农村经济概况》，《益世报》（天津）1934 年 7 月 28 日，第 11 版。

来土地上生产得来的，其作用对生产有利"①。因此，全面抗战爆发后，在中国共产党新土地政策的指引下，根据地内的土地由地主富农向中贫雇农的流动，不仅有利于巩固抗日民族统一战线，也有利于打破旧有的生产关系的禁锢束缚，促进生产的发展和生产力水平的提升。不过，鉴于山西抗日根据地内人文地理环境各有不同，各地的土地流动亦表现出复杂性、差异性和不平衡性之特征。如有些地区流动剧烈，有些地方则濒于停滞。在"变"与"不变"之间，中共新土地政策的引导固然不可或缺，但战争环境、自然灾害、家庭变故、风俗习惯等亦成为各地区土地流动的重要制约性因素。

不可否认，抗战时期山西抗日根据地的土地流动在"变"与"不变"之间交替运行。一方面是客观环境的外生制约，另一方面是政策层面的内生影响。前者主要包括小农经济模式下家庭经济的脆弱性，土地买卖关系的存在和纠缠，以及地主、富农与贫中农之间的利益博弈等；后者则包括中共新土地政策的贯彻与推行，战争环境的变化，以及经济的萧条和金融秩序的变动等；虽然土地的流动诱因很多，但最根本的因素仍来自中共新土地政策的干预及战争的影响。

由此可见，土地典押回赎既是农村土地问题，亦涉乡村借贷关系。究其原因，传统的乡村借贷表现形式虽繁杂多样，但其根本仍离不开土地；而土地的流动，虽然在程度和流向上有所不同，但均与借贷相勾连。农村土地的典押回赎，其实质是典押者以土地为典押物而实现资金获取的一种方式，而典押者只要在规定的期限内能还清典押本息，即可回赎土地。从某种意义上说，典押本身并非土地所有权的转移。然而，在战争、天灾、贫穷交相蹂躏下的近代中国乡村社会，身陷生存危机的贫雇农在出典土地后，很少有能付清典价者，其结果是大多数典押者最终被迫将土地绝卖，从而实现了土地由典押关系向买卖关系的转移。

纵观中国传统的乡村土地流动，一般都是从中贫农流向地主富农。然自中国共产党新土地法颁行之后，在抗日根据地民主政权的干预和引导下，山西抗日根据地的土地流向发生了根本性的改变，即土地从地主富农向中贫农迅速流动。不可否认，这种土地流动的改变，其核心要素无疑是抗日根据地民主政权的干预与新土地政策的实施。不过，从一个较长时段

① 《陕甘宁边区神府县直属乡八个自然村的调查》，载张闻天选集传记组、中共陕西省委党史研究室、中共山西省委党史研究室编《张闻天晋陕调查文集》，中共党史出版社，1994，第52页。

来看，传统的小农家庭经济在中国乡村仍然根深蒂固，地主富农与贫雇农之间的利益博弈仍然存在，土地典赎关系的错综纠缠，以及连年的战争、频繁的自然灾害等，都在一定程度上影响着抗战年代中国乡村土地流动的动能和变量，亦使得抗日根据地的土地流动在"变"与"不变"的动态运行中交相呼应。

Landdian （Pawn） and Redemption Problems in Shanxi Anti-Japanese Base

He Xi

Abstract：Abstract：Dian （pawn） and redemption are important means for traditional land circulation in rural China. Before the outbreak of the all-out War of Resistance Against Japan, the dian （pawn） and redemption of rural land in Shanxi, affected by folk customs and the commercialization of small-scale peasant economy, was both a channel for rural financial lending and a major driver of rural land circulation. Since the Eighth Route Army entered Shanxi to establish the Anti-Japanese Base Area, a series of new land laws and lending policies have been implemented, providing institutional guarantees for the sound operation of the land circulation in the base area. This not only adjusted the traditional rural lending and borrowing relationships, but also reversed the traditional trend of land dian （pawn） and redemption. Land began to be transferred more from landlords and rich peasants to poor farm laborers. However, the new land policy of the Chinese Communist Party is certainly essential in seeking the internal reasons behind the land transfer. However, the complex interactions between the war environment, rural land and rural capital, as well as the vulnerability of the small-scale peasant economy and the interest game among various classes, have become the fundamental variables in the land transfer in the Shanxi Anti-Japanese Base Area.

Keywords：The Communist Party of China; Shanxi; Anti-Japanese Base; Land Circulation; Dian （Pawn） and Redemption （Conditional Sales of Land）

新中国成立初期农村信用社的存款工作[*]

——以湖南、湖北为中心

瞿　商　胡子煜[**]

摘　要：土地改革的推进和完成，使农村富力逐渐上升，为新中国成立初期农村信用社开展存款工作提供了可能性；利用农村资金发展农村经济并支持大规模工业化建设，对信用社以合作形式开展存款业务提出了必然要求。农村闲散资金通过信用社开展的存款业务获得了新的出路，从而提高了农村闲散资金的利用效率。信用社的存款对象以社员为主，存款规模逐年增加。其利率略高于国家银行的存款利率，但呈逐步下降趋势。新中国成立初期信用社的存款工作既配合国家银行从资金供给层面占领农村金融阵地，又为农村经济发展提供资金支持，既稳定了农村金融市场，又培养了农民的节约意识，但也存在一定的偏差并及时得到了纠正。

关键词：农村信用社；存款；绩效；偏差

新中国成立初期建立的农村信用合作社（以下简称"信用社"）是一种独特的农村信用共同体。相较于国家银行，其最大的特点是作为一种资金受体以加入者的信用行使其职能，其业务实是由"受信"到"授信"的过程。信用社的资金来源作为其积累信用的基础，除占比较小的入社费和公积金外，主要包括存款、股金、国家银行贷款三类。受限于信用社自负盈

---

　* 本文为中南财经政法大学经济史学科建设项目"文化传承视角下中国经济史学的史料整理与研究"（31712210404）阶段性研究成果。

** 瞿商（1965—），男，中南财经政法大学教授，博士生导师，研究方向为中华人民共和国经济史。胡子煜（1996—），男，中南财经政法大学博士研究生，研究方向为中华人民共和国经济史。

亏的性质以及社员规模，国家银行贷款和股金均无法成为信用社长期稳定的资金来源。相较而言，信用社的存款业务具有三个优点：其一，业务对象不限于社员，吸纳面广；其二，不限金额、存期，随存随取，及时支用，便于农民安排生产生活，灵活性强；其三，利息一般高于国家银行，对农民的吸引力强。这使信用社的存款工作在农村具有巨大的发展潜力，成为信用社依靠群众支持，壮大经营，支持和促进农村经济发展的重要金融力量。

近代以来，中国农村长期面临资金匮乏的发展困境，因而学术界对农村金融机构的信贷给予了很大关注。关于新中国成立初期信用社的研究成果大多集中在两个方面。一个方面是针对信用社的贷款业务进行探讨，其中不仅涵括对信用社贷款业务的历史考察，也有对农民融资途径的横向比较。① 另一个方面主要是基于制度变迁理论，从顶层设计出发，以合作为抓手，总结包括信用社在内的农村合作金融制度的变迁特点与趋势。② 梳理上述研究的思路，不难看出，不管是信用社具体业务还是制度变迁脉络，抑或是顶层设计的效果评价，都更为关注信用社经营的贷款业务以及不同发展阶段面临的问题，而对信用社的存款业务鲜有提及。存款是表征信用社业务经营的重要指标。本文以新中国成立初期湖南、湖北两省信用社的存款工作为切入点，考察其存款对象、种类、利率和形式，探讨其绩效和存在的偏差以及对这些偏差的及时纠正，以深化对新中国成立初期信用社在农村金融体系中的独特地位和作用的新认识。

一 土改后开展农村存款工作的可能性和必要性

1950 年 6 月，《中华人民共和国土地改革法》颁布以后，各省市先

---

① 常明明：《绩效与不足：建国初期农村信用社的借贷活动的历史考察——以鄂湘赣三省为中心》，《中国农史》2006 年第 3 期；苏少之、常明明：《新中国成立初期中南区乡村个体农民融资途径与结构研究》，《当代中国史研究》2009 年第 4 期；孙建国：《新中国成立初期农贷绩效分析（1950—1957）——以河南省为例》，《安徽师范大学学报》（人文社会科学版）2017 年第 6 期。

② 这个方面的研究成果较多，代表性成果参见陆磊、丁俊峰《中国农村合作金融转型的理论分析》，《金融研究》2006 第 6 期；易棉阳、陈俭《中国农村信用社的发展路径与制度反思》，《中国经济史研究》2011 年第 2 期；崔慧霞《新中国农村合作经济政策的演进逻辑》，《毛泽东邓小平理论研究》2012 年第 5 期；等等。

后进行了土改，为凋敝的农村经济重新注入了活力。农民在获得较高政治地位的同时也获得了一定的生产资料，稳定了收入来源。从各地区来看，老区①的农业生产一般已达到甚至超过新中国成立前的水平，经济基础较好的新区也接近新中国成立前的水平。土改较早的东北地区1950年的农业产量就超过新中国成立前的最高产量。② 河南部分地区农民收入较1949年少则增加8%，多则增加20%。③ 河北1950年秋收以后80%的由公到私资金是流向个体农民的。苏南等地作为初级市场的集镇都很快繁荣起来，为农民增收创造了条件。④

　　土改后部分农民，尤其是勤劳致富的新中农也开始有了剩余。但农村阶层分化较大，农民实际剩余并不平衡。从各阶层来看，富农和中农的剩余资金以及部分贫农的季节性闲散资金急需组织起来。1951年湖南常德、宁乡、新化三县330户1717人的统计数据表明，每人平均剩余购买力为大米19斤。其中，中农剩余购买力平均为19斤，富农为216斤，贫雇农则少得多，每人平均不足5斤。⑤ 1952年湖北五个乡100户的农村典型调查，从剩余数和总收入的比值来看，富农和中农的剩余收入比分别为23.76%、26.04%，贫农为15.87%。⑥ 湖北荆州地委对九个乡的典型调查数据表明，1952年公安县中和乡三个组131户中农和贫农中，其剩余户比例分别为52.17%、24.71%。江陵县将台乡16户调查户平均剩余购买力为53.77元，其中贫农仅37.8元（凡涉及新旧人民币，本文一概换算为新币。旧人民币1万元=新人民币1元）⑦。

---

① "老区"和"新区"的概念外延在解放战争中是不断变动的。本文中的老区指1950年6月以前完成土改的地区；新区指1950年6月以后进行土改的地区，包括湖南、湖北在内，下同。

② 中共中央东北局政策研究室：《东北农村经济的新情况》（1951年3月21日），载中央农业部计划司编《两年来的中国农村经济调查汇编》，中华书局，1952，第9页。

③ 杜润生：《中南全区去冬今春土地改革的经过与主要经验及今后计划》（1951年4月9日），载《中国的土地改革》编辑部、中国社会科学院经济研究所现代经济史组编《中国土地改革史料选编》，国防大学出版社，1988，第734页。

④ 张元元：《急待发展的农村信用合作社》，《经济周报》1952年第8期。

⑤ 中国人民银行湖南省分行：《湖南土改后农村经济发展变化情况典型调查报告》（1951年），湖南省档案馆藏，档号：永久197-1-293。

⑥ 中共湖北省委农村工作部：《湖北农村调查（5个典型乡综合材料）》（1954年6月），湖北省档案馆藏，档号：SZ018-001-0285-0001。

⑦ 荆州地委政策研究室：《荆州专区九个乡土地改革后农村经济基本情况调查材料》（1953年4月20日），湖北省档案馆藏，档号：SZ018-001-0042-0001。

土改后农村经济的发展说明，农民实现了"耕者有其田"，生产发展，生活有所改善，是可能有资金结余的，但由于生产资料和生产经营能力的差异，不同阶层之间的收入和剩余不尽相同。随着生产规模的扩大，农民对于农业生产的要求也在提高，希望改进生产技术，更换更新生产设备。生产性支出与日俱增，使部分底子薄的农民，特别是贫农和新中农，在生产季节对发展生产心有余而力不足，急需组织资金，解决生产困难。根据华北区对六个基层社入社动机的调查，发现以农民和手工业者为代表的劳动群众希望通过信用合作的方式，积小钱办大事，积累资金以发展生产，对存款业务的需求最为迫切。① 另外，由于旧的高利贷被打垮，新的借贷关系还未形成，富农和中农的剩余资金及贫农的部分季节性的闲散资金无处利用，而资金有困难的贫农，在生产季节或遇到天灾人祸时又借贷无门。有些地区的自由借贷虽属农民间的资金互助，但缺乏领导，容易形成城乡资本主义的勾结。因此，急需加强对农村自发资金活动的领导，引导其走上有利于发展农村经济的方向。同时，在国家开展大规模工业化建设后对发展农村经济资金支持不足的情况下，组织开展存款工作可以引导农村剩余资金留在农村，调剂资金余缺，帮助生产困难的农民发展农业生产。这是新中国成立初期农村金融工作中不可分割的政治经济任务，也对信用社开展存款工作提出了必然要求。

1951 年 5 月，第一届全国农村金融工作会议明确提出积极发展信用合作，在农村组织资金，用农村的钱支撑农村发展的任务。在这次会议精神的指引下，各地开始进行信用社的试点工作。根据中南区的统计数据，1951 年中南六省合计组建了 11 个信用社，到 1954 年已达 21182 个，并计划于 1955 年底组建 70000 个，存款额达到 14000 万元。其中，1951 年湖南、湖北两省合计仅 4 个信用社，且几乎无存款，到 1954 年上半年有接近 10000 个信用社，存款额超过 200 万元。②

---

① 《华北区农村信用合作工作的初步成绩和经验》（1951 年 3 月），中国社会科学院、中央档案馆编《1949—1952 中华人民共和国经济档案资料选编：金融卷》，中国物资出版社，1996，第 542 页。

② 中共中央中南局农村工作部：《中南区农村统计资料》（1954 年 8 月），湖北省档案馆藏，档号：SZ – 156 – 519。

二 信用社的存款对象、种类、利率和形式

（一）存款对象

信用社存款对象主要有两种：一种是合作组织（各种合作社以及生产互助组织）和企事业单位（政府、学校、国营农场等）的临时性存款，以活期为主，便于周转；另一种是以社员为主的个人储蓄存款，其具有储蓄面广、政策性强、潜力大的特点。同时，1951年中国人民银行颁布《农村信用互助小组公约（草案）》，其中规定信用社的"存放款业务，以服务组员为主，但也可以吸收非组员存款"[①]。同年制定的《农村信用合作社章程准则（草案）》与《农村信用合作社业务规则范本（草案）》（以下简称"《范本》"），也分别规定"必要时，得收受团体和非社员存款"[②]，"必要时亦得吸收农村团体与非社员存款（实）"[③]。因此，信用社也可以适当吸收地主富农以及社会团体等非存款业务的主要对象的存款。信用社的存款对象具有以下三个特点。

第一，从农村阶级阶层的经济水平来看，存款对象以中农为主，富农在存款面和平均存款额上表现较好。如表1所示，从1954年湖南、湖北两省10个乡的统计资料来看，在信用社存户数和存款总额方面，中农均占主导地位。合计195户中农存户的存款总额达1563元，占比达72.6%；富农的存款面更广，有超过12%的富农在信用社有存款。富农的存款额也最多，每户平均达16.31元，其中老富农达18.83元；其次是中农，平均存款额达8.02元，其中新中农较老中农高3.95元。与贷款业务相比，存款的户数和金额整体上不及同期贷款。信用社的存款业务并不排斥地主富农，因此，其存款上的表现反而要优于贷款。[④] 信用社的存款户在各阶层均

[①] 《农村信用互助小组公约（草案）》（1951年），中国人民银行总行：《金融法规汇编 1949—1952》，财政经济出版社，1956，第174页。

[②] 《农村信用合作社章程准则（草案）》（1951年），《金融法规汇编 1949—1952》，第170页。

[③] 《农村信用合作社业务规则范本（草案）》（1951年），《金融法规汇编 1949—1952》，第176页。

[④] 信用社在实际经营过程中，存款和贷款业务均有地主富农参与，但原因各不相同。存款业务的出发点是为了扩大存款面，充分吸收余资，因此对地主富农的参与持开放态度。贷款业务方面，虽然地主富农不是贷款对象，但部分信用社在实际发放贷款过程中，仍有"嫌贫爱富"的现象，使得地主富农仍然占据着一定的贷款份额。参见常明明《绩效与不足：建国初期农村信用社的借贷活动的历史考察——以鄂湘赣三省为中心》，《中国农史》2006年第3期。

有一定的分布。其中，中农是信用社存款业务的主要对象，但富农在存款面和平均存款额上表现较好。造成这种现象的原因是土改后新中农的崛起，改变了土改前的农村社会结构，造成农村普遍中农化的趋势。① 据国家统计局对 21 省的典型调查，1954 年与土改结束时相比，中农占总户数比例由 35.8% 上升至 62.2%。② 中农阶层力量在不断壮大的同时，经济水平也提高了，生活改善了，在满足其基本生产生活需要后有了余资。其中，老中农虽然经济基础较好，但土改中政策倾斜受惠较少，平均存款额反而不及新中农。另一方面，由于新区注重保护中农利益，对富农的打击也有所减轻。③ 部分富农在土改中虽然受到限制，但凭借其较早的经济积累，依然有较高的储蓄力。这一点在 1954 年国家统计局对 25 省农家收支抽样调查报告中也得到了体现，"不论是在土改结束还是 1954 年……富农在经济上仍比其他农民优越一点。他们的人口（劳动力）多，耕地多，耕畜农具也多"④。

表1　1954 年湖南、湖北两省 10 个乡信用社存贷款业务情况

单位：户；元

阶级阶层		总户数	存款业务			贷款业务		
			存户数	各阶层存款面	存款总额	贷户数	各阶层贷款面	贷款总额
总计		3423	270	7.89%	2152.84	781	22.82%	4592.64
贫农		916	49	5.35%	268.85	328	35.81%	2000.14
中农	合计	2128	195	9.16%	1563	435	20.44%	2538.3
	新中农	1074	94	8.75%	945.5	235	21.88%	1550.35
	老中农	1054	101	9.58%	617.55	200	18.98%	987.95
其他劳动人民		30	1	3.33%	0.5	5	16.67%	11.06
富农	合计	149	18	12.08%	293.59	5	3.36%	20.93
	老富农	142	15	10.56%	282.43	4	2.82%	18.43
	新富农	7	3	42.86%	11.16	1	14.29%	2.5

① 苏少之：《论土地改革后我国农村两极分化问题》，《中国经济史研究》1989 年第 3 期。

② 中华人民共和国国家统计局：《1954 年我国农家收支调查报告》，统计出版社，1957，第 13 页。

③ 苏少之等：《二十世纪五十年代初湖北省新贫农问题考察》，《中国经济史研究》2010 年第 1 期。

④ 中华人民共和国国家统计局：《1954 年我国农家收支调查报告》，第 21 页。

阶级阶层	总户数	存款业务			贷款业务		
		存户数	各阶层存款面	存款总额	贷户数	各阶层贷款面	贷款总额
地主	113	2	1.77%	7.33	2	1.77%	6
其他剥削者	87	5	5.75%	19.57	6	6.90%	16.21

资料来源：湖北省6个乡的材料整理来自：湖北省委农村工作部：《湖北省浠水县望城乡农村经济调查统计表》（1955年），湖北省档案馆藏，档号：SZ018-001-0155-0001；《湖北省孝感县太子乡农村经济调查表》（1955年），湖北省档案馆藏，档号：SZ018-001-0156-0002；《湖北省江陵县将台乡农村经济调查表》（1955年），湖北省档案馆藏，档号：SZ018-001-0157-0002；《湖北省当阳县黄林乡农村经济调查表》（1955年），湖北省档案馆藏，档号：SZ018-001-0159-0001；《湖北省当阳县胡场乡农村经济调查表》（1955年），湖北省档案馆藏，档号：SZ018-001-0159-0002；《湖北省恩施县滴水乡农村经济调查表》（1955年），湖北省档案馆藏，档号：SZ018-001-0160-0002。湖南省4个乡的材料整理来自：湖南省委农村工作部：《长沙县草塘乡经济情况调查材料，五二、五三、五四年调查统计分析表》（1955年），湖南省档案馆藏，档号：永久146-1-153；《湘潭县清溪乡五二至五四年经济情况调查统计》（1955年），湖南省档案馆藏，档号：永久146-1-176；《沅陵县肖家桥乡五二、五三、五四年经济情况调查统计分析表与调查材料》（1955年），湖南省档案馆藏，档号：永久146-1-246；《沅陵县牧马溪乡五二、五四年经济情况调查统计表分析与调查材料》（1955年），湖南省档案馆藏，档号：永久146-1-260。

注：各阶层存（贷）款面=各阶层存（贷）户数÷各阶层总户数。

第二，从土改彻底性来看，信用社存款对象及存款额以先进乡的中农表现较好。湖南、湖北两省4个土改先进乡、4个土改一般乡、2个土改薄弱乡①合计10个乡的调查资料显示，在先进乡、一般乡、薄弱乡的信用社存户中，中农分别占79.07%、62.37%、68.67%；在存款总额中，中农分别占84.26%、65.08%、65.78%；先进乡的贫农在信用社的存户和存款总额中的占比分别为6.98%和1.84%。可以看出，先进乡的中农无论是在信用社的存户数还是存款额上，其表现均优于其他两类乡。反观先进乡的贫农，其在信用社的存户数和存款额上远低于其他两类乡。② 这是因为先进乡在土改中的阶级政策执行得更彻底，劳动人民分得更多的生产资料，生产热情空前高涨，使得农村富力不断增加，中农化趋势更加明显。加上先进乡的农民思想觉悟较高，更加拥护互助合作运动，更容易接受信用社作为资金调剂的主要方式，因此中农拥有更高的存户占比和存款总额占比。据

---

① 土改后的乡村按政治、经济条件可分为先进乡、一般乡、薄弱乡（落后乡），具体划分标准一般是农民是否充分被发动、地主封建阶级是否被打倒、乡村组织领导成分是否纯洁，等等。参见李飞龙《土改后改造落后乡政策的历史演变》，《东岳论丛》2013年第10期。

② 参见表1资料来源。

1954 年湖北省委农工部对信用社社员思想情况的抽样调查，先进乡社员的思想处于第一梯队①的占 40.31%，而一般乡仅占 30.74%。② 其他两类乡，或是由于社干偏少，或是由于社干流动大、新成分多，对信用社发展方向的认识不足，对于自发势力侵蚀基层组织缺乏警惕，中农大多呈自流状态。如湖北望城、将台、傅湾三个先进乡的信用社，社干中能够基本负责的占比超过72.73%，而在胡场、太子两个一般乡的信用社中占比仅为 53.13%。③

第三，从合作化来看，信用社的存款对象以组织起来的农户为主。如表 2 所示，根据 1954 年对湖南省 9 个典型乡信用社存款对象的调查，其存款对象主要是农业互助合作组织的成员，存户占比超过 76%，存款总额占比也达 77% 以上，而单干农民的存户与存款总额占比均未超过 20%。从各乡来看，情况也是如此。在 1955 年湖南长沙县草塘乡信用社的存户中，已组织户合计占比达 81.38%。④ 同年在湖南安乡县蹇家渡乡信用社中，已组织户的存户占比与存款总额占比分别达 78.75%、79.28%。⑤ 这种现象的主要原因，除组织起来的合作组织帮助农民提高了产量，增加了收入外，还与生产合作、供销合作和信用合作之间不断加强业务联系密切相关。

表 2　1954 年湖南省 9 个典型乡信用社的存款业务

单位：户；元

项目	存户数	占总计	存款总额	占总计
总计	662		29947.87	
农业社	104	15.70%	6149.4	20.53%
互助组	404	61.03%	17164.68	57.32%

---

① 社员思想的划分标准一般是：第一梯队：认识正确，积极拥护信用社；第二梯队：思想认识较差，入社后因工作中的某些缺点，产生怀疑或不满；第三梯队：对信用社存在顾虑和误解，抱着应付态度；第四梯队：经济条件好，自发思想严重，存在对抗情绪。参见：《湖北省农村调查》，中共中央农村工作部办公室：《八个省土地改革后至 1954 年的农村典型调查》（内部资料），1958 年 2 月，第 98 页。

② 湖北省委农村工作部：《将台、望城、太子、傅湾和长岭乡信用社社员思想情况分类统计表》（1955 年 7 月），湖北省档案馆藏，档号：SZ018 - 001 - 0161。

③ 湖北省委农村工作部：《江陵、谷城、浠水、当阳、孝感 5 县 5 乡信用社干部的情况统计表》（1955 年 7 月），湖北省档案馆藏，档号：SZ018 - 001 - 0161。

④ 湖南省委农村工作部：《长沙县草塘乡经济情况调查材料》（1955 年），湖南省档案馆藏，档号：永久 146 - 1 - 166。

⑤ 湖南省委农村工作部：《安乡县蹇家渡乡经济情况调查材料》（1956 年），湖南省档案馆藏，档号：永久 146 - 1 - 206。

续表

项目	存户数	占总计	存款总额	占总计
单干农民	129	19.49%	4736.7	15.81%
其他	25	3.78%	1897.09	6.34%

资料来源：《湖南省农村调查》，中共中央农村工作部办公室：《八省土地改革后至1954年的农村典型调查》（内部资料），1958年2月，第131页。

　　生产合作、供销合作和信用合作之间的合作联系不断加强，将农民的生产经营活动与国家的经济建设逐渐结合起来。一方面，由于农民的存款计划是农业社存款计划的一部分，信用社可以通过业务合同了解并参与农业社及其社员的生产消费计划，参考农作物生产季节和供销社物资供应情况，掌握货币集中投放时期，从而加强了存款工作的计划性。另一方面，通过三大合作的业务合同，信用社保证了对农业社的资金需要，因而增强了其在农民中的信誉，进一步激发了农业社和社员存款的积极性，从而获得更为稳定的存款来源。建社较早的合作社合同业务一般开展较好，其中以华北老区较为典型。1952年山西壶关县百尺信用社签订十五份连环合同，一个秋天就为信用社提供2.7万元存款。[1] 中南区等新区信用社的业务结合合同在一类社[2]中较为常见。湖北鄂城县（今鄂州市）一类社路口信用社根据存贷合同，先帮助生产互助组订立生产计划，详细规划添置多少农具，以及做屋（建房）、制衣、口粮如何准备等。然后根据规划，组员在信用社的存款达到一定金额，其剩余之数由信用社贷款补足。这种业务结合合同既激发了农民的存款积极性，又保证了生产计划的完成，改善了生活条件[3]。湖北浠水县通过三连环合同，对农业社的现金库存一般定了限额，大约为5元到10元。农业社将超过库存限额的现金，每日存入信

---

[1] 《当代中国的信用合作事业》编辑委员会编《当代中国的信用合作事业》，当代中国出版社、香港祖国出版社，2009，第60页。

[2] 各地对信用社划分标准不一，但大都将社干强度、组织制度、业务开展等几个指标作为评判依据。如根据荆州专区的划分标准，一类社指社干强、组织制度健全、业务开展好、群众拥护的社；二类社指社干领导一般、业务上存少贷多、制度不够健全的社；三类社指股金收集少，没有领导骨干，群众基础差的社。参见中共荆州地委办公室《关于荆州地区总结和巩固信用合作情况的综合报告》（1954年6月2日），湖北省档案馆藏，档号：SZ018-002-0127-0014。

[3] 中国人民银行湖北省分行：《湖北鄂城县信用合作调查报告》（1953年5月22日），湖北省档案馆藏，档号：SZ073-002-0134-0013。

用社，既增加了信用社的资金力量，又消除了社员存款的顾虑。1956 年浠水县望城乡在未订合同前，存款余额只有 4048 元，订立合同后，每天都有人来存款，余额在二十几天内增至 12694 元。信用社一致反映，"农业合作化把我们信用社的业务也打开了，合同一订，人民币几十几百的就送上门来。今年很好的积累了一批资金，增产有了保证"①。

（二）存款种类与利率

根据《范本》规定，信用社依照存贷两利的原则，其存放款利率以低于当地私人借贷利率与奖励生产的原则拟定，经当地国家银行同意后，由信用社公布。② 因此，信用社的存款利率一般适当高于国家银行的存款利率，以便吸收银行吸收不到的资金，引导农民的余资进入信用合作的轨道。在存款种类上，通常在国家银行存款类别的基础上，信用社根据农民需求，适当增减。

新中国成立初期，为了适应当时的资金情况和市场情况，国家银行的利率一般是偏高的，其存储期限也分得多，定得短。其利率随之有保值与否，以及期限长短的不同。在中央统一财经工作以及"三反""五反"后，物价基本稳定，中国人民银行为活跃市场，动员资金，迎接经济建设高潮的到来，多次调低利率。1952 年 5 月，考虑到物价的长期稳定，货币的支付职能有了稳固的基础，中国人民银行区行行长会议针对储蓄问题做出两项决定：停办一切带有保值性质的储蓄业务和进一步合理降低利率。③ "一五"计划时期，根据大规模经济建设以及社会主义改造的需要，中国人民银行再一次调低了利率，并统一、简化利率档次。

在大多数信用社成立时，经济形势已趋于稳定。信用社的基础存款种类通常只有定期和活期（活存一般存一月以上按定期计息，定存提前支取按实存期的同期活存计息），同时，根据各阶层农民不同的生产、生活需要，信用社还采取了零存整付、整存整付、以存定贷、先贷后存、先存后

---

① 中国人民银行浠水县支行：《浠水县通过发放贫农合作基金贷款开展信用社业务的情况与问题》（1956 年 1 月），浠水县档案馆藏，档号：永久 69 - 1 - 104。

② 《农村信用合作社业务规则范本（草案）》（1951 年），《金融法规汇编 1949—1952》，第 176 页。

③ 总行储蓄科：《贯彻区行行长会议决定合理降低储蓄利率、开展货币长期储蓄工作》，《中国金融》1952 年第 7 期。

贷等多种存取方式。① 部分基础较好的信用社，根据客观需要增添有奖储蓄或生产建设储蓄（包括合购农具、牲畜备荒储蓄等）等存款业务。根据《范本》规定，信用社的存款利率不区分对象，且"利息与社员同"②。这意味着信用社的存款种类以及存取方式相较国家银行来说更为灵活，利率划分更为精简，无论是个体农民还是社会组织团体均执行相同的存款利率标准。具体利率的高低，国家银行往往只规定一个大致的浮动范围。受国家银行存款利率走低趋势的影响，信用社的存款利率总的来说也呈下降趋势。从全国来看，1953 年存款利率月息最高三分，最低三厘，一般为一分六厘左右；1954 年最高二分二厘，最低三厘，一般为六厘至一分二厘。③ 1956 年底社会主义改造基本完成后，信用社具备进一步降低利率的条件，并向国家银行靠拢，月息最高仅六厘六，最低二厘四。④

从各乡信用社来看，根据 1954 年湖北望城、太子、滴水三个乡的典型调查，定存期限通常从半月到一年不等。存款利率月息最高为一分八厘，一般为一分二厘左右，最低为七厘五。存放利差最高为一分零五厘，最低为五厘。⑤ 1956 年后，存款利率进一步下调，湖北各乡信用社定存月息普遍低于八厘，存放利差低于七厘。⑥ 从不同社的情况来看，存款利率一般都结合了农民的切身利益，如在副业繁荣地区往往结合收获前后的产品差价确定定存利率。由于各地区经济条件不一，信用社之间的存款种类与利率也有较大差别。一般来说，在合作社力量小，不够满足贷款要求时，存款利率接近市场利率，以便吸收存款。至能满足社员借贷需求时，开始向

---

① 中国人民银行总行农村金融管理局：《关于农村信用合作问题》，《中国金融》1952 年第 17 期。

② 《农村信用合作社业务规则范本（草案）》(1951 年)，《金融法规汇编 1949—1952》，第 176 页。

③ 《中国人民银行关于信用合作社利率下降情况的调查》(1955 年 1 月 1 日)，《中国百年信用合作史料（1908—2013 年）》第三卷，中国财政经济出版社，2018，第 354 页。

④ 《中国农业银行高维对越南国家银行代表团关于农村信用合作问题谈话的记录》(1956 年 10 月 1 日)，《中国百年信用合作史料（1908—2013 年）》第三卷，第 245 页。

⑤ 由于部分社利率资料缺失，此处仅选择数据较为完整的三个乡作为样本，相关资料来源如下：湖北省委农村工作部：《湖北省浠水县望城乡经济调查统计表》(1955 年)，湖北省档案馆藏，档号：SZ018 - 001 - 0155 - 0001；《湖北省孝感县太子乡经济调查统计表》(1955 年)，湖北省档案馆藏，档号：SZ018 - 001 - 0156 - 0002；《湖北省恩施县滴水乡经济调查统计表》(1955 年)，湖北省档案馆藏，档号：SZ018 - 001 - 0160 - 0002。

⑥ 中共湖北省委农村部：《1955 年至 1958 年春前信用合作工作规划》，湖北省档案馆藏，档号：SZ018 - 001 - 0150 - 0001。

国家银行的存款利率靠拢，以便降低经营成本。1953 年鄂城县路口乡、柯营乡两个一类社有存有放，业务正常，利率就较低，定存年息为九分至一角四分五，活存五分。而湖北宜城县太平岗乡、浠水县河东乡两个二类社定存少、活存多，不利于开展业务，利率就定得较高，定存年息分别为一角二至一角七、一角二至二角一，活存均为六分。[①]

相较于国家银行，新中国成立初期信用社的存款种类更多、更为灵活，存款利率略高。随着农村经济的发展，信用社的存款利率逐渐降低，不断向国家银行靠拢，利差也不断缩小。

（三） 存款形式

新中国成立初期信用社的存款形式有货币和实物之分。[②] 根据《范本》规定，信用社同时经营"存款存实""放款放实"业务。[③] 中央统一财经工作后，物物交换不断减少，农民开始由"怕票子"转为"爱票子"和"存票子"。1951 年 5 月，在第一届全国农村金融会议上，中国人民银行总行明确指出了信用合作组织应尽量用货币信用代替实物信用，在办理存实业务时，应采用"存实付币，贷实还币"的原则。[④] 可以看出，货币是国家倡导的主要存款形式。但考虑到土改后农村经济条件的差异性，部分地区农民的剩余以实物形式存在，因此，信用社必然具有组织经营实物的功能。信用社是国家银行在基层农村的延伸，其经营实物有助于信用社在农民资金还不充裕、未彻底摆脱贫困的情况下解决其生产生活问题。在国家对主要农产品实行统购后，为避免与政策发生矛盾，信用社进一步缩小了经营实物的范围，不再吸存粮棉等主要农产品。1955 年 1 月，《农村信用合作社章程（草案）》颁布，规定信用社经营"社员和社区内非社员及乡村机关个体的储

---

① 中国人民银行湖北省分行：《湖北信用合作工作总结》（1953 年 9 月 23 日），湖北省档案馆藏，档号：SZ073 - 002 - 0134 - 0012。

② 新中国成立初期，信用社根据农民实际需求，也会吸收金银实物（首饰、货币等），但这类实物往往直接送缴国家银行，不会进入流通渠道，故本文并未对此深入探讨。

③ 《农村信用合作社业务规则范本（草案）》（1951 年），《金融法规汇编 1949—1952》，第 176 页。

④ 人民银行总行：《第一届全国农村金融会议的综合记录》（1951 年 5 月），《1949—1952 中华人民共和国经济档案资料选编：金融卷》，第 548 页。

蓄、存款"①，其中就已经未对信用社的经营实物相关业务做出专门说明。

《范本》规定，信用社经营的实物以当地主要农产品为限，经营时须按人民币折价（参照供销社牌价与市场价格），采取"以贷定存""以销定收"的原则，方便信用社有计划地根据实存数和实需数进行掌握。收存的实物，可通过合同关系，与供销社业务结合办理。对无法运用的部分，可将其转存行方，但"须商得行方同意或在行方规定实物种类与利率范围内方可储存"②。1952年5月，中国人民银行颁发《中国人民银行关于农村信用合作问题的商榷意见》和《中国人民银行关于目前农村信用合作工作发展情况的总结》，对信用社经营实物的经验进行了总结，并规定信用社经营实物可采取承办手续，负责转移债权债务的方法，也可只作为介绍人和保证人介入存贷关系。③ 信用社经营实物应采取"先登记找户，不贷出不计息""长存长放、短存短放"的方针，为实物寻找出路，以避免实物流转不畅。④

可见，信用社对于经营实物，是在接受的基础上逐步向货币经营转换。考虑到小农经济的分散性，少数农民尚有怕折本的顾虑和死藏金银的习惯，为了鼓励农民存款，许多信用社根据客观需要依然保有较长时间的存实业务。截至1952年6月底，湖南仍有141个信用社进行实物经营，累计共存实物计稻谷3234石、小麦462石、大米1680斤、桐油1562斤、棉花282斤，各种杂粮6788斤。⑤ 1954年，许多地区的信用社经营实物的现象仍较普遍。浠水县南岳乡信用社按照"以贷定存"原则吸收社务委员李国网大树一棵，随即解决乡里水车匮乏的难题。⑥ 鄂城县草陂乡信用社吸收部分社员用不着的柴草5000斤，转贷（作价）给六户困难社员，解决

---

① 《农村信用合作社章程（草案）》（1955年1月14日），《中国百年信用合作史料（1908—2013年）》第三卷，第181页。

② 《中国人民银行与信用合作社业务联系合同范本（草案）》（1951年），《金融法规汇编1949—1952》，第168页。

③ 《中国人民银行关于农村信用合作问题的商榷意见》（1952年5月），《中国百年信用合作史料（1908—2013年）》第三卷，第307页。

④ 《中国人民银行关于目前农村信用合作工作发展情况的总结》（1952年5月23日），《中国百年信用合作史料（1908—2013年）》第三卷，第313页。

⑤ 中国人民银行湖南省分行：《湖南省信用合作总结报告》（1952年），湖南省档案馆藏，档号：永久197–1–293。

⑥ 湖北省委工作组：《浠水县南岳乡信用合作社调查报告》（1954年4月11日），浠水县档案馆藏，档号：长期69–1–60。

了冬天的燃料问题。[①]

三 信用社存款工作的绩效和偏差及其纠正

(一) 信用社存款工作的绩效

在农村金融体系中，信用社起着连接国家银行和农村经济的纽带作用。它自负盈亏，独立进行存贷活动。同时，它作为国家银行深入基层农村的触角，分担了国家银行的部分职能。信用社存款工作的绩效包括以下几方面：一是它配合国家银行从资金供给层面占领农村信贷阵地；二是它调节农村货币流通市场，稳定金融物价；三是它丰富了农民剩余资金的流通渠道，使农民养成节约储蓄的习惯。

第一，配合国家银行从资金供给层面占领农村信贷阵地。信用社开展存款业务的一个重要意义，在于扩大农村金融中的社会主义经济成分，逐步取代私人借贷。在一段时间内，一些信用社存贷工作做得较差的地区，私人借贷仍然较为普遍，其中不乏高利贷。1953 年农村金融工作规划提出，要"大力开展信用合作，以期代替自由借贷"[②]。过渡时期总路线提出以后，国家银行对自由借贷的态度由"提倡"逐步转向"利用改造"[③]。信用社的贷款业务一定程度上固然可以打击高利贷，致使个别高利贷者通过转业、投资生产等方式暂时退出。但从资金需求的角度出发，信用社发放贷款只能限制高利贷的"范围"以及"程度"，货币资金依然掌握在高利贷者手中。而信用社的存款工作从资金供给方出发，鼓励农村剩余资金存入信用社或国家银行，既能增强扶助贫困农民的资金力量，又可以防止农民有了余钱后滋生自发主义倾向，从根本上削弱了小农经济趋向商业投机和高利贷活动的自发势力。1954 年 11 月中国人民银行召开了反高利贷

---

① 中国人民银行鄂城县支行：《鄂城县农村信用合作运动的初步总结》（1954 年 3 月 8 日），湖北省档案馆藏，档号：SZ018 - 002 - 0069 - 0018。

② 中国人民银行总行：《一九五三年国家银行的农村金融工作》，《中国金融》1952 年第 17 期。

③ 宣传过渡时期总路线以后，相关文件对高利贷一般采用"排挤和消灭""限制与打击"等提法；对私人借贷一般采用"利用""限制""改造"等提法；对借贷制度一般采用"代替""改革"等提法。详情参见《对私人借贷、高利贷政策的提法》（1955 年 1 月 1 日），《中国百年信用合作史料（1908—2013 年）》，第 141 页。

座谈会，再次强调要发展信用合作，代替私人借贷。① 其中一种主要方式就是对放债户进行说服教育，动员其放弃剥削，向信用社存款或直接通过"转账"，把高利贷转换为放债户的存款和借债户的贷款。② 对私人借贷政策的转变，有力地促进了信用社存款业务的发展，进而有力推动了对私人借贷的改造。据1955年湖北省委农村工作部对六县九个乡2787户的调查，1954年至1955年农民剩余资金主要去向的结构变化如表3所示。

表3 1954~1955年信用社整顿前后农民剩余资金去向的结构

单位：%

阶级阶层	1954年			1955年（7月底数据）		
	信用社存款	国家银行存款	私人放贷	信用社存款	国家银行存款	私人放贷
各阶层合计	25.35	42.87	31.78	51.70	28.61	19.69
贫农	34.13	23.09	42.78	51.12	17.06	31.82
中农	20.56	49.88	29.56	50.85	30.89	18.26
富农	38.78	29.96	31.26	56.05	21.51	22.44
地主	97.84		2.16	100.00		

资料来源：1954年数据整理自：湖北省委农村工作部：《湖北省浠水县望城乡农村经济调查统计表》（1955年），湖北省档案馆藏，档号：SZ018－001－0155－0001；《湖北省孝感县太子乡农村经济调查表》（1955年），湖北省档案馆藏，档号：SZ018－001－0156－0002；《湖北省江陵县将台乡农村经济调查表》（1955年），湖北省档案馆藏，档号：SZ018－001－0157－0002；《湖北省谷城县长岭乡农村经济调查表》（1955年），湖北省档案馆藏，档号：SZ018－001－0158－0001；《湖北省谷城县付湾乡农村经济调查表》（1955年），湖北省档案馆藏，档号：SZ018－001－0158－0002；《湖北省当阳县黄林乡农村经济调查表》（1955年），湖北省档案馆藏，档号：SZ018－001－0159－0001；《湖北省当阳县胡场乡农村经济调查表》（1955年），湖北省档案馆藏，档号：SZ018－001－0159－0002；《湖北省恩施县清水乡农村经济调查表》（1955年），湖北省档案馆藏，档号：SZ018－001－0160－0001；《湖北省恩施县滴水乡农村经济调查表》（1955年），湖北省档案馆藏，档号：SZ018－001－0160－0002。1955年数据整理自：湖北省委农村工作部：《湖北省六县九乡信用社1955年7月底组织及存贷情况统计表》，湖北省档案馆藏，档号：SZ018－001－0154－0001。

　　由于1954年信用社发展过快，其存款业务在农村并未有效普及，把钱

---

① 《反高利贷座谈会综合记录（摘要）》，《中国金融》1955年第3期。
② 中国人民银行农村金融管理局：《总行关于私人借贷及高利贷情况的综合材料及各地典型调查》（1955年），中国人民银行总行档案，档号：Y1955－长期－5。转引自常明明《绩效与不足：建国初期农村信用社的借贷活动的历史考察——以鄂湘赣三省为中心》，《中国农史》2006年第3期。

存进信用社亦非农民的首要选择。因而在个体农民剩余资金去向的结构中，国家银行存款和私人放贷依然占据着主导地位。1955年上半年，国家银行通过整顿存贷业务等一系列措施巩固了现有社，加上停办粮棉优待储蓄，农村存款工作开始由信用社主导。信用社存款在剩余资金去向的结构中的比重较1954年大幅提升，由25.35%上升至51.70%，而私人放贷比重则从31.78%被压缩至19.69%。从各个阶层来看，信用社存款比重均有不同程度的提高。其中，以中农的变化最为明显，富农次之。以中农为例，1954年信用社整顿前，在中农剩余资金去向的结构中，信用社存款占比仅为20.56%。到1955年，这个比例迅速上升至50.85%，提升幅度达到30.29个百分点。

随着信用社业务逐渐正常化，其信誉不断巩固，大量流转于私人借贷市场的剩余资金开始流向信用社，使以信用社和国家银行为代表的社会主义经济成分的比重迅速增加，相对削弱了私人放贷的资金力量。以建社时间较早的浠水县望城乡为例，1951年建社前私人放贷合计13户1081.4元，1952年建社后下降至8户合计347.68元，至1955年仅2户合计50元。① 从阶层来看，信用社开展的存款业务对经济基础较好且可能有更多资金剩余的中农和富农影响较大。对这两个阶层的成功动员，也是信用社能够逐步改造私人借贷，实现资金力量迅速壮大的原因之一。信用社存款业务进一步巩固后，在三种主要剩余资金的去向中，湖北省9个乡的信用社存款、国家银行存款和私人放贷的占比分别从1954年的25.35%、42.87%、31.78%转变为1955年7月底的51.70%、28.61%、19.69%。不难看出，信用社存款业务的发展，有利于将私人放贷的资金逐步转化为服务于发展社会主义经济的资金，进而配合国家银行从资金供给层面逐渐占领农村金融阵地。

第二，调节农村货币流通市场，稳定金融物价。信用社作为农村货币市场的"蓄水池"，开展存款业务一定程度上有助于稳定金融物价，使农民免受投机商人的操纵剥削，保障农民的既得利益。1953年，国家开始对主要农产品实行统购统销，过渡时期总路线提出后，许多农民具有的"买

---

① 湖北省委农村工作部：《五县五乡信用社建社前后私人借贷形成变化情况统计表（谷城、浠水、当阳、孝感、江陵）》（1955年7月），湖北省档案馆藏，档号：SZ018-001-0161。

牲口不如买地，买地不如放债，放债不如囤粮"的想法迅速消失，原本束缚在囤粮、雇工、放债等方面的财力得到了解放。① 由于农村货币市场的季节性波动更加剧烈，不少地区，特别是经济作物区，出现了货币投放过于集中，对市场造成冲击的情况。在这种情况下，信用社结合国家统购，代理粮棉优待储蓄，及时组织存款，延缓了农民在收获季节过分集中的购买力，避免农民售粮后有了剩余资金争先恐后购买一些不需要的商品，使工业品价格因供需失衡而暴涨，进而损害农民自身的购买力。1955年8月，实施粮食"三定"政策后，农业生产的单位减少，信用社存款工作的重要性进一步凸显。由于农业社成为货币流通中的新增环节，农村货币的投放形式开始由零星的、分散的转变为大额的、集中的。货币流通由"个体农民—供应部门—银行"转变为"农业社（社员）—信用社（银行）—供应部门—银行"的流程。在农业社加强财务管理以及非现金结算的情况下，有很大一部分收购款通过合同业务转存到信用社，减少了流通中的货币量。信用社代替银行行使了调节农村货币市场的部分职能，缩小了货币市场流通的季节变化幅度，达到了稳定农村货币市场的目的。

从典型材料看，1954年国家银行为了配合统购，一方面，依靠信用社相应开展优待储蓄工作。截至1954年12月底，湖北省优待储蓄余额达1184万元。其中，789万元为信用社代理收储，有效分担了国家银行回笼货币的部分职能，缓解了购粮后货币集中向某些物资冲击的压力。② 山西运城专区有信用社的地方，其售粮储蓄款占购粮投放数的60%以上，而没有信用社的地方一般只占到30%左右。③ 另一方面，信用社通过代理优待储蓄缩小了货币投放差额。据调查，信用社通过代理国家银行存款业务，使1954年第四季度湖北省现金投放差额仅为2600万元，较1953年同期缩小了63%。在城乡物资交流不断扩大，农村收支总额不断上升的情况下，有效控制了货币投放量。④ 又据湖北随县、应城县的两个典型乡的调查资

---

① 方天白：《农村市场的变化》，《人民日报》1955年2月8日，第2版。

② 中国人民银行湖北省分行：《湖北省四年来信用合作工作总结（初稿）》（1955年2月2日），湖北省档案馆藏，档号：SZ073-002-0134-0029。

③ 《中国人民银行总行信用合作座谈会总结（节录）》（1954年5月），中国社会科学院、中央档案馆编《1953—1957中华人民共和国经济档案资料选编：金融卷》，中国物价出版社，2000，第486~487页。

④ 中国人民银行湖北省分行：《棉粮优待储蓄工作总结》（1955年3月24日），湖北省档案馆藏，档号：SZ073-002-0223-0011。

料，1954 年以前的货币投放期一般为 9 月、11 月和 12 月三个月，货币回笼期为 10 月。到 1955 年，由于信用社开始取代国家银行逐渐成为吸收农村储蓄的主力，加之非现金结算业务的发展加强了货币的计划性，国家通过信用社调控农村市场的手段愈加灵活，效果也更加显著。信用社通过配合国家提高收购基价、取消季节差价的办法灵活安排资金供给，刺激农民早卖，从而将货币投放期集中在 9 月、10 月和 11 月三个月，回笼期则延后至 12 月，推迟了购买力的集中释放时间，避免了货币回笼期穿插在货币投放期间引起的货币市场波动。①

第三，丰富了农民剩余资金的流通渠道，使农民养成节约储蓄的习惯。相较于国家银行，信用社天然与农民的联系更为紧密，对当地农民的经济情况也更为熟悉。信用社通过存款业务可以恰到好处地为农民的剩余资金提供出路，使农民既能获得高于国家银行的存款利息，又不会因私人放贷背上"政治包袱"；在培养农民节约储蓄习惯的同时，保证了生产计划的完成，符合农民的利益。

1952 年湖南湘潭县螃蟹乡信用社成立后，农民都表示以前都只哭穷，认为哪里会有多余的钱来存，现在有些变了，只要是真有待用资金，是会愿意存的。农民谭清武说，"大家零碎钱不组织起来，也是浪费了，组织起来既可解决口粮困难，将来还可添置耕牛农具"②。鄂城县路口乡信用社组织农民积累资金，积小钱办大事。在生产上提出"积肥产肥争取更大丰收"，结合积肥运动准备了 1953 年的肥料存款 4288 元。在生活上结合农民改善生活条件的要求，提出"存款做屋，改善生活"的口号，吸收 17 户做屋存款 1300 元。③ 1953 年底浠水县马岭乡农民涂君得"卖粮 500 斤，卖得近 30 元，一个钱没有存，就随手买了两双胶鞋、盐 100 斤，买脚鱼（浠水土话，即甲鱼）、煮猪肚不吃，全部浪费了"。1954 年春耕生产到来，生产有些不顺手，看别人取款买生产资料，心里非常后悔，说"我悔去年不该这样浪费，怀疑政府就是害了自己，今年卖了粮一个也不用，

---

① 中国人民银行湖北省分行工作组：《农业合作化给农村银行工作带来的新情况——在湖北随县、应城典型乡的调查报告摘要》，《中国金融》1956 年第 5 期。

② 中国人民银行湖南省分行：《螃蟹乡信用合作社调查报告》（1952 年），湖南省档案馆藏，档号：永久 197 – 1 – 375。

③ 中国人民银行湖北省分行：《鄂城路口乡信用合作社的调查报告》（1953 年 9 月 3 日），湖北省档案馆藏，档号：SZ073 – 002 – 0134 – 0008。

全部存起来"①。

在宣传信用社存储的方式方法上，一种是直接从社员入手，根据农民季节的收获和农民的收入，深入宣传动员，加强互助合作教育，结合群众的切身利益，帮助社员安排家务，教育社员节约储蓄，运用典型人物算"节约用钱好处和盲目无计划开支发生困难"的对比账。如计算当地收获前后差价不同的土特产与定存利息的比较，又如金银放在家里不生息、不涨价，变死钱为活钱，对己有利而无损，以及为了某种特定用途的储蓄，积少成多，积小钱办大事等。② 鄂城县芦洲乡的社员对"储蓄几个钱，准备明年买口粮"的口号体会较深。六队社员普遍提出要"存钱买米吃"，不要"有钱连夜炖，无钱饿肚困"（鄂城土话，"炖"指煲肉汤，"困"指睡觉）。由于社员认识了节约存款的好处，一般都很愿意存款，故该信用社在1956年下半年分配金钱的那夜，社员就自动存款1600余元。另一种是间接从社干入手，宣传教育农民节约储蓄对信用社的意义，消除部分社干害怕提储蓄影响购粮工作的顾虑，奠定社干搞好存款工作的思想基础。鄂城县群星二社六队杨兴龙一家四口人，1956年分得稻谷1100斤和25元现款，每天到樊口下馆子、听说书，不到半月花掉了800斤稻谷和28元钱。经阐明利弊后，社干季宏生检讨说，"如果现在再不动员存款，明年春上又要吵干部"。社干代表陈德友说，"我社王耀右五五年收入100元没有存款，今年春上冇得（鄂城土话，"冇得"是没有的意思）饭吃，再不给他安排好，明年春上又不得了"③。

（二）信用社存款工作的偏差

1. 部分信用社未贯彻民主自愿的原则，存在强迫命令的现象。农民的存款能力是不平衡的，并且深受新中国成立前物价不稳的影响，也还缺少存款信心，因此信用社的存款工作必须稳步开展。但某些地区的信用社社干或是缺乏相关工作经验，或是缺乏对农村经济发展的不平衡性和对农民

---

① 中国人民银行浠水县中心支行：《浠水支行优待售粮储蓄工作的初步总结》（1954年5月16日），湖北省档案馆藏，档号：SZ018-002-0069-0023。
② 湖南省委农村工作部：《湖南省农村信用合作工作座谈会综合记录》（1954年），湖南省档案馆藏，档号：永久146-1-91。
③ 黄冈专区中心支行工作组：《鄂城芦洲乡信用社是怎样贯彻民主办社进一步推动农金工作的》（1956年10月30日），浠水县档案馆藏，档号：长期69-1-110。

富力上升情况的正确估计，或是对农民实际困难和不同的觉悟程度没有进行充分调查了解，很少考虑农民的实际经济能力和小农的保守思想的特点，在存款工作中采取了要求过高、急于求成的全面发展的方针，以政治压力代替说服教育动员群众，违反民主自愿原则，存在强迫命令的现象。

其一，表现为强迫存款。据湖北阳新、随县、蒲圻（今赤壁市）、浠水、崇阳等县报告，从1955年冬到1956年春，先后发生四起与强迫存款有关的命案。随县双河等五个区，农民因没有金银或不愿拿出金银存款而受到惩罚的达27人。其中，淅河区魏岗乡信用社干部听说老中农何发贵有一斗银元（约合五百块），即组织15人对其进行轮番审讯，连续达三日夜，还将其吊起来两次，最后何被迫承认，交出银元8块，才被释放。但何因此受伤，半月不能生产。① 湖北广济县（今武穴市）宋煜乡信用社主任"动员"存款，在乡大会上说，"金银要集中，不然轻的坐牢，重的杀头"，农民惶恐不安，反而给存款工作带来了阻力。② 其二，是限制取款，强制扣款。1954年湖北鹤峰县茅坝乡信用社主任在开展优待储蓄时说，"区委说了，要回笼90%，十万只能用一万"。还有的社干按30%硬扣，强迫农民订计划。农民反映说，"刀把子在你们手里""先公债后农贷，再储蓄，卖了粮只剩一个光口袋"③。1955年湖北竹溪县支行经过检查，发现部分社干对储户是喜存厌取，喜大厌小，活期要证明和收存折费，还提出"三不存"（钱少不存、时间短不存、不定期不存）"四不取"（不到期不取、取完了不取、无困难不取、用途不当不取）等错误口号。④ 其三，表现为不替存户保密，擅自挪用，强迫挪用。1954年湖北监利县一区杨林乡党支书彭书清从信用社拿去470元，在乡里像发救济款一样散下去。乡里开代表会，他又在信用社里拿去62元作伙食开支。⑤ 1956年湖南宁乡县夏铎铺高丰社收集没有到

① 中国农业银行湖北省分行党小组：《关于部分地区信用社在扩股与开展存款中的强迫命令情况和今后意见报告》（1956年4月26日），湖北省档案馆藏，档号：SZ018－002－0130－0001。

② 中国共产党广济县委员会：《关于整顿信用社（三类型）的初步总结》（1955年9月23日），武穴市档案馆藏，档号：5－WY1－0006－005。

③ 中国人民银行湖北省分行：《粮棉优待储蓄工作总结》（1955年3月24日），湖北省档案馆藏，档号：SZ073－002－0223－0011。

④ 中国人民银行湖北省分行：《关于贯彻落实储蓄工作四项原则的紧急指示》（1955年），浠水县档案馆藏，档号：永久69－1－99。

⑤ 中国人民银行湖北荆州市监利县支行：《一区挪用信用社的存款情况和信用社目前业务的影响及群众的反映》（1955年2月13日），监利市档案馆藏，档号：071－1－062－051。

期的存折合计存款 1100 多元，提前抽出作投资。其中，富农文义章 1955 年存 100 元，1956 年入社时，农业社硬从信用社取出扣股金。1956 年湖南平江县瓮江乡社员彭靠山在信用社有存款 30 元，被乡干知道后，逼着以全部存款购买公债。[①] 1956 年 3 月，浠水县杨祠乡 10 个农业社转高级社时从信用社共挖了 110 户 1850 元存款。其中，联合社财经主任卢水生将本社在信用社的存款户逐户逐笔抄回去，结果全社共挖存折 31 户，计 330 元。[②]

　　信用合作实质是一种基于产权的互助行为。强迫存款、限制取款从短期来看增加了存款，实则侵犯了农民的独立财产权，反而增加了农民的顾虑，断绝了存款来源。雇贫农怕存取不便，中农怕存款露富，富农地主则怕存款后限定用途，宁愿留在手中做生意。1954 年冬至 1955 年春，江陵县将台乡在存款工作中，强迫社员将银行存款转到信用社。其中，黄风海互助组有 5 户老上中农，1954 年在银行存款 180 元，经动员取出后存到信用社的仅 98 元，比原来存款减少 45.5%。因怕信用社不"保险"，又陆续取出。至 1955 年 7 月，仅有余额 3 元。[③] 1956 年下半年，鄂城县芦洲乡信用社社员周老四说："我们今年分的钱要存起来买米吃，如果再像春上那样取款打折扣，我就不存。"严其文说："我社上春（农历正月）有一次四十多人等取款上街买米，会计把门锁着，一上午不回来。"农民发牢骚说今后有钱也不存了。[④] 同时，信用社的资金被频繁挪用不仅造成了存款提存困难，更伤害了社干工作的积极性，损害了信用社的信誉。监利县何桥乡乡长何正荣出条子向信用社借钱，主任会计不答应，结果把主任找去在支部会上被大家批评了一顿，并要他作检讨。信用社主任发牢骚说："银行强调要坚持制度，区里和乡里又批评，还要作检讨，说饿死了人找我负责，这个事真不好做。"杨林社舒振多在信用社存款 60 元，要用时，因钱被挪用光了未取到，他反映说："那时候把信用社说得几好，晓得这个样子，我该一起拿回去还好些，免得搞这样扯皮路子，今后哪

---

①　中共中央农村工作部办公室：《十七个省、市、自治区 1956 年农村典型调查》（1958 年 2 月），湖北省档案馆藏，档号：SZH－10－28。

②　中国农业银行浠水支行：《杨祠乡信用社贯彻省人委关于当前银行和信用社工作九项规定的作法与效果》（1956 年 6 月 19 日），浠水县档案馆藏，档号：永久 69－1－105。

③　《湖北农村调查》，《八个省土地改革后至 1954 年的农村典型调查》（内部资料），1958 年 2 月，第 99 页。

④　黄冈专区中心支行工作组：《鄂城芦洲乡信用社是怎样贯彻民主办社进一步推动农金工作的》（1956 年 10 月 30 日），浠水县档案馆藏，档号：长期 69－1－110。

个还存款。"①

2. 忽视组织闲散资金，存款联系面小。新中国成立初期，随着信用合作的快速发展，信用社社干在存款工作中滋生骄傲自满的情绪，认为业务开展得不错，潜力已经发掘了。湖南醴陵县一社干甚至说："搞信用合作是老一套，再没有什么新花样。"② 许多信用社社干的工作态度散漫，存在"等主候客"或"建完了事"，求量不求质的偏向，认为只要有钱就万事大吉，不考虑能否进行业务周转，对存款来源的精神领会不够，因而忽视组织农民的闲散资金，导致许多信用社虽有存款，但联系面小，周转不畅，降低了存款的使用效率，影响了存款工作的正常开展。

根据典型材料来看，有的信用社社干盲目乐观，认为社内资金可以灵活周转，单纯着眼统购付款，不主动深入发动农民开展存款业务，坐等存款上门。有的单纯依赖业务合同，只注意吸收大额存款，对少数几元的存款不注意，或只在附近较好的互助组内动员存款，其他则很少去积极动员存款。这样的结果就是信用社的存款多为公款和活存，为应付提存，资金难以周转。1952 年 8 月，湖北蒲圻县埠头乡信用社的存款余额为 1293.3 元，除去地富存款和公款，中农和贫农的存款仅 98.6 元。③ 1953 年 6 月，湖北宜城县东台乡信用社的存款累计 1161.5 元，其中 659.12 元是农民为还贷而存入的，占存款累计数的 56.7%，其余存款均为活期，无法按计划安排资金。④ 1954 年湖南衡阳县冠市信用社的存款余额虽有 1900 余元，但 80% 以上都是公款，想贷贷不出去。⑤ 草塘乡信用社截至 1954 年 6 月底定期存款余额仅 653 元，除去积谷价款和小学校存款，只有一户存款 10 元，占定期存款的 4%。⑥

---

① 中国人民银行湖北荆州市监利县支行：《一区挪用信用社的存款情况和信用社目前业务的影响及群众的反映》（1955 年 2 月 13 日），监利市档案馆藏，档号：071 - 1 - 062 - 051。

② 湖南醴陵县支行农金股：《检查洞坪、观音、长安等乡信用社工作发现的几个问题》，《中国金融》1956 年第 3 期。

③ 中国人民银行湖北省分行：《蒲圻埠头乡信用合作社的成长》（1953 年 9 月 22 日），湖北省档案馆藏，档号：SZ073 - 002 - 0134 - 0010。

④ 中国人民银行湖北省分行：《从宜城石孙、东台两乡信用互助组经营情况看开展信用社业务的几个根本环节——信用社典型调查之一》，湖北省档案馆藏，档号：SZ073 - 002 - 0134 - 0004。

⑤ 中共湖南省委农村工作部第四处：《农村信用合作社调查报告》（1954 年 11 月 16 日），湖南省档案馆藏，档号：永久 146 - 1 - 91。

⑥ 《湖南农村调查》，《八个省土地改革后至 1954 年的农村典型调查》（内部资料），1958 年 2 月，第 132 页。

信用社存款工作中还存在一些其他问题，如有的社怕存款积压，滥用存款，或是全部转存银行，或是贷给地主富农；有的社财务管理混乱，存款账目不清；有的社干不安心搞存款工作，认为既困难又不光彩，不如搞中心工作。这些问题很大程度上是由于信用社在大部分地区还是一项新的工作，领导经验的增长和干部力量的储备，赶不上信用合作运动发展的速度与指导工作的需要。信用社社干大多是从与农民联系较为紧密的贫农、中农的积极分子中挑选出来的。他们缺乏办社经验，思想上还存在一些顾虑，工作开展的步伐拿捏不准，因而在一些思想动员不到位的地区出现急躁冒进的情况。有的社干虽然工作热情较高，但政治觉悟不够，对改造小农经济的艰巨性认识不足，在业务开展过程中当家做主的观念也不够明确，没有认识到信用社是农民自己的资金互助组织，没有将社务当成自己的事，没有从解除农民顾虑入手，致使农民存有畏难情绪。有的社干认为信用社是国家的，垮不了，好坏与自己无关。湖北省黄冈专区宝塔乡会计怕亏本不敢开门，领空饷，农民反映他在屋里"捉虱子"（鄂城土话，"捉虱子"是无事做的意思）①。湖北省钟祥县一社干说："听见说存款头就痛，讨论贷款我才带劲。"②

（三）各级党政对信用社存款工作偏差的纠正

上述偏差伴随新中国成立初期信用社发展的始终，对存款工作的正常开展造成了一定困难。但它反映了新中国成立初期探索信用合作发展过程中出现的不可回避的问题。因此，各级党政机关进行了宣传教育、加强监督等纠偏工作，取得了一定的效果。湖北建始县七矿乡党政机关对不负责任徒有虚名的社干采取改选机制，并结合改选收集群众意见，改进工作。③湖北汉川县支行定期开办干部训练班，对信用社业务的方针政策等相关内容进行"补课"，明确社干开展工作的中心环节。④鄂城县支行指派一个专

---

① 黄冈县农工部工作组：《黄冈宝塔乡信用社开展存款业务的经验》（1956年9月20日），武穴市档案馆藏，档号：5-WC1-0014-012。
② 中国人民银行钟祥县支行：《钟祥县农村信用合作工作总结报告》（1954年11月12日），湖北省档案馆藏，档号：SZ018-002-0067-0014。
③ 建始县农村经济调查组：《建始七矿乡经济调查情况综合报告》（1954年9月22日），湖北省档案馆藏，档号：SZ068-001-0055-0003。
④ 省委农村工作部：《汉川县第2次信用合作训练班工作总结报告》（1954年10月26日），湖北省档案馆藏，档号：SZ018-002-0069-0005。

职干部长期驻社研究信用合作政策，指导开展业务。同时成立一支工作组，对各区业务开展情况进行巡回检查和重点帮扶。① 江陵县支行完善干部的责任制分工，对信用社实现分片领导，充分运用互助网的办法，建立了切实可行的会议制度，推动了社与社之间的业务经验共享。② 这些措施对新中国成立初期信用社的社干队伍建设起到了积极作用，培养了一批业务比较熟悉又懂得基本政策的优秀社干，纠正了存款业务开展过程中的一些错误偏向和做法。随着农民社会主义觉悟的提高，对信用社的认识逐步加深，参与意识进一步加强，信用社的存款工作逐步走上了正轨。

四 结语

中国农村信用合作事业的发展一直受到资金不足的制约。新中国成立前，在农村信贷体系中，植根于传统"熟人社会"的私人借贷始终处于主导地位，农民也多转向私人借贷。新中国成立后，国家银行和信用社在农村开展业务，使传统的农村信贷秩序开始受到冲击。信用社作为农村金融三级体系的中间一环，是联结小农经济和国家计划的重要桥梁，其存款工作尽管存在诸多不足，但仍对农村信贷体系产生了深远影响。对于农民来说，在信用社存款不仅拥有高于国家银行的收益，还能避免私人放贷背负的政治压力。对于国家来说，信用社的存款业务可以将活跃于农村中的游资，转化为为社会主义建设服务的资金，及时帮助生产资金困难的农户解决发展农业生产所需资金，提高闲散资金的利用效率，促进农业发展；同时还可以协助信用回笼，调节货币市场，支援国家经济建设。这种上下双向的合力，推动了信用社存款工作的顺利开展，使其成为支持农业社会主义改造和社会主义工业化建设的重要力量。

改革开放后，农村改革激发了农民的生产积极性，农民重新取代集体成为信用社的主要业务对象。商品经济的活跃，资金力量的增强，农村闲散资金的体量不断增大。传统的零散性、无序性的私人借贷已不能适应新时期农民的资金需求，急需信用社大力发展存款业务，为大量闲散资金提

---

① 中国人民银行鄂城县支行：《鄂城县农村信用合作运动的初步总结》（1954 年 3 月 8 日），湖北省档案馆藏，档号：SZ018 - 002 - 0069 - 0018。

② 荆州地委农工部：《对江陵滩桥区银行营业所全面领导信用合作社的经验通报》（1955 年 6 月 21 日），监利市档案馆藏，档号：007 - 1 - 014 - 007。

供稳定的、有序的流通渠道。从长期来看，发展信用社的存款业务，无疑是稳定农村货币市场，规范农村信贷秩序的重要环节之一。新中国成立初期信用社存款工作的经验教训，对推进新时代信用社转型和农村金融改革，促进农村发展和推动实施乡村振兴战略，仍具有十分重要的借鉴意义。

Deposit Work of Rural Credit Cooperatives in the Early Days of the Founding of the People's Republic of China-Centered on Hunan and Hubei

Qu Shang   Hu Ziyu

Abstract：The promotion and completion of the land reform has gradually increased the rural prosperity and provided the possibility for the rural credit cooperatives to carry out the deposit work in the early days of the founding of the People's Republic of China；Using rural funds to develop the rural economy and support large-scale industrial construction put forward inevitable requirements for credit cooperatives to carry out deposit business in the form of cooperation. Rural idle funds have obtained a new outlet through the deposit business carried out by credit cooperatives，thus improving the utilization efficiency of rural idle funds. The deposit groups of credit cooperatives are mainly members，and the deposit scale is increasing year by year. Its interest rate is slightly higher than the deposit rate of the National Bank of China，but it shows a gradual downward trend. In the early days of the founding of the People's Republic of China，the deposit work of credit cooperatives not only cooperated with the national bank to occupy the rural financial field from the level of capital supply，but also provided financial support for the development of rural economy，which not only stabilized the rural financial market，but also cultivated the peasants' awareness of saving. However，there were certain deviations and they were corrected in time.

Keywords：Rural Credit Cooperative；Deposit Money；Performance；Deviation

优先与并举：1945年前后刘国钧对
本土工业化道路的探索[*]

葛吉霞　罗　洋[**]

摘　要： 抗日战争胜利后，中国该走什么样的工业化道路、怎样更好地实现工业化成为国人亟须解决的问题。作为实业家创新的代表，刘国钧通过自身的创业实践和多年调查研究，一方面提出以发展重工业和纺织业并行的工业化模式，在优先发展重工业的条件下，以纺织业为先锋，充分发挥纺织业产业联动和积累资金的作用，构建了本土工业化发展的蓝图。另一方面，刘国钧购置设备和原料，积极扩大生产，响应过渡时期总路线号召，所办企业率先在江苏省实行公私合营，捐资输款，为我国工业化的建设贡献力量。刘国钧在实现工业化发展的蓝图中所论及的产业联动、政商配合、技术创新、产融融合和人才培养等思想，对于当代我国经济社会发展仍具有一定的意义。

关键词： 抗战胜利前后；刘国钧；工业化道路；家国情怀；探索

关于实现工业化的发展道路，20世纪40年代前世界范围内主要形成了三种不同的工业化发展模式，学界对此已有深刻认识。[①] 第一种是以英美等国为代表的先轻后重模式，以发展轻工业起步，积累资本后，再发展重工业，这种工业化模式的形成需要漫长的过程。第二种是以日本、德国为代表的工业化轻重并举模式，选择的是政府投资发展重工业、民间投资

---

　　[*]　本文系国家社科基金项目"企业家刘国钧日记整理与研究（1930—1960）"（18BZS095）的阶段性成果。

　[**]　葛吉霞，常州大学马克思主义学院副教授，硕士生导师，主要研究方向为中国近代企业史；罗洋，常州大学马克思主义学院硕士研究生，主要研究方向为中国近现代史基本问题。

　　① 沈志远：《论中国工业化路线诸问题》，《新工商》1943年第4期，第44～53页。

发展轻工业的工业化道路。第三种是以社会主义苏联为代表的优先发展重工业的道路，这种工业化模式有助于快速建成独立完整的工业体系。

抗战胜利后，中国该走什么样的工业化道路、怎样快速地实现工业化已成为亟须解决的问题。从1943年开始，战火连天的大后方掀起了一场战后中国工业化问题的讨论。有关这场讨论，学术界关注的成果主要涉及知识界对战后本土工业化问题的讨论[①]，而关于实业界对中国工业化问题讨论的参与却较少涉及。本文主要以近代实业家创新的代表刘国钧[②]对本土工业化道路的构想和实践，探讨以刘国钧为代表的实业家对于本土工业化发展的吁求，从而深刻认识在本土工业化道路的探索过程中近代实业家的贡献。

一　大后方对于战后工业化道路的讨论

在抗战的烽火硝烟之中，一场关于战后中国工业化问题的讨论在大后方开始了。作为主管工矿业建设的经济部长，翁文灏最早提出了战后中国如何进行工业化的重要问题，甚至对于战后中国工业建设的轮廓、利用外国资金技术等，都有了一系列阐述。[③] 由此，思想界掀起了一场关于中国工业化问题的讨论，讨论的焦点是中国工业化应该选择什么样的路线，包括国营与民营的问题、工业和农业的关系问题、重工业和轻工业的关系问题、统制经济和自由经济问题、利用外资和技术引进问题、资金来源问题等。有关工业化问题的讨论初步形成了一些共识。关于重工业和轻工业的关系问题，重工业的重要性已被广泛认识，并作为战后政府重点发展的方向，应为国营，而轻工业应由民营。关于工业化的资金来源，有观点主张依靠本国人民储蓄而来，通过扩充消费拉动，并对利用外国资本持怀疑态

---

① 相关研究成果参见李学通《抗日战争时期后方工业建设研究》（团结出版社，2015），主要涉及知识界和政界对于战后工业建设讨论的研究；吴德祖在《民国〈经济建设季刊〉（1942—1945）研究》（武汉大学博士学位论文，2017）中，以《经济建设季刊》（1942—1945）为中心，研究了以国民政府各部门要员或知名学府学者为作者围绕经济建设问题进行的一系列讨论；阎书钦在《外资外贸与中国工业化——抗战后期国统区知识界关于战后建设问题的讨论》（《近代史研究》2008年第3期），指出利用外资和对外贸易成为抗战后期国统区知识界关于战后建设问题讨论的中心议题。

② 学界对于刘国钧的研究主要集中于对刘国钧企业管理和企业管理思想的研究，研究时间主要集中于全面抗战前和公私合营期间的刘国钧研究，较少关注抗战时期和新中国成立初期刘国钧对本土工业化道路探索和实践的研究。

③ 李学通：《翁文灏年谱》，山东教育出版社，2005，第297~298页。

度。也有观点认为，中国工业化必须利用外资，中国农业生产力水平低，资金额有限，不可能依靠国内资本的积聚来迅速完成工业化。在利用外资方面，我国国民所得少，不足以满足战后大规模建设的资金需求，引进外资为战后建设的必然选择，但也注意到引进外资需要防止别国干涉内政的问题。①

在思想界为战后经济建设问题纷争不断的时候，国民政府已开始着手制定战后经济政策。1943 年 4 月 20 日，国民政府召开工业建设计划会议，提出了"工业建设须适应国防需要及经济条件，故一方面发展国营工业，同时扶掖民营工业"，进一步强调"中国非工业无以立国"。同年 8 月，国民党五届十一中全会正式决议通过"战后工业建设纲领"，纲领指出"工业建设，政府采取国营、民营同时并进之政策"②。据研究，抗战胜利前，资源委员会创办的企业在大后方的重工业领域已经拥有举足轻重的地位。③

二 刘国钧对本土工业化发展蓝图的描绘

针对工业化问题的讨论，大后方的纺织业界人士对于战后工业化建设也提出了相应的方案，诸如曾任大生纱厂经理李升伯的《建设战后棉纺织计划及目前应有之准备》、农学家胡竞良的《复兴棉产问题》和实业家刘国钧的《扩充纱锭计划纲要》等方案，提出了积极培育优质棉籽以增产棉花原料、纺织机器的自给、棉纱布贸易机构的新设、扩充纱锭和以纺织业为先锋实现工业化等建议。④

让中国成为"世界棉王国"，实现工业化是刘国钧一生追求的目标，而他的立足点则以大成企业为根基。大成公司的飞速发展，使得刘国钧坚信中国一定可以实现"世界棉王国"的宏图。黄炎培曾言："刘国钧倡纺织最早，人呼为甘地。"⑤ 作为纺织实业家，刘国钧从自身创业实践出发，

---

① 李学通：《幻灭的梦：翁文灏与中国早期工业化》，天津古籍出版社，2005，第 138 ~ 154 页。

② 翁文灏：《中国工业化的轮廓》，中周出版社，1944，第 38 ~ 40 页。

③ 邵俊敏、余进东：《1935—1945 年资源委员会的重工业建设研究》，《中国社会经济史研究》2012 年第 4 期。

④ 李升伯：《建设战后棉纺织计划及目前应有之准备》，胡竞良：《复兴棉产问题》，刘国钧：《扩充纱锭计划纲要》，《中国纺织学会会刊》1944 年第 2 期。

⑤ 黄炎培：《黄炎培日记（1957.4—1959.9）》第 14 卷，华文出版社，2008，第 131 页。

探索本土工业化的发展道路。

刘国钧（1887—1978），江苏靖江人，我国近代杰出的实业家和爱国工商业者。刘国钧出身寒微，一生只读过8个月私塾，早年习商从商，后以实业救国为志，投身于棉纺织业，在实践中不断学习，将科学管理与本土文化相结合，创新出本土企业的管理之道，实现了企业纺织染印一体化的产业发展模式。从1918年独资创办广益染织厂始，至1949年收购意诚布厂，在三十余年的创业历程中，刘国钧先后创办或改组的十余家企业遍及常州、上海、武汉、重庆、香港等地。其中，较为知名的是1930年刘国钧接盘的大纶久记纱厂，他将其改组为大成纺织染有限公司，先后发展出大成二厂、三厂和四厂；刘国钧于1936年改组了已停产2年有余的武汉震寰纱厂，1938年创办安达纺织公司，并与卢作孚创办大明染织厂。刘国钧创建的纺织集团规模庞大，包括拥有5万余枚纱锭、1322台布机和能满足日产5000匹布的印染全套设备的大成公司[1]，以及拥有3万余枚纱锭的安达公司[2]、拥有7000余枚纱锭的重庆大明公司[3]等子公司。公司总规模计拥有纱锭近10万枚。

毛泽东曾在《读苏联〈政治经济学教科书〉下册谈话》一文中，盛赞大成企业对技术的创新。[4] 1937年，马寅初指出："常州大成纱厂，十九年资本不过五十万元，二十四年即已积至二百万元。何以仅于五年之间，增加资本至四倍之多乎？"[5] 后来在重庆，他又说："像大成公司这样八年增长八倍的速度，在民族工商业中，实是一个罕见的奇迹。"[6] 同一年，吴景超通过对近代民族企业的实地考察撰写了《中国工业化问题的检讨》一文，文章力证在与洋货的激烈竞争中，民族企业技术创新和管理得法，仍

---

① 《变革的历程——常州私营大成纺织染公司的社会主义改造》，中共党史出版社，1992，第364页。

② 上海社会科学院《上海经济》编辑部：《上海经济（1949—1982）》，上海人民出版社，1983，第853页。

③ 朱己训、钱荣锦：《内迁重庆合并创办的大明纺织染厂》，载《抗战时期内迁西南的工商企业》，云南人民出版社，1989，第274页。

④ 中华人民共和国国史学会编《毛泽东读社会主义政治经济学批注和谈话》（简本），中华人民共和国国史学会，1998，第65页。

⑤ 马寅初：《奖励国货工厂之困难与增加资本之方法》，载《马寅初全集》第9卷，浙江人民出版社，1999，第411页。

⑥ 苏仲波：《刘国钧经营大成纺织印染公司的一些特点》，载《江苏近现代经济史文集》，江苏省中国现代史学会，1983，第187页。

大有可为，所举例证便是刘国钧所创办的常州大成企业①，大成企业已然成为民族企业创新的代表。金融家陈光甫曾说，"张謇、卢作孚、范旭东和刘国钧"是其一生最钦佩的四位实业家。②

在 1939 至 1940 年间，刘国钧即已筹划本土工业化发展道路，"时值抗战初期，我国纱厂，或沦陷敌手，或被敌破坏，或迁移内地，正当支离破碎之交"③。1944 年 7 月，经过数年的调查研究和工业实践，刘国钧在深思熟虑后完成了一幅战后振兴纺织业以实现工业化的蓝图——《扩充纱锭计划纲要》。随后，刘国钧决定就《扩充纱锭计划纲要》向各方征询建议，他首选黄炎培，与之长谈，并将《扩充纱锭计划纲要》交黄炎培，④ 黄读后很是赞赏，鼓励刘国钧将此文公开发表于《中国纺织学会会刊》《国讯》《西南实业月刊》等期刊。文章发表后，备受欢迎，刘国钧遂将之扩充成书，定名为《扩充纱锭计划刍议》。⑤

对于大成公司发展前景，刘国钧计划 15 年内将其发展至拥有 50 万枚纱锭的纱厂，并向毛、麻纺织发展。⑥ 1944 年底，刘国钧偕缪甲三等人由重庆取道印度，至美国、加拿大，历时 10 个月考察棉纺织工业，参观六十多个工厂，采购战后发展所需的纺织机械、发电设备和棉花。⑦ 抗战胜利后，这批设备和物资在战后恢复和发展生产中起到了积极的作用。

基于棉纺织业的实践，刘国钧深刻地认识到棉纺织业具有积累资金快的特点。1930 年刘国钧注册资产 50 万元创办大成，抗战时期大成被日本炸毁的资产包括建筑、机械、花纱布和物料四项，直接损失共计 513 万元⑧，

---

① 吴景超：《中国工业化问题的讨论》，载《第四种国家的出路》，商务印书馆，2010，第 220~221 页。

② 施宪章：《爱国老人刘国钧》，载《文史资料选辑》149 辑，中国文史出版社，2002，第 157 页。

③ 《扩充纱锭计划刍议及历史底稿》，1949 年 3 月，常州市档案馆藏，档号：E009194900101 620001。

④ 黄炎培：《黄炎培日记（1942.9—1944.12）》第 8 卷，第 294 页。

⑤ 李文瑞主编《刘国钧文集·附录》，南京师范大学出版社，2001，第 165 页。

⑥ 高进勇：《中国近代纺织工业巨子：龙城首富》，载《江苏文史资料》第 131 辑，江苏省政协文史资料委员会、无锡市政协学习文史委员会，2000，第 116 页。

⑦ 《干部履历表》1951 年 11 月，常州市档案馆藏，档号：E009195100102210109。

⑧ 《本公司因日本发动侵略战争所受之损失》，1951 年 4 月，常州市档案馆藏，档号：E009 195100102210068。

1954 年清产核资时，大成纺织染有限公司三个厂的资产 1710 万元①连同上海安达厂 1462 万元资产②，资产共达 3000 多万元，此外还有重庆大明纱厂和常州大明纱厂等的投资，二十多年时间里大成纺织染有限公司所创造出的企业资产达 4000 万元左右，资产增长至创办时的 80 倍。有基于此，刘国钧提出在工业化过程中应注意发挥棉纺织业积累资金快的特点，一方面满足国内人民的衣被需求，另一方面扩大棉布在南洋市场的出口以赚取外汇，来积聚工业化所急需的资金。而对于优先发展重工业，刘国钧也有相应的论述，他特别关注机械工业的发展。1948 年 12 月 19 日，刘国钧在日记中写到，重工业的发展势在必行，民营企业"已经限定其命运"③。

1950 年 11 月，刘国钧赴京参加新中国成立后召开的首次全国棉纺织会议。1950 年 11 月 22 日全国棉纺织会议开幕，至 12 月 3 日闭幕，历时 11 日，"代表本定 95 人，到会 290 人之数"，可见"寄希望之殷情之高矣"④。大成系统参会者还有副经理刘靖基、印染专家陈钧、职工代表孙启仁和以西南私营纺织业代表身份参会的刘国钧之婿查济民。⑤ 会议分为三组：（一）标准经营组；（二）生产责任制组；（三）民主管理组。会议围绕标准经营、生产责任制和企业的民主管理进行讨论。11 月 20 日由全国纺织总工会主任陈少敏召开组提案会，会上各省同业轮流报告，由林伯渠点将苏南区由大成的孙启仁报告大成生产竞赛的经过，博得了关注。⑥ 陈少敏在招待宴会上，夸赞"大成办得很好"⑦。在会议期间，刘国钧受到周恩来总理、李维汉和黄炎培等人接见⑧，他向政府呈递了《扩充纱锭计划刍议》，并蒙政府采纳。全国棉纺织会议初步确立了 1951 年实行全国纱布统一购销原则，此外通过委托加工、加工订货等形式，逐步将纺织业纳入国

---

① 《为同意大成公司清产定股方案内》，1955 年 3 月，常州市档案馆藏，档号：E0091955001 04100156。

② 《股东会议之文件：工作报告安达大丰、公永公司合营合并及清产定股报告》，1955 年 6 月，常州市档案馆藏，档号：E0091955001 04410106。

③ 《刘国钧日记稿本》，1948 年 12 月 19 日。

④ 《函复二厂陈钧对其参加全纺会情况已悉并告二厂生产之品种及职工借支工资等》，1950 年 11 月，常州档案馆藏，档号 E0091950001 02060081。

⑤ 《会议日程及参加各有关小组名单》1950 年 11 月，常州市档案馆藏，档号：E0091950001 02170001。

⑥ 《传达全纺会议精神》，1950 年 12 月，常州市档案馆藏，档号：E0091950001 02170059。

⑦ 李文瑞主编《刘国钧文集·论著卷》，第 54 页。

⑧ 苏仲波：《纺织企业家刘国钧》，载《江苏文史资料》第 34 辑，1989，第 90～91 页。

家资本主义的轨道。① 1951 年，为了支援抗美援朝，作为常州民建创始人的刘国钧开展常州工商界捐献飞机大炮活动，在其影响下地方工商界共捐献飞机 12 架，其中大成三个厂捐献 3 架半，刘国钧还捐献了 2.65 亿元。② 为响应过渡时期总路线的号召，1953 年 10 月，刘国钧向江苏省政府提交公私合营申请，因而大成纺织染有限公司成为江苏省第一批进行公私合营的民营企业③，随后上海安达纱厂、常州大明纱厂和重庆大明纱厂也先后进行了公私合营改造。其后，刘国钧担任江苏省副省长、省政协副主席、全国政协委员、民建中央常委、中华全国工商业联合会副主任委员和一至五届全国人大代表等职，积极建言献策，投身到国家的工业化建设中。

三　刘国钧设计的本土工业化发展蓝图

关于本土工业化道路的蓝图，刘国钧在《扩充纱锭计划纲要》一文中已经大致勾勒了轮廓。在各种场合发表的讲话，如《考察欧美纺织事业经过》《建设纺织公司计划书》《重视棉纺织工业来配合重工业建设的建议》《社会主义工业化的特征与工商业者的努力方向》《我国纺织工业的回顾与展望》等让蓝图更清晰更完善。对于为世人所诟病的近代中国一盘散沙的困境，刘国钧深有认识，指出只要政治上轨道，依托廉价的劳动力和广阔的市场，精研技术，科学管理，加强交流和学习，以纺织业为桥梁，为重工业建设提供急需的资金支持，发挥纺织产业联动作用，我国工业化则指日可待。

（一）轻重工业并举的工业发展模式

刘国钧认为，中国要实现工业化应走轻重工业并举的工业发展道路。一方面"要急起直追很快地完成工业建设，一定要以重工业建设为重点"；另一方面在建设重工业的过程中，"也必须有各种轻工业给予适当的配合"。发展轻工业不仅能够满足人们的生活需求，而且"适当地发展轻工

---

①　国家经济贸易委员会编《中国工业五十年新中国工业通鉴　第 1 部（1949—1999）》，中国经济出版社，2000，第 458～459 页。

②　寿充一、寿墨卿：《走在社会主义大道上：原私营工商业者社会主义改造纪实》，中国文史出版社，1988，第 179 页。

③　尹法声、周豪主编《中国资本主义工商业的社会主义改造：江苏卷上》，中共党史出版社，1992，第 121～126 页。

业"，"可以为国家积累资金。这样对国家财政上有贡献，也养育了重工业，同时也就可能更加扩大再生产"。

对于轻重工业并举，刘国钧认为发展应是有序列的，而不能所有工业齐头并进。吸取其他国家工业化的经验，刘国钧指出棉纺织工业"是一个先锋队"[1]。就纺织工业的重要性而言，"轻工业当中，关系人民生活需要最大者，就要算棉纺织工业，它的重要性仅次于粮食"[2]。就现有工业基础而言，在中国"现有的工业，也以棉纺织业最有基础"。就积累资金而言，棉纺织业"因为有益于国计民生，所以最容易发展，为国家积累财富，速度也最快"。有鉴于此，刘国钧提出在轻工业配合重工业建设计划中，要"以棉纺织工业为中心，其他各种轻工业，都可以根据棉纺织工业的计划，作出适当部署"。1950年刘国钧在庆祝中华人民共和国成立一周年纪念大会上的讲话指出，"重工业是应该积极发展的，但是假使能得到轻工业的辅助，重工业更容易达到高度的发展"[3]。

基于纺织业中纺纱、织布、印染等各部门中纱厂组织单位较大的认识，刘国钧根据我国棉花自给的程度和推广国际贸易的初衷，大力供给南洋侨胞市场，提出了15年需要扩充1000万枚纱锭的计划（见表1）。为此，刘国钧拟定了从目标、资金、原棉、设厂区域、纺机、人才、组织、利益等8个方面具体的扩充计划。

表1　刘国钧关于我国15年扩充1000万枚纱锭的发展规划

分阶段	时间	发展目标
第一期	5 年	每年添纱锭 40 万枚，5 年共计 200 万枚
第二期	5 年	每年添纱锭 60 万枚，5 年共计 300 万枚
第三期	5 年	每年添纱锭 100 万枚，5 年共计 500 万枚

资料来源：刘国钧：《扩充纱锭计划纲要》，《国讯》第382期，1944，第4~27页。

关于扩充纱锭的资金来源，刘国钧指出，应"鼓励私人资本，尤其是华侨的资本"，"由于棉纺织工业前途极为广阔有利"，"也一定具有很好的吸引

---

[1]　刘国钧：《重视棉纺织工业来配合重工业建设的建议》，《刘国钧文集·论著卷》，第54页。

[2]　《为建设中国棉纺织工业努力》，1946年12月，常州市档案馆藏，档号：E0091946001009 10008。

[3]　《在庆祝中华人民共和国成立一周年纪念日于常州一、二、三厂大会上的讲话》，1950年10月，常州市档案馆藏，档号：E0091950001020 40071。

力"。其时，我国已有 500 余万枚纱锭，刘国钧认为"中国现在已能自制整套纺织机械，但每年生产数量不多"①，大约能够生产 100 万枚纱锭设备，扩充至 1500 万枚纱锭，约需 10 余年积极有计划地逐步推进。

（二）以纺织业为轻工业中先导产业，充分发挥其产业联动和积累资金作用

刘国钧提出，轻工业建设计划以发展棉纺织工业为中心，来为重工业服务和积累原始资本，进而逐步实现工业化的目的。刘国钧强调，"纺织工业投资小，周转快，收益大，是积累资金，发展工业的重要途径"②。一方面，满足国内人民的衣被需求，促进消费；另一方面，供应南洋群岛各地居民及华侨的衣被消费，取得外汇，获取工业发展所需资金，进而以纺织工业为先导，带动工业化的发展。

如图 1 所示，关于发挥纺织业在工业化过程中的先锋作用，刘国钧特别强调需要发挥棉纺织业的产业联动关系，充分利用棉纺织业"与农业、矿冶、交通、电气等均有密切的联带关系"，带动与棉纺织业紧密相连的农业和相关工业的发展。其时，我国染织厂除最精细及新式的机械外，织布印染机械大多已能实现自给③，纺织业的发展将相应地促进我国机械制造和相关重工业的发展。

关于棉纺织积累资金的能力，刘国钧指出，一方面扩充 1500 万枚纱锭计划完成后，1000 万枚纱锭生产的棉织品可以满足内需，从内需角度看，"每年可积累财富当在 45 万亿元以上"。另一方面，其余 500 万枚纱锭所产的纺织产品供输出，主要供应缺少纺织业的南洋市场，"输出织品要比较精细"，一年产出所得外汇"合人民币 30 万亿元"。这一数字，"在国家对外贸易上，将有极其重要的价值"。从内需和外销两方面为工业化提供急需的资金，一年大约有 75 万亿元人民币的产值，能够促使棉纺织业成为驱动工业化发展的引擎。④

---

① 刘国钧：《重视棉纺织工业来配合重工业建设的建议》，《刘国钧文集·论著卷》，第 57 ~ 60 页。
② 刘国钧：《我国纺织工业的回顾与展望》，《刘国钧文集·论著卷》，第 223 页。
③ 刘国钧：《扩充纱锭计划纲要》，《国讯》第 382 期，1944，第 8 ~ 12 页。
④ 《全国棉纺织会议的经过和精神》，1950 年 12 月，常州市档案馆藏，档号：E00919500010 2170055。

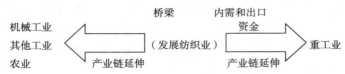

图 1　刘国钧关于工业发展道路的设想

资料来源：根据刘国钧：《扩充纱锭计划刍议》《重视棉纺织工业来配合重工业建设的建议》《国外纺织业概况》《建设纺织公司计划书》《我国纺织工业的回顾与展望》等资料绘制。

在出口方面，刘国钧指出南洋没有棉纺织生产企业，民族实业家借助华侨已在南洋打开一定市场。[①] 战后，英美暂时也无余力倾销，日本一片废墟，满目疮痍，"日本纺织业暂尚无力兼顾之际，实系我急起直追之千载良机"[②]，出口创汇，满足本土工业发展的资金问题。

（三）政府、产业、金融三方配合，指导工业生产和发展

关于如何实现扩充纱锭的规划，刘国钧认为必须具备三方面的条件：一是增强同业团结，"组成一强有力之全国棉纺织业联合会，拟订详善计划及进行步骤，贡献政府采择"；二是获得金融界的合作，产金结合，使棉纺织业与金融界的资金融通联系，"达于水乳交融之程度"；三是获得政府的支持和协助。刘国钧断言，"倘政府、金融界及纺织业联合会能三方面合为一体，共同推进"[③]，以纺织业驱动工业化的发展目标一定能实现。

关于政府在发展经济中的重要作用，1949 年 7 月，刘国钧接受香港《大公报》采访时指出："先决的条件还须发展水利、良种，才能增产，而更主要的条件是我们必须要有一个好的政府。"[④] 他进而指出，"政府和经济、工商是三位一体的"[⑤]。关于政治与产业发展的关系，刘国钧在 1945 年 3 月 24 日日记中进一步地论述政治的重要作用："如政治不上轨道，直接影响到工商。"另一方面，工业的发展也有助于政治秩序的规范，"要想将政治办好，要振兴工业使国家工业化，人人有饭吃有衣穿，所谓衣食足而知荣

---

① 《刘国钧日记》（手稿本），1945 年 8 月。
② 《为建设中国棉纺织工业努力》，1946 年 6 月，常州市档案馆藏，档号：E00919460010091 0008。
③ 李文瑞主编《刘国钧文集·论著卷》，第 32 页。
④ 李文瑞主编《刘国钧文集·附录》，第 29～30 页。
⑤ 李文瑞主编《刘国钧文集·附录》，第 30 页。

辱，有事业做，聪敏才智亦有出路，不必在政治方面竞争，地位可向工业发展，其荣华富贵比做官好多了，但为工商业的人在此时，生此国都应埋头苦干，各尽各的本位发展"①。为促进民族实业的成长，刘国钧认为，"政治与工业更应密切联系，使当局尽知工商业困难之所在，而奖助之，使工商界洞悉政府之政策，而协调之"，政府应实施有效的政策，保护工业的发展。

根据创业经历，刘国钧认为产金结合方能更好地实现企业的扩大再生产。1930 年刘国钧接手大成企业，从上海商业储蓄银行获得大成厂基押款贷款 40 万元，充实了企业的流动资金。因不可抗因素——日军侵华造成厂基和设备毁坏，抵押品已失去价值，上海商业储蓄银行提出折扣还款的方式，刘国钧以不折扣的方式还款，坚守信诺。② 为了"辅助工商实业、抵制国际经济侵略"，双方携手合作，大成获得"欠息""按月八厘计算"和"存息按月五厘"计算的优待③，共创了产金融合发展的一段佳话。

为实施扩充纱锭计划，刘国钧提出应成立专业性联合机构，集中协调实行纺织生产管理。他说，"欲求此项增锭工作顺利进行，当须我同业紧密团结，组成一强有力之全国纺织业联合会"。但他的集中管理是比较宽松的，既有联合也有产业分工，各尽各的本位发展。

> 在于整个计划之下精诚团结，各尽其力，合作进行。各家视自身范围大小、力量厚薄，分别以担增加锭数或创设新厂。各自发展，各司其事，大以成大效，小以成小效，务使其所负一部分之任务，得以圆满成就。④

与此同时，刘国钧提倡设试验工场，指导工业的发展，应由政府官厅协助。"择适当区域，建设试验工场，由各企业技术人员、学校教授担任教导之责"，可作为学校学生实习之用，也可供国人试验与练习，提倡领

---

① 《刘国钧日记》（手稿本），1945 年 3 月 24 日。
② 高进勇：《陈光甫和大成纺织染公司》，《常州文史资料》第 10 辑，中国人民政治协商会议江苏省常州市委员会文史研究委员会，1992，第 112～126 页。
③ 《上海商业储蓄银行和大成纺织股份有限公司立合同草约》，上海市档案馆藏，档号 Q78212001。
④ 李文瑞主编《刘国钧文集·论著卷》，第 32 页。

导，促进扩充，使得企业、学校、社会三方融合，共同推进技术的研发、创新和推广。

（四）加强机器、技术的研发和创新，加强产业链的整合和创新

关于技术创新，刘国钧认为应首先以较少资金从国外购买旧机器，回来整修、改造和研究，以期厘清原理，然后再事研发，扩充机械工业的发展，从而实现工艺创新、机械模仿和创新。刘国钧指出"机器之革命甚于物质之革命"，"中国若能以科学求进化，必能驾各国棉业而上之"。1934年刘国钧在日本考察时，买回八色印花机，"横也开不出，竖也印不好"，刘国钧废寝忘食钻研，屡试屡验，才把机器调试好，成立花样设计工作室。[①] 买旧印花机仿制印花的成功案例一方面开启了常州机器印花的新篇章，使大成企业成为民族纺织业中机器印花的早期企业，另一方面使得大成集团纺织业的产业链向纵深方向发展，逐渐成为纺织染印一体化集团，在对外竞争中逐渐占据优势地位。在近代常州的民族企业中，实现产业内整合发展的，只有刘国钧的大成企业。而在全国范围内，上海达丰纺织染公司、鸿章纺织染公司、无锡庆丰纱厂和丽新纱厂等少数几个企业实现了纺织染联营。

再举一例，1934年刘国钧在日本考察时，发现日本灯芯绒市场销路较好。于是，他在日本购置割绒刀，并重金聘请日本割绒工人来华传授割绒技术。1936年，试制样品成功，"开创了我国生产丝绒、灯芯绒的先例"[②]。据资料显示，20世纪八九十年代，常州灯芯绒成为中国纺织业出口创汇的重要产品。[③]

值得关注的是，在发展棉纺织业的同时，刘国钧也关注毛纺业、人造丝业、天鹅绒业和服装制造业等相关产业的发展，筹划产业链的延伸和发展。刘国钧曾多次在公开场合指出江苏省应注意发展毛纺业。一方面，

---

① 高进勇：《中国近代纺织工业巨子：龙城首富》，载《江苏文史资料》第131辑，江苏省政协文史资料委员会、无锡市政协学习文史委员会，2000，第111页。
② 《中国近代纺织史》编辑委员会编《中国近代纺织史（1840—1949）上》，中国纺织出版社，1997，第394页。
③ 《中国纺织工业年鉴》编辑委员会编《1991年纺织行业100家出口创汇大户》，《中国纺织工业年鉴（1992）》，纺织工业出版社，1992，第241～242页。

1944～1946 年刘国钧考察美国、加拿大期间，多次考察毛纺厂，并购置毛纺设备，后将设备捐给南京国民政府。① 另一方面，基于养殖条件要求简单，刘国钧强调发展养兔业，以发展毛纺业，指出兔的全身都是宝，兔毛可以纺织，兔皮可做裘皮大衣，兔肉可以做药及食用，兔粪可肥田，相关产品可以出口创汇，事关农业、纺织业、工业、药业等。② 通过国内外的考察和研究，刘国钧引进国外先进的设备、技术和产品，研发、试验、创新、推广，加强相关产业的整合和创新。

（五）发展职业教育，分类培育工业化所需人才

为满足工业化发展的需求，刘国钧认为需要注意三类人才的培养，即高级技术管理精英、干部人才和工友的培养，针对不同层级的人才需求和特点，应建立相应的人才培养制度。关于企业发展所需的人才标准，刘国钧指出"懂经营管理，又懂技术，是一等人才；懂经营管理，不懂技术，是二等人才；懂技术，不懂经营管理，是三等人才"③，以此为标准来培育和训练工业发展所需要的不同层次人才。为此，刘国钧针对高级管理精英、企业干部人才和工友三个层次人才的特点，提出了相应的培养制度。

其一，高级技术管理精英。由专门学校毕业，学有专长者，对其加以训练和培养，派至工厂实习，并派至其他工厂参观和学习，观察学习他们的研究能力和管理能力。对于其中优秀者，进行选拔，选派至国外留学考察，作高深研究，以作为经理、厂长重要职员的培养目标。

其二，干部人才。企业需要较多，影响较大。训练培养应由办理成绩优良的工厂或专门训练学校承担，设立训练所，一方面使之担任工务或事务方面的职务，参与生产实践，另一方面教授纺织技术、工厂管理、会计、商业常识、工厂组织系统等课程，从而使其成为企业技术和管理的骨干。

其三，工友。技工之训练异常重要，技术工友，历来行业最感缺乏。企业应联合设立技工养成所，教以管理及修理机械的知识，并培养其相应的能力，"且可由他教练工人自理自治"，"管教既得其当，便可达工管工、

---

① 孙建昌：《刘国钧七下香港》，载江苏省政协文史资料委员会、江苏省中国现代史学会编《百年沧桑论香港》，《江苏文史资料》编辑部，1997，第 411 页。

② 刘国钧：《关于经济工作的几点建议》，载常州市政协文史资料委员会编《常州文史资料》第 8 辑，1981，第 104～108 页。

③ 李文瑞主编《刘国钧文集·附录》，第 59 页。

工教工之目的"。

早在创业之初，刘国钧就探索出企业职业教育的分类培养机制，即练习生制度、艺徒制度和养成工制度。第一种制度主要用于培养一批懂技术的管理精英，第二种制度主要培育一批技术工友，而第三种制度则主要培养一批训练有素的工友，从而培养出了一批管理精英、技术精英和一线纺织工人。

表2　刘国钧制定的人才分类培养制度

类别	来源	培养目标
养成工制度	招收常州城郊略有文化、勤劳朴实的女青年	学习6个月，值车工
艺徒制度	招收小学毕业以上的男青年，由厂里的技术员和师傅授课，学习机械知识和文化知识	学习2年，培养车工技术员
练习生制度	年满十六岁，初高中以上文化水平者，跟随管理骨干做助理	培训2至3年，培养成管理骨干，优秀者由厂保送出国留学

资料来源：张一飞、孙启仁：《刘国钧与大成纺织染公司》，载中国人民政治协商会议江苏省靖江县委员会文史资料研究委员会编《靖江文史资料》第5辑，1985，第66~69页。

由此可见，刘国钧一方面基于工业发展所需要的各级各类人才的考量，另一方面基于个人能力和才干，分别加强技术、管理和研究能力的教育特点，而提出职业教育分层理念。刘国钧职业教育三层论，源于长期的工业实践和国内外考察，体现了"各尽各的本位发展"的、以回归社会和个人能力为需要的职业教育思想。

创业之初，刘国钧就形成了养成工制度、艺徒制度和练习生制度的人才培养架构，开办工人补习学校，注意企业文化的传承。由表2可见，练习生制度招收初中毕业以上青年，由厂内工程师等担任教师，传授其生产管理知识，培训二到三年，作为管理人员的后备力量。练习生制度的培养主要根据其素质，有两个向度的培养目标，一种是管理精英，作为各厂厂长的后备人选，另一种就是干部人才，作为厂内管理骨干的人选。艺徒制度和养成工制度培养的目标主要是工友。艺徒为机工后备，招收小学毕业者，由厂内技术员及老师傅讲授技术和文化课。养成工大多为来自常州四乡的农村女青年，一般只要培训6个月，作为值车工后备。① 基于对企业

---

① 常州市纺织工业公司编史修志办公室：《常州纺织史料》第2辑，常州市纺织工业公司，1983，第13~14页。

148

职业教育的重视，刘国钧探索出一套职业教育分类培养机制，形成了"工厂学校化"的具有近代性质的学徒制，在企业养成了学习和研究的良好风气，从而形成了浓厚的企业职业教育的文化传统，培育出一批管理和技术骨干。

1962 年，刘国钧捐资兴办常州市勤业机电学校，意在培育工业发展的机械制造人才。① 改革开放后，常州谋划职业教育发展时，中等职业教育和高等职业教育大多由各个厂办职工学校发展起来，制定了中职、高职和应用型本科三个维度的职业教育层次。深厚的职业教育培养文化对当代常州的职业教育影响深远，可以说，常州职业教育的发展与刘国钧的职业教育理念一脉相承。

余 论

作为以实业救国为志向的一代实业家代表，刘国钧从自身的创业实践出发，探索实业救国之路，并为之积极奋斗。关于义利之辩，刘国钧有着自己的理解，他在日记中指出相对于个人的"利"，国家工业化的"义"更为重要，进而提出人人都应为早日实现国家的工业化和国家的强大而努力。理解了这一点就不难理解其后刘国钧为了国家工业化所表现出的"舍利取义"的家国情怀。正如他在日记中所言：

> 义也者，天下之公也。利也者，个人之私也。以义为利，以私为耻，何事不可让人？孔子所谓，"朝闻道，夕死可矣"。如国不治工业，农业都不能机械化。②

基于家国同构的认识，刘国钧常忆及 1941 年在香港的遭遇，感叹唯有国家强大，个人方可过上幸福生活。"离开了自己的祖国，寄人篱下，受人摆布，任人宰割，哪怕他是百万富翁，心情也是很苦闷的。"③ 正是出于强烈的社会责任意识和家国情怀，刘国钧创办的企业和事业才能走得

① 高天德：《常州市教育志》，上海人民出版社，1990，第 339 页。
② 《刘国钧日记》（手稿本），1945 年 3 月 24 日。
③ 刘国钧：《只有社会主义能够救中国》，《刘国钧文集·论著卷》，第 169 页。

更远。

改革开放初期，为满足百姓服装类消费需求，国家大力推动纺织业作为先导产业的发展，这一时期纺织业以满足国内市场需求为主，出口规模较小。在内销方面，1983年12月取消布票，国内市场消费增加，纺织类零售额从1983年的491.5亿元，上升到1985年的717.4亿元，增长近50%。在出口方面，1985年中国纺织品出口额达到64.40亿美元。[①] 1994年中国纺织品服装出口额达到355.5亿美元，占全球纺织品服装比重的13.2%，成为世界纺织品服装第一大出口国。改革开放初期纺织品是我国第一大类出口商品，到20世纪90年代初期更是一度高达出口总比重的30%左右[②]，成为我国出口创汇的重要来源产业。我国真正成为以刘国钧为代表的民族实业家所企盼的"棉王国"，实现了100多年来无数仁人志士梦寐以求的工业强国梦。

The Study of Liu Guojun's Exploration of the Road to Local Industrialization before and after the Victory of the Anti-Japanese War

Ge Jixia   Luo Yang

Abstract：After the victory of the Anti-Japanese War, what kind of industrialization should be taken in China, What had become an urgent problem for Chinese people to solve? As a representative of industrial innovation, Liu Guojun had studied by his own entrepreneurial practice and many years of investigation. on the one hand, Liu Guo-jun had put forward a parallel industrialization model for the development of heavy industry and textile industry. On the other hand, Liu Guojun purchased equipment and raw materials, actively expanded production, and responded to the call of the general line of the transition period. The enterprises took the lead in implementing public-private joint ventures in Jiangsu Province, donating capital and losses, and contributing to the construction of China's industrialization. The ideas of industrial innovation, discussed by

---

① 周启澄、赵丰、包铭新主编《中国纺织通史》，东华大学出版社，2018，第808页。

② 郭燕：《后配额时代的中国纺织服装业》，中国纺织出版社，2007，第14页。

Liu Guojun in the blueprint for the development of industrialization are still of certain significance to the economic and social development of contemporary China.

Keywords：Before and after the Victory of the Anti-Japanese War; Liu Guojun; Industrialization Road; Family and National Feelings; Exploration

关于卜凯中国农家调查中几个问题的再思考

杨学新　　吴明晏[*]

摘　要： 卜凯在华近三十年，他开展的中国农村调查主要分为四个阶段，以其持续时间长、范围广、类型多样、人员专业、方法科学、过程细致严密、成果显著而得到学术界的普遍认可。卜凯重视调查表格的制定、调查人员的选定与培训，以及抽样调查方法的采用，特征明显、影响深远，但也存在一定的局限性。在对卜凯中国农家调查进行回访的过程中，将社会调查和口述史的理论方法与实践有机结合起来，二者相辅相成。

关键词： 卜凯；社会调查；口述史；农业发展

国外学者对中国农村的调查开始于 20 世纪初，从某种意义上说，在华传教士和外籍学者是先行者。1914～1915 年，美国传教士约翰·步济时（J. S. Burgess）组织了北京人力车夫调查，这是近代中国第一个系统的社会调查。1914～1917 年，清华社会科学系的狄特摩尔（C. G. Pittmer）主持了对居于清华园附近的 195 个农户的生活费用调查。1922 年夏，燕京大学农村经济系教授戴乐仁（J. B. Tayler）组织北平 9 所大学的学生对全国 5 省的 240 个村庄进行农村经济调查。1926 年，成都大学经济系教授布朗（H. D. Brown）在峨眉山附近主持农家经济调查等。与之相比，卜凯的调查不是最早、最全面的，但却是规模最大、成绩最为显著的。[①] 卜凯的中国农家调查被公认为中国调查历时最久、调查项目最详、调查地域最广、

---

[*] 杨学新（1963—），男，历史学博士，河北大学历史学院教授、博士生导师，主要研究方向为中国近现代区域社会史。吴明晏（1994—），女，山东农业大学马克思主义学院讲师，主要研究方向为中国近现代区域社会史。
[①] 钱俊瑞：《评卜凯教授所著〈中国农场经济〉》，《中国农村》第 1 卷第 1 期，1934，第114 页。

比较而言最具科学性的农村调查之一,[①] 他也被尊为当时世界上关于中国农村经济最优秀、最权威的学者。[②]

目前关于卜凯调查的研究主要从三个方面开展：一是围绕卜凯调查进行文献挖掘、整理工作;[③] 二是利用卜凯调查资料开展中国近代农村经济、社会、教育、生态等方面的研究，从多维视角阐释近代中国农村发展的特征和规律;[④] 三是将卜凯调查与同时期的其他调查相比较，客观评价卜凯调查的真实性、历史意义和科学价值。[⑤] 总体而言，已有研究取得了可喜的成绩，呈现出内容不断拓展和深入的发展态势，但存在重视调查成果分析和利用，而忽略调查过程的倾向。卜凯是我国首个农业经济系的创办者，"开创了中国近代农村经济的实证研究",[⑥] 其调查理论和调查方法具有重要的借鉴意义。基于此，本文拟对卜凯调查的前期准备、调查的环节步骤，以及调查目的和效果进行系统梳理。

一　调查时间、地点、参与者与类别

20 世纪二三十年代，中国农村经济凋敝，农民生活困难。与此同时，西方经济学、社会学理论与研究方法传入中国，通过开展社会调查了解中国国情，达到"经世致用"的目的，成为当时的潮流。卜凯高度重视中国农村调查工作，认为"在一社会中，欲作一确实而有利益之建议，必得先

---

① 叶坦：《调查研究的传统与学术创新——经济史学研究方法之反思》,《新华文摘》2016 年第 20 期。

② 陈意新：《美国学者对中国近代农业经济的研究》,《中国经济史研究》2001 年第 1 期。

③ 相关研究：盛邦跃：《卜凯视野中的中国近代农业》, 社会科学文献出版社, 2008。杨学新、任会来：《卜凯文献挖掘整理的现状与思考》,《中国农史》2013 年第 2 期; 杨学新：《卜凯与 20 世纪中国农业变革》, 人民出版社, 2018。

④ 相关研究：王晶、杨学新《卜凯与 1920 年代河北平乡农家经济及社会调查》,《河北大学学报》(哲学社会科学版) 2016 年第 3 期; 马烈、李军《近代中国农业生产中南北方农民维持生存用工量的比较》,《中国农史》2021 年第 3 期; 韩文艳《民国时期农村生活水平评估》, 复旦大学博士学位论文, 2013; 杨学新、高志勇《卜凯视阈下的 1931 年江淮流域水灾调查》,《中国农史》2018 年第 5 期; 陆玉琴《卜凯关于中国农业教育问题探讨》,《东北师大学报》(哲学社会科学版) 2015 年第 5 期; 等等。

⑤ 相关研究：葛海静《民国时期知识界关于中国农村调查述评（1925—1935）——以卜凯、陈翰笙、李景汉农村调查比较为中心》, 湖南师范大学硕士学位论文, 2012; 郑京辉《中国近代农业经济学兴起述论——以卜凯与陈翰笙代表的农业经济学为侧重》,《中国农史》2013 年第 4 期; 等等。

⑥ 盛邦跃：《卜凯视野中的中国近代农业》, 社会科学文献出版社, 2008, 第 8 页。

有精确完备之调查而后可"①。即"精确完备之调查"是"确实而有利益之建议的前提"。调查方法也是"农场管理研究最适用之方法"②，因为"此种方法即利用有系统之问题，搜集所需材料，而此类问题皆为农人就其企业方面易于回答者"③，其优点"能以调查较少之农场，而知一大区域内之农业情形"④。同时，他还认为，"任何地区内之农业情况恒有变迁。利用农场调查法在选定之地区内常常调查以研究此种变迁之真相实属必要"。而且这种调查，"最好每年调查一次，但每五年或十年调查一次，亦属不差矣。每年调查一次，对于丰年歉年，与物价上涨下落，或正常之年，均可包括在内，故最为理想"⑤。因而，他将中国农村调查工作作为一生的追求。根据其调查时间、地点、参与者、类别的不同，可将其在华开展的调查划分为四个阶段。

第一阶段为1916~1921年，调查地点侧重长江流域，调查者为卜凯本人，调查类别以农家耕作技术为主。1915年11月，卜凯来到中国，先在安徽宿州南关创建农事部，从事农业实验和推广工作。他常常往返于安徽宿州以及濉溪、怀远等县周边农村，与当地农民交流，试图向他们传播美国先进的农业技术知识。其间，卜凯逐渐意识到中国农业与美国农业的差别，开始尝试进行一些关于种子改良和农家耕作技术的调查。1920年，卜凯接受康奈尔大学校友、金陵大学农学院院长芮思娄（J. H. Reisner）的邀请，前往金陵大学创办农业经济系。至此，他在安徽宿州的工作告一段落。这一时期，卜凯的调查与在安徽宿州进行农业改良和技术推广工作同时开展，调查还不成体系，只是零散的个人尝试，其调查结果为金陵大学农经系的建立和此后开展系统调查奠定了基础。

第二阶段为1922~1925年，调查地点为长江流域、黄河流域和海河流域的7省17地区2866户农家，调查参与者为金陵大学农业经济系师生，卜凯负责组织工作，调查类别主要为农家经济与社会状况调查。1921年

① 〔美〕卜凯著，孙文郁译《河北盐山县一百五十农家之经济及社会调查》，《金陵大学农林科农林丛刊》1929年第51期，第135页。

② 〔美〕卜凯、柯蒂斯（W. M. Curtis）著，戈福鼎、汪荫元译《中国农场管理学》，商务印书馆，1947，第16页。

③ 〔美〕卜凯、柯蒂斯（W. M. Curtis）著，戈福鼎、汪荫元译《中国农场管理学》，第17页。

④ 〔美〕卜凯著，乔启明等译《中国土地利用》（1941），学生书局，1977年影印本，序第2~3页。

⑤ 〔美〕卜凯、柯蒂斯（W. M. Curtis）著，戈福鼎、汪荫元译《中国农场管理学》，第21页。

秋，卜凯在南京创办金陵大学农业经济系，在华伯雄协助下，在南京农村试行社会状况调查。他制定了《农村调查表》，由华伯雄翻译成中文。由于这次调查成功，上海市政府社会局、浙江大学农学院和河北省建设厅都采用卜凯制定的调查表格开展相关工作。① 后经过修改和完善，又出现徐澄、章之汶翻译的版本。1922 年卜凯组织选学"农场管理学"课程的学生，利用暑假回乡调查 100 户以上农家经济与社会情况，完成作业要求者给予相应的学分。之后，卜凯组织学生完成了对全国 7 省 17 处 2866 个农家经济及社会状况的调查，调查资料汇总整理后写成《中国农家经济》，这是中国首次应用调查方法从事农场管理研究。② 1922～1923 年秋季学期中"卜氏花费大量时间收集和分析受重视的乡村及农家资料"③，而且"苦心孤诣，费时五载"④，兼顾南北方农村的经济状况概括、分析与比较，成为当时国内唯一的中国农村经济研究专著。

第三阶段为 1929～1933 年，调查地点和范围较前一阶段有较大拓展，参与者仍为金陵大学农业经济系师生，卜凯为主持者、指导者，调查类别为中国土地利用。1929 年冬，卜凯返回美国，为中国土地利用调查争取到了太平洋国际学会的资金和技术资助，"开国外资助本系（金陵大学农经系，下同）事业之始"⑤。五年间，卜凯组织有关专家和学生对 22 省 168 个地区 16781 个农场和 38256 个农家的土地利用状况进行调查，依据调查结果写成《中国土地利用》一书，1938 年出版，1941 年中译本出版。其间，受南京国民政府委托，卜凯带领农经系师生进行了江淮流域水灾经济调查。1932 年将调查结果写成《中华民国二十年水灾区域之经济调查》，正式出版。该调查为"国内机关资助本系事业之始"。之后，"委托本系的调查或办理之事业，不一而足"。⑥

第四阶段为 1937～1944 年，全面抗战爆发后，金陵大学西迁成都华西坝办学，他的调查地点随之集中在四川省，调查类别多是受政府委托开展的。例如，先后接受实业部物价委员会、中国农民银行、美国财政部委托，进行全国物价、鄂豫皖赣农村经济和美国白银收购政策对中国

① 叶公平：《卜凯中国农村调查研究》，南京农业大学硕士学位论文，2009。
② 〔美〕卜凯、柯蒂斯（W. M. Curtis）著，戈福鼎、汪荫元译《中国农场管理学》，第 2 页。
③ 杨学新：《卜凯与 20 世纪中国农业变革》，人民出版社，2018，第 43 页。
④ 〔美〕卜凯著，张履鸾译《中国农家经济》，商务印书馆，1936，序第 1 页。
⑤ 〔美〕卜凯著，乔启明等译《中国土地利用》（1941），译文序第 1 页。
⑥ 金陵大学农学院农业经济系在宁系友联谊会编《金陵大学农学院农业经济系建系 70 周年纪念册（1921—1991）》，内部发行，1991，第 11 页。

银本位影响调查，调查成果写成《白银与中国的经济问题》《中国经济学萧条和财政问题》。同时，卜凯在艰苦办学中指导学生开展四川省农业、农村经济和华阳县的土地利用等多种类型的调查。1944年初夏，返回美国。

在上述各阶段的调查中，有些调查是卜凯主持、设计或指导的，而具体实施者多为他的学生或同事，协助者为"亲族""亲友""村董""开通的小学教员""教友"等。例如，卜凯"带领本系师生在中国许多省份开展调查，主持或组织写出《中国农家经济》《中国土地利用》《中国物价调查》《中国农民食物调查》等长篇报告"[1]。有的调查卜凯亲自参加，到调查地点进行实地考察、验证，或就有关问题进行问询或作报告。例如，卜凯是安徽芜湖近郊102户农家调查的设计者，成果形成《芜湖附近一百零二农家之经济的及社会的调查》，这是他第一篇以学生作业形式完成的调查成果。其间，他针对"此地之农人，其食米之量，较城市中人为大"这一问题，"著者曾亲至该地观察。且以之数询于熟悉该处情形之人"，直到"其所答者，与调查所分析者甚符合"为止。[2] 再如，1924年，他针对1923年调查的3个村庄150户农家离县城较近的问题，建议学生崔毓俊选择离县城较远的村庄再进行补充调查。为此，卜凯亲自来到盐山县指导和检查这次调查，并在崔毓俊的陪同下走过不少村庄，也访问了不少农家，还向农民吴家阁作了增加农民收入的报告。[3]

此外，由卜凯出面邀请开展的调查有：1930年美国加利福尼亚大学土壤学专家肖查理（C. E. Shaw）受卜凯邀请来华开展土壤状况调查。"一年内调查了南自浙江、江西、湖南中部，北抵河北、河南南部，东到海，西至京汉线的区域，分为九大区域"，调查成果整理为《中国土壤》，1931年出版。[4] 再如，《中国土地利用》调查虽然是由他主持、组织和实施的，但调查过程和最终成果的形成由多人参加，是集体智慧的结晶。全书分上、中、下三册，共十五章，其中第三章地势部分由罗汉松（J. H. Lowe）

---

[1] 费旭、周邦任：《南京农业大学史志（1914—1988）》，南京农业大学印刷厂，1994，第94页。

[2] 〔美〕卜凯著，徐澄译《芜湖附近一百零二农家之经济的及社会的调查》，《金陵大学农林科农林丛刊》1928年第42期，第36页。

[3] 崔毓俊：《忆往拾遗》，1993年10月，未刊，第72页。

[4] 费旭、周邦任：《南京农业大学史志（1914—1988）》，南京农业大学印刷厂，1994，第56页。

著,第四章气候部分由贾普萌先生(B. B. Chapman)整理,第五章土壤部分由梭颇著(James Tthord),第十一章物价与赋税部分由路易斯著(A. B. Lewis),第十三章人口部分由诺斯坦(Frank Notestien)与乔启明合著,第十四章食物营养部分由康奈尔大学畜牧组梅乃德博士(Dr L. A. Maynard)与孙文郁合著,上海李士德医学研究所卜莱特博士(Dr B. S. Platt)校对。第十五章生活程度部分由罗波安著(H. B. Low)。① 调查成果详细论述了当时中国土地利用的现状和影响土地利用的自然因素、社会因素等问题,将调查地区划分为两大农业地带和八大农区,开辟了我国农业区划的新纪元。

1930年后,在卜凯的指导和影响下,金陵大学农经系师生积累了丰富的调查经验,受到社会的广泛关注,专题性调查日益增多。例如,"昆山、南通、宿县农佃制度的比较与改良研究""山东潍县农作经营类别研究""中国度量衡制度研究""江苏安徽乡村社会的区划""宿县农产贸易农产物价的研究""中国花生生产运销费用""中国农村人口及生命统计""中国农村人口增减趋势""中国粮食消费概况""中国乡村卫生及农民生活调查"等,遍及农作经营、度量衡制度、农产贸易与物价、农村人口、粮食消费、乡村卫生等多个方面。同时,金陵大学农经系开始接受国内外政府机构和民间团体的委托。如1934年8月,受实业部物价委员会委托,广泛调查油行、猪行、杂货店、烟店、五金店价格,我国各处重要物品每天市价,编成价格指数,制成各种图标互相比较。同年,受中国农民银行委托,进行鄂豫皖赣四省农村经济调查,涉及23个省168个地区。1935年由美国洛氏基金会资助,完成《中国农民食物调查》《中国农业调查》《农场管理调查》。迁入成都华西坝后,金陵大学农经系师生相继与四川省财政厅、四川省农业改进所合作,进行温江、南充、江北等十县土地分类调查。与建设厅合作,进行成都、重庆生活费用及物价调查。1941年5月,与四川省合作进行四川省分级工作,经过三年的努力,正式绘出各县土壤图。② 1942年受物资局委托调查陕西省棉花等作物生产成本。1943年夏天,受国民党社会部委托进行四川省成都、华阳、温江、新都、什邡5

---

① 〔美〕卜凯著,乔启明等译《中国土地利用》(1941),序第9~13页。
② 费旭、周邦任:《南京农业大学史志(1914—1988)》,南京农业大学印刷厂,1994,第105页。

县 37 乡农会状况调查。1944 年受省政府主席邀请进行华阳新县制示范县调查。等等。①

　　纵观卜凯四个阶段的调查，我们可以看出，卜凯的中国农家调查经历了由个人到群体、由学校师生到受政府或个人团体组织的委托、由单项调查到专项调查和综合调查相结合并以专项调查为主的发展变迁过程。金大农经系的学生形成了"能吃苦耐劳，善于作农村调查"的特点。② 这些调查资料"可作为一些课程一般原理的例证，而且所有统计数据均取自中国的资料"③，基本否定了"中国是一个缺乏可靠统计数据的国家"④ 的说法。

二　调查环节和方法

　　中国地域广阔，人口众多，南北方差异明显。为得到准确、完善的调查资料，卜凯精心设计调查的每一个环节，尤其重视制定调查表格，选择调查人员和调查地点。他认为，调查"结果的可靠与否，须视调查表的性质，调查员的能力，与农人的自身，三者同其重要。不过事实上，前二者尤居首要"⑤。调查表和调查员是决定调查数据是否准确可靠的关键因素。

（一）制定调查表格

　　卜凯认为，"只有用表格向一家一家的农人去调查才能证明"中国农家经济和社会发展状况，⑥ 而拟制完善的调查表格是帮助调查人员获得农人正确材料最有效的方法之一，"调查表格是否完善至少应具备下列三项条件：（一）问题须简明易答，（二）问题排列须有层次，（三）所留空白

---

①　杨学新：《卜凯与 20 世纪中国农业变革》，人民出版社，2018，第 262～274 页。
②　谢澄：《母系为我的农经教学奠定了基础》，载金陵大学农学院农业经济系在宁系友联谊会编《金陵大学农学院农业经济系建系 70 周年纪念册（1921—1991）》，内部发行，1991，第 205～206 页。
③　卜凯著，卢良俊译《金陵大学农业经济系之发展（1920—1946 年）》，载金陵大学农学院农业经济系在宁系友联谊会编《金陵大学农学院农业经济系建系 70 周年纪念册（1921—1991）》，内部发行，1991，第 380 页。
④　〔美〕卜凯著，张履鸾译《中国农家经济》，第 565 页。
⑤　〔美〕卜凯著，张履鸾译《中国农家经济》，第 2 页。
⑥　〔美〕卜凯著，张履鸾译《中国农家经济》，第 565 页。

应恰够填写答案"①。总体而言，卜凯对调查表格的看法有以下几点。

首先，要做到问题简明易答，表格中所列问题应为农民极为熟悉的事项。例如，"农人对其全年人工费用容或不知确数，但对于雇工之日数及每日所付之工资每能道其确数"②。调查者可根据农人熟知的问题推算其他相关复杂问题。

其次，问题排列次序合理可使发问与回答迅速。"拟制调查表格时，吾人须注意农人之思想并应该设法使其发问题，便于农人回答容易而迅速。首先询问之问题应为农人脑中所考虑之问题。"③ 如果问题排列过多，调查表制定过于复杂，调查人员使用时容易发生障碍，农人也常因此感到厌倦。如《中国农家经济》中，因调查表冗长，致使"有数处地方，调查表的第二部分未能有完之答案"。"数处地方"包括"家庭费用，耕地获有方法，及各种性质较为普通的问题"。④

再次，制定不同种类的调查表。卜凯认为，在不同农业方式之下与搜集不同材料之时，均需拟制各种不同类型的调查表格，这样才能避免得到笼统性答案。⑤ 如《中国农家经济》一书中制定了包括土地、资本统计、牲畜、作物、杂入、牲畜副产、他项进款、田场费用（场主）、田场收入、田场支出、场主的历史（甲、未当场主以前的历史；乙、当场主以来之状况）、场主家庭费用、同居并在外亲属（婴儿在内）在内的13类调查表，并有附注予以说明。⑥ 再如，河北盐山县150户农家之经济及社会调查"着手之初，即采用本科编制之农家周年出入调查表，由本科三年级生崔君毓俊，在其本乡河北盐山县之三个村庄，亲自查填150份之调查表"。这些调查表包括：产业、资本、农作物、牲畜、牲畜副产、杂入、农用出款、出入款项总计（甲、入款；乙、出款）、家庭净利、普通调查（甲、地之大小远近及速售之作物；乙、家庭；丙、互助方面）、场主之家族、场主及其近亲之籍贯并职业、场主之亲属等13类。⑦

① 〔美〕卜凯、柯蒂斯（W. M. Curtis）著，戈福鼎、汪荫元译《中国农场管理学》，第17页。
② 〔美〕卜凯、柯蒂斯（W. M. Curtis）著，戈福鼎、汪荫元译《中国农场管理学》，第17页。
③ 〔美〕卜凯、柯蒂斯（W. M. Curtis）著，戈福鼎、汪荫元译《中国农场管理学》，第17页。
④ 〔美〕卜凯著，张履鸾译《中国农家经济》，第2页。
⑤ 〔美〕卜凯、柯蒂斯（W. M. Curtis）著，戈福鼎、汪荫元译《中国农场管理学》，第17页。
⑥ 〔美〕卜凯著，张履鸾译《中国农家经济》，第602~612页。
⑦ 〔美〕卜凯著，孙文郁译《河北盐山县一百五十农家之经济及社会调查》，《金陵大学农林科农林丛刊》1929年第51期，第1页。

最后，不断对调查表格进行修改和校对。卜凯认为"苟欲闭门造车，企于办公室中制成一完善之表格，殆为不可能之事，盖拟制时无论如何仔细，一经应用，往往发现应加修改之处甚多，故拟制表格须先作试用，将表格携至少数农家实地测验其适用与否，然后加以修改"。同时要注意到，"一完善满意之表格往往须经数度试用与修改始克完成"①。卜凯还重视对调查表格进行校对，他建议："因调查时间过长，农民每感厌倦也，日间调查之表格当晚应加以校对，以求调查材料之翔实。遇有可疑时，应设法复查一次以校正之。"② 此外，对调查表格进行分析统计时，要保证"各项表格的计算，至少曾经校对一次，通常有校对两次及三次者，以免舛误"③。

（二） 选定调查人员

调查精确与否与调查人员密切相关。在调查人员选择上，卜凯以具备知识基础和乡土关系为标准，要求调查人员有一定的文化知识，熟识农民并能说当地语言，由地方上有威信的组织或个人推荐。他认为，"优良之调查员可运用其智慧，发问简洁而中肯，使调查时间缩短，而所得材料正确"④。如果调查员"对于农民与农业状况，只具皮毛的认识，则根本必不配担任此种研究工作。因善能与农民接近，始能调查农民之状况，而接近农民，须与农民经过长时间的共同生活者，始克有济"⑤。

根据调查的经验，他提出："调查员应为当地之土著，最好能与农民熟悉者为合格。调查生疏地区时，此点尤为必要。"⑥ 一方面，当地的调查员生于斯，长于斯，多与场主有血族或友谊关系，便于获得农民信任，而"在中国进行调查工作，欲谋工作准确，个人接洽，殊为重要。曾有数村，实已开始调查，但以其地怀疑甚深，致不得不中辍，而另选他村"⑦。要想得真确材料，这种利用私人关系的接近方法，是事实上所必须的。另一方面，土著调查员不仅要熟悉当地农业方式和"农人之心理与观念"，⑧ 还需

① 〔美〕卜凯、柯蒂斯（W. M. Curtis）著，戈福鼎、汪荫元译《中国农场管理学》，第17页。
② 〔美〕卜凯、柯蒂斯（W. M. Curtis）著，戈福鼎、汪荫元译《中国农场管理学》，第18页。
③ 〔美〕卜凯著，张履鸾译《中国农家经济》，第7页。
④ 〔美〕卜凯、柯蒂斯（W. M. Curtis）著，戈福鼎、汪荫元译《中国农场管理学》，第18页。
⑤ 〔美〕卜凯著，张履鸾译《中国农家经济》，第4页。
⑥ 〔美〕卜凯、柯蒂斯（W. M. Curtis）著，戈福鼎、汪荫元译《中国农场管理学》，第18页。
⑦ 〔美〕卜凯著，乔启明等译《中国土地利用》（1941），序第2页。
⑧ 〔美〕卜凯、柯蒂斯（W. M. Curtis）著，戈福鼎、汪荫元译《中国农场管理学》，第18页。

没有语言隔阂，"故各区调查主任必分别选练当地人士，以填写田场①及人口表格"②。卜凯认为中国农家经济调查"得有良好成绩，实有赖于此班人士"③。"此班人士"即调查员。

自 1922 年夏天开始，作为金陵大学农经系主任，卜凯要求选修"农场管理学"的学生必须回家乡调查至少 100 户以上的农家经济状况，计入学分。如芜湖近郊 102 户的实际调查人是芜湖籍学生陶延桥，盐山 150 户的调查者为盐山籍学生崔毓俊；平乡 152 户的调查由平乡籍学生霍连珍开展，还有调查安徽来安的来安籍学生毕跋藩，调查浙江镇海的镇海籍学生刘同显等。《中国农家经济》一书中的 7 省 15 个县 2866 户农家社会经济状况也是在卜凯指导下由 14 位农经系学生完成的。《中国土地利用》中，各区调查主任皆为金陵大学农学院接受过相关训练的毕业生。④《中国农场管理学》一书依据的资料主要为金陵大学农业经济系所搜集的中国农场管理的实际材料，写作时若中国无适当资料可用，"为示原理之普遍性，不得不加用他国之资料"⑤。这些资料包括《中国农家经济》《中国土地利用》以及农业经济系出版的《经济统计》及其各种农业经济刊物。

调查过程中也有不少新聘人员，聘用人员要求"皆系生长于该调查区域者，选择的标准，亦纯以其对于农民和农业状况的认识程度以为定"⑥。从聘用的实际情况看，大多是学生的"亲族""亲友""村董"和当地"开通的小学教员""教友"等，同样具备知识基础和乡土关系。因金陵大学当时为教会学校，各地教会与地方人事关系密切，为调查顺利进行提供了很大帮助。《中国农家经济》调查中，"约有半数的表格，系有本大学的高年级生所调查……其余之半数，则系有新聘之调查员"⑦。如《中华民国二十年水灾区域之经济调查》是卜凯受当时南京国

---

① 田场：指场主所耕种或管理的土地之总计。在本书中田场乃场主及其家属的生活之主要来源。转引自〔美〕卜凯著，张履鸾译《中国农家经济》，第 21 页。
② 〔美〕卜凯著，乔启明等译《中国土地利用》（1941），序第 2 页。
③ 〔美〕卜凯著，张履鸾译《中国农家经济》，第 4 页。
④ 〔美〕卜凯著，乔启明等译《中国土地利用》（1941），序第 2 页。
⑤ 〔美〕卜凯、柯蒂斯（W. M. Curtis）著，戈福鼎、汪荫元译《中国农场管理学》，原序第 1 页。
⑥ 〔美〕卜凯著，张履鸾译《中国农家经济》，第 2～3 页。
⑦ 〔美〕卜凯著，张履鸾译《中国农家经济》，第 2 页。

民政府救济水灾委员会的委托，带领金陵大学农学院农经系的师生与当地的小学教师以及教会团体的布道员共 271 人完成的，尤其是水灾各调查区的主任，大都在土地利用调查中出任过调查主任，具有比较丰富的调查经验。

卜凯重视对调查人员的要求。他告诫说，"调查员发问时切不可预示答案。无论调查者对所问之问题见解为何，均不应先有成见预示答案"。但"调查者有时可利用各种不同方式之问题或其他问题之引导以帮助农民回答正确之答案"。① 在登记问题答案时，必须登记农民的回答，从而保证调查数据的真实性。例如，询问农舍及晒场面积时，不应问"农舍及晒场是否占地 1 亩"，而应该问"农舍及晒场究占面积若干"。农民常会对其所有物价值等相关问题回答不知，调查员应尽可能通过其他问题引导农民回答。此外，调查时不一定非要挨家挨户询问，可以详细探访一到两个熟知本地情况的人。② 调查过程中，要求调查员发问迅速简洁。调查结束后，调查人员对于经济类调查应该互相校对数据，减少误差。如果遇到可疑之处，应该设法重新复查一次。③

（三） 调查地点

卜凯的中国农村调查遍及除东北地区和新疆、西藏之外的广大地区。初期开展调查时，卜凯将居住地附近作为调查地点。任教金陵大学前期开展的调查，多以学生作业形式进行，实施调查前也没有相应的计划和安排，调查的地点选择完全取决于农业经济系学生自己的意愿，具有一定的偶然性。如河北盐山 150 户农家调查是由盐山籍的学生崔毓俊自己做出的选择，《中国农家经济》一书中调查的农户基本都是如此。卜凯自己回忆说："1923 年夏，在六个不同的区域中由六位学生调查 1091 农户，又于 1924 及 25 年雇请经过挑选的学生二人调查，经过四个夏天（1922～1925）在七省十七地区中已取得 2866 农户资料。"④

---

① 〔美〕卜凯、柯蒂斯（W. M. Curtis）著，戈福鼎、汪荫元译《中国农场管理学》，第 17～18 页。

② 〔美〕卜凯著，章之汶译《农村调查表》，《中华农学会报》1923 年第 39 期，第 39 页。

③ 〔美〕卜凯、柯蒂斯（W. M. Curtis）著，戈福鼎、汪荫元译《中国农场管理学》，第 18 页。

④ 〔美〕卜凯著，卢良俊译《金陵大学农业经济系之发展（1920—1946）》，载金陵大学农学院农业经济系在宁系友联谊会编《金陵大学农学院农业经济系建系 70 周年纪念册（1921—1991）》，内部发行，1991，第 362 页。

1929 年进行中国土地利用调查时，因调查地域较广，他提出"须就农业情形分为若干区"，① 进而认为"一国政策之制定，应基于经济性质相同之单位，以其能免除许多错误，更可视各地带及农区之需要，而拟定完善之建设计划"②。据此，卜凯对全国 22 个省进行土地利用调查时，将调查区域划分为小麦地带和水稻地带两大类；又根据作物不同，进一步细分为春麦区、冬麦小米区、冬麦高粱区、扬子水稻小麦区、水稻茶区、四川水稻区、水稻两获区、西南水稻区八大农业区。

卜凯要求所选调查地点覆盖各农业区，划定区数"不厌其多，第视所据资料之足否而定"，如果可依据的资料过少或划分界线存在疑难，"则以土壤及地势之差别为准"。③ 对于调查地点的选择，他还要求当地有合适的调查人员，如果不能找到适当人选，则放弃该地点。在开展中国土地利用调查时，他曾提到"惟有时因当地缺乏适当之调查员，或以时局不靖，遂致最需要抽选之地区，未能抽选"④。如，"1931 年华北调查结束后，卜凯教授拟派父亲（指崔毓俊）去东北区（黑、吉、辽、热四省）调查，后因当年九一八事变而未果，改去西南云、贵两省"⑤。

此外，在盐山县调查时，卜凯注意到村庄距离县城远近是影响农家贸易和消费的因素之一，在选取调查地点时力争做到远近结合。盐山县调查所选的 3 个村庄分别距离县城 2 里、5 里和 18 里。同时考虑到区域的差别，在他的指导下，学生崔毓俊对盐山部分农家进行第二次调查，调查的村庄和农户数量分别为段庄 102 户、赵家庄 21 户、李小店子 8 户、吴家阁 2 户，共计133 户，兼顾该县东西部地区的自然环境和经济差异。对各地的调查，他也看重"在同年期内举行"，或在同一地区"能年年继续调查"。在估计不同年期所调查物品的价值时，"一般物价的高低，亦能顾到"。⑥

（四）调查方法

恰当的调查方法是完成调查任务的关键。卜凯指出："静坐办公室中

---

① 〔美〕卜凯、柯蒂斯（W. M. Curtis）著，戈福鼎、汪荫元译《中国农场管理学》，第 20 页。

② 〔美〕卜凯著，乔启明等译《中国土地利用》（1941），第 27 页。

③ 〔美〕卜凯著，乔启明等译《中国土地利用》（1941），第 23 页。

④ 〔美〕卜凯著，乔启明等译《中国土地利用》（1941），序第 2 页。

⑤ 崔肇春：《崔氏家族的故事》，未刊，第 26 页。

⑥ 〔美〕卜凯著，张履鸾译《中国农家经济》，第 4 页。

穷思寻求农民成败之原因鲜有能获正确之解答者，即经验丰富之农民，亦常误解农场经营成败之原因，甚至大学教授亦复如是。"① 适当的研究方法应该既能寻求事实真相，又能据事实分析解释此种真相，并提出改进方法。对于研究农业经济学常用的记账法和调查法，卜凯认为应该根据具体研究对象、农民读写能力等多种因素予以取舍。

卜凯认为，记账法包括农场财产清查账、农场现金账和农场成本账三种。记账法更适合研究农业经营，其优势是能够避免农民因记忆混乱导致的收支数据误差，所得数据更精准。但当时，"中国大多数农人，未受教育，能记账者实属寥寥，现成记录，既非常缺乏，而调查方法，实际上遂成为惟一的办法"②。而调查法应用范围广、易推行，"为搜集农场管理研究材料最适用之方法"。而且调查法相较记账法更能代表一个地区的一般情况，如果采用记账法，只能获得少数记账农民家庭的情况。③ 不过，调查法也有缺陷。调查数据源于农民的估计，调查结果不如记账法调查精准。一个地区内的农业情况因其各县、村、农场大小不一，贫富不均，农业产量高低悬殊，农户家庭规模不同而不同，调查对象如果经过特殊选择，结果可能有较大误差。此外，如果农民对调查问题不理解或刻意隐瞒，调查结果也会存在很大误差。卜凯认为，这些缺陷可以通过采用随机抽样、确定合适的抽样数量和增加调查次数尽量规避。

随机抽样法是从调查对象中选取部分个体的集合，在集合中随机抽取若干样本进行调查。随机抽样法的要求是"一体视之，不可偏废"。卜凯认为"所选抽样，务以能代表中国各种主要农艺方式为原则"④，还必须在同一个地区内选择多个农场为研究对象，以免得出片面或错误的结论。具体实施步骤是选定同一农业方式地区，在该地区内随机调查若干农场，对农场一视同仁，无论大小优劣，只需沿途随机相遇，逢人即行调查；或是在同一农业方式地区随机选择村庄，调查村庄内所有农场。

卜凯重视抽样数量。他指出，一般来讲随机抽样数量越多，结果越精准。但欲知一个县的农业情况而抽取县内所有农场一一调查，"势不可能，

---

① 〔美〕卜凯、柯蒂斯（W. M. Curtis）著，戈福鼎、汪荫元译《中国农场管理学》，第14页。
② 〔美〕卜凯著，张履鸾译《中国农家经济》，第1~3页。
③ 〔美〕卜凯、柯蒂斯（W. M. Curtis）著，戈福鼎、汪荫元译《中国农场管理学》，第16页。
④ 〔美〕卜凯著，乔启明等译《中国土地利用》（1941），序第2~3页。

也不必要"①。实际抽样数量应视调查地区受访对象的相似程度，以及调查员的技巧而定。在情况类似的区域内，如果调查表格完善，调查人员经验技巧相当，调查 100 个农场大致可以代表该区域的农事情形。如果调查区域差异较大或调查人员技能低劣，则调查错误率较高，应增加抽样数量。②1929～1933 年，卜凯对全国 22 个省进行土地利用调查时，即采用抽样调查法，在"各农艺方式区域，选定一村（或邻近数小村），以为代表，并以田场调查表格，详细调查田场 100 家。此外又就本村或邻村取农家 250家，或 250 家以上，以进行人口调查。凡举行田场调查之地区，大都就中选农家 2 家，举行食物消费调查"③。1931 年江淮流域水灾调查也采用随机抽样调查法，首先在水灾区域"选择十个可以代表该地灾况之村庄，用村庄调查表加以调查"；然后在每个村庄内"选择五十家被灾农民，而挨户调查之"，④ 重灾区要求增加样本数量。调查结束后，"每一地区调查员，须于地图上，注明其所调查之村庄，以及该村庄等所能代表之区域"⑤，以避免重复调查。

卜凯重视抽样代表性。他的中国土地利用调查除了在两大农业地带和八大农区中均有抽样，还兼顾社会阶层差异。如在调查农佃制度时，他认识到中国农佃制度在各处有很大分野，有些地方的农民几乎完全为佃农，有些地方的农民几乎完全是自耕农。因此，不仅抽取当地富裕农民调查，而且对半自耕农、佃农予以关注。

总之，卜凯的农村调查重视多种调查表格的制定，选定具备一定知识基础和乡土关系的调查员，对各调查员加以相当的训练，先由调查员试填表格若干份，经审查改正后再确定表格。拟定涵盖不同农业区域和具有适当调查人员的多个调查地点，分批派调查人员前往。实地调查时，调查员日间填就表格，当晚进行校对，如遇可疑之处设法再次求证，无法求证之

① 〔美〕卜凯、柯蒂斯（W. M. Curtis）著，戈福鼎、汪荫元译《中国农场管理学》，第 18 页。
② 〔美〕卜凯、柯蒂斯（W. M. Curtis）著，戈福鼎、汪荫元译《中国农场管理学》，第 18～19 页。
③ 〔美〕卜凯著，乔启明等译《中国土地利用》（1941），序第 2～3 页。
④ 金陵大学农学院农业经济系编制《中华民国二十年水灾区域之经济调查》，《金陵学报》1932 年第 1 期，第 3 页。
⑤ 金陵大学农学院农业经济系编制《中华民国二十年水灾区域之经济调查》，《金陵学报》1932 年第 1 期，第 4 页。

处皆弃置不用，以免累及全体。另派专员始终留住调查区域，实行监督。①
调查结束后将表格陆续寄回金陵大学，以待审查整理，并尽可能每年对该地
点进行一次调查。② 严密的调查程序，最大限度地保证了调查数据科学有效。

三　调查目的、特点与评价

卜凯以传教士身份来到中国进行农业技术推广工作，在安徽宿州近五
年的时间里，他经常深入当地的农家，调查和了解他们的生活和农业生产
状况，宣传推广美国先进的农业生产技术，但收效甚微。经过认真思考后
他得出结论，"或许最高明的计划是首先查清中国农业与中国乡村生活的
现状"③。因而，进入金陵大学任教后，他延续了在安徽宿州开展农业调查和
农业技术推广的传统，让学生利用暑假机会回乡开展农业调查，收集资料作
为教材，以弥补美国教材与中国农业、农村和农民生活不相适应的问题。卜
凯在《中国农家经济》一书的序言中写道，"本书之中国十七处两千八百六
十六农家的经济与社会研究……最初目的，原不过欲使本系学生籍得实地调
查的经验，所得材料亦只希望用作例证学理之教材。迨一部份工作告成后，
结果之佳，出人意表，确有供作中外农学专家及社会学家参证之价值"④。

卜凯的中国农村调查呈现出以下几方面的特点。其一，1931年以前卜
凯调查较为密集，调查类别与农村、农业、农民高度相关，调查成果大都
公开出版，"建立起了中国近代农业经济的一套最完整的调查资料"⑤。

其二，第二、三阶段的调查规模大、范围广、持续时间长、集体参
与，参与者多为卜凯的学生、同事，以及出资聘请的当地知识阶层。卜凯
本人负责重点地区调查和调查资料的汇总整理工作。如在芜湖附近调查农
家经济时，对于调查结果显示的农人食米量大于城中人这一现象，卜凯亲
至该地核查，最终判定核查结果与调查分析者结论相符。⑥ 这充分证明了

---

① 〔美〕卜凯著，张履鸾译《中国农家经济》，第4页。
② 〔美〕卜凯、柯蒂斯（W. M. Curtis）著，戈福鼎、汪葤元译《中国农场管理学》，第17~
18页。
③ 〔美〕赛珍珠著，尚营林等译《我的中国世界》，湖南文艺出版社，1991，第163页。
④ 〔美〕卜凯著，张履鸾译《中国农家经济》，原序第1页。
⑤ 陈意新：《美国学者对中国近代农业经济的研究》，《中国经济史研究》2001年第1期。
⑥ 〔美〕卜凯著，徐澄译《芜湖附近一百零二农家之经济的及社会的调查》，《金陵大学农
林科农林丛刊》1928年第42期，第36页。

卜凯治学的严谨性。

其三，重视调查的各个环节。卜凯亲自设计调查表格，并在小范围试用修改后才广泛使用。他制定的农村社会调查表在 1915～1931 年间进行过三版修改才最终确定。严格选定调查人员和调查地点，聘请国外专家对调查人员进行调查表填写、提问方式、数据比对等方面的培训。调查结束后要求调查者白天调查，晚上核对数据，有疑虑的地方重新调查或弃置不用，而且专门设置监察人员，监督调查过程，在农家经济调查的过程中，"曾有某处调查，因价值上发生疑问，即将该处全部调查，弃置未用。又表格中之有疑问者，亦皆剔去未用，以免累及全体"①。

其四，调查方法经济、科学。20 世纪二三十年代的中国动荡不安，与同时期的其他调查相比，卜凯争取到国外资金和国内机关的资金支持，为长期、广泛开展调查奠定基础。但开展普查在当时仍是不可能完成的任务，卜凯经过对比，选择随机抽样法，并通过适当增加样本数量和调查次数，确保调查合格。如中国农家经济调查虽以学生作业形式进行，地点选择的偶然性较大，但卜凯规定调查户数必须在 100 户以上，保证调查样本数量充足。水灾调查中，根据灾情程度划分区域，重灾区增加抽样，保证了样本代表性。

其五，以村庄为落脚点，以农户②或田场为基本单位。调查范围包括"一村及其周围田地、一区或一乡、一县、不止一县"③，"每地区之进行田场调查者，填地区调查表一份，每县之进行田场调查者，亦各填县调查表一份"④，由小到大，逐层拓展，覆盖面广。如《中国农家经济》以中国 2866 个田场为基础开展调查，《中国土地利用》以 16786 个田场和 38256 户农家为依据开展调查。与其他学者的调查，如费孝通以村为单位进行的江村经济调查，李景汉首次以县为单位开展的定县调查相比，卜凯的调查更注重还原农家经济和生活状况。卜凯的调查与同时期其他学者的调查共同构建了近代中国农村"户—村—县"或"田场—县—地区"三级调查

---

① 〔美〕卜凯著，张履鸾译《中国农家经济》，第 4 页。

② 农户：指同居共食者之总称，连非亲属，如雇工亦包括在内。转引自〔美〕卜凯著，张履鸾译《中国农家经济》，第 22 页。

③ 〔美〕卜凯著，章之汶译《农村调查表》，《中华农学会报》1923 年第 39 期，第 39 页。

④ 〔美〕卜凯著，卢良俊译《金陵大学农业经济系之发展（1920—1946）》，载金陵大学农学院农业经济系在宁系友联谊会编《金陵大学农学院农业经济系建系 70 周年纪念册（1921—1991）》，内部发行，1991，第 362 页。

体系。

卜凯的调查兼具理论与实用价值，为客观全面地掌握中国国情和中国农业发展、农村经济繁荣做出了重要贡献。卜凯带领学生开展调查的过程也是培养学生进行经济学、社会学研究的过程，对中国农业经济学等相关学科发展产生了深远影响。卜凯本人1921年在金陵创办了中国第一个农业经济系，为中国培养了大批从事农业教学和科研、农业金融、农业推广及农产运销等工作的专门人才。可以说在他的指导和影响下，金陵大学农经系是当时承担调查任务最多的学校和系。

卜凯在开展社会调查的同时，还积极在中国进行农业改良与推广活动，其农业改良与推广活动大致可分为在安徽宿州和在金陵大学任教两个时期。1915～1919年，卜凯在安徽宿州的5年是他深入农家，了解中国农村状况，建立实验农场进行种子改良实验和培训农民农业知识与技术的时期。1920年进入金陵大学后，卜凯创建了农业经济系，开展农业经济和土地利用状况调查，更多的是从理论上进行阐释，以及通过学生、教师进行农业改良与推广工作。可见，他的农家调查与农业改良活动相伴进行的，通常是调查在前，改良推广在后，前者是基础，后者是目的。他还重视培养中国本土的农业技术推广人员，主张"训练县长、乡长、村长、农村教师以及农村传教的牧师等的会社，应该广为设立，逐渐普及，使他们得有机会担负新改进实施的推广"①。

卜凯调查向世人呈现了当时中国农村的基本状况，并对中国农村贫困原因、如何高效利用土地等难题给出一些带有前瞻性的建议，对当时中国知识界了解中国农村发挥了重要作用，其调查作品大多先写成英文版本，也为西方人了解中国提供了翔实的资料。如他在盐山进行中国农家经济调查时认为，按照恩格尔系数，盐山县农民的食料支出比英国、比利时、法国低，但这并不能说明中国农民生活程度优于三国。② 实际上，他们常常是"野菜糊口"，当时中国农民对"最高的理想的愉快生活""小康"的追求还只是处于"糊口""填饱肚子"的状态。"从各方面观察，中国农家生活程度较美、日、丹各国为低，乃确系毫无疑意之事实，生活程度之

---

① 〔美〕卜凯著，刘润涛译《农业推广方法》，《农林新报》第12卷第26期，1935，第660页。

② 〔美〕卜凯著，孙文郁译《河北盐山县一百五十农家之经济及社会调查》，《金陵大学农林科农林丛刊》1929年第51期，第122～123页。

低，似犹在最低标准之下。"① 究其原因，卜凯认为是人口、农业技术和经营方式的问题。对此，卜凯建议，"若当地实业可以渐次发展，人民教育程度渐次增高，人口之繁殖亦有适当之限制，则人民之生活程度，始可提高，人民之社会经济状况，始有一线之希望焉"②。时至今日，卜凯的建议仍具有一定的借鉴意义。

同时，学界对卜凯调查存在一些质疑。第一，社会调查是调查人主导的、动态的和不完整的，可能会出现程序客观下的"虚假"事实。例如，抽样不均衡或因巧合而抽到高度相似样本，有时并不能代表整体或大部分情况。曾有学者批评卜凯的抽样调查方法选取样本不均衡，有的村庄接受调查的仅有几户人家。③ 也有学者指出卜凯学生的家庭条件优于普通农家，相熟的农户也大多是富裕农户，抽样数量较少时不能反映普通农家的经济状况。④ 但在卜凯的多项调查中，如 1922～1923 年在盐山县进行的农家经济和社会状况调查，抽取了吴家阁、郭家庄、杨帽圈 3 个村庄的 150 户农家，被调查农家分别占 3 个村庄的 92. 39%、45. 67%、50%。⑤ 再如，1923 年在平乡县调查时抽取了东、西豆庄的 96 户农家，而两村共计 225 户，抽样比例占 42. 7%。平乡调查的另一地点辛店，共有 56 户农家，全部接受调查。⑥ 江淮流域水灾调查因针对性较强，抽取样本比例达到68. 7%。⑦ 由此，我们可以认为，卜凯绝大部分调查中样本抽取数量是相对合理的。

还有学者认为卜凯调查重视采用平均数进行样本分析，而这种分析方式不严谨。卜凯在进行样本分析时确实重视采用平均数，他曾以农场产量的估计为例说明，"若干农人或失之太高，另一部农人则难免失之过低，多数农人估计之平均数，则可消除太高过低之患，而给一极近事实之产量

---

① 〔美〕卜凯著，张履鸾译《中国农家经济》，第 520～521 页。

② 〔美〕卜凯著，孙文郁译《河北盐山县一百五十农家之经济及社会调查》，《金陵大学农林科农林丛刊》1929 年第 51 期，第 169 页。

③ 钱俊瑞：《评卜凯教授所著〈中国农场经济〉》，《中国农村》第 1 卷第 1 期，1934，第91 页。

④ 葛海静：《民国时期知识界关于中国农村调查述评（1925—1935）——以卜凯、陈翰笙、李景汉农村调查比较为中心》，湖南师范大学硕士学位论文，2012。

⑤ 杨学新：《卜凯与 20 世纪中国农业变革》，第 86 页。

⑥ 王晶、杨学新：《卜凯与 1920 年代河北平乡农家经济及社会调查》，《河北大学学报》（哲学社会科学版）2016 年第 3 期。

⑦ 杨学新：《卜凯与 20 世纪中国农业变革》，第 100 页。

估计矣"①。事实上，卜凯本人也注意到了平均算法存在的问题，并在中国土地利用调查中予以说明，称"本调查平均数大都以地区为单位，即将各地区的平均数再行平均之，此盖因各地区农艺方式不同也"②。他在《中国农家经济》一书中论及减租问题时，也提到"在各处实行减租是不能按照这个总平均的，应该要照各地的实在情形来作标准。盖佃农交租，多寡的相差很大"③。不过，卜凯没有给出可行的改进意见。

第二，调查主导者的知识结构和思想倾向存在差异，也会不同程度地影响调查结论。由于卜凯出身及服务对象的限制，没有充分认识当时农村生产关系对生产力所产生的影响，这也是多数学者公认的卜凯调查的缺陷。

第三，作为系列调查的发起者、主持者、设计者、实际参与指导者，以及后期调查数据的整理分析者，卜凯承担了大量工作，这导致有些实地调查他未能亲自到现场。他的学生、同事乔启明评价说，《中国农家经济》的材料调查"或系卜先生的学生，或是当地的雇员，其中有多少地方，卜君未曾到过。虽然该书立论多系根据调查员的报告，可说著者本人未曾亲身到过，总觉不免有点遗漏"④。

第四，卜凯在华之初调查地点比较单一，中国幅员广大，地区差别明显，自然经济受灾年或平年影响较大，这导致其早期调查结论的代表性存在缺憾。1931年后的调查时间分散，成果大多没有单独出版。

第五，卜凯调查倾向于呈现客观数据，缺少对个体农家生活图景的直观描述。

正如卜凯本人所说："在中国欲使调查的结果，比较正确，诚属不易，然亦非绝不可能。"⑤ 他在华长达近三十年的努力，"虽然比不上将来的许多人所做的那样精密和有益，不过在今日还可说是破题儿第一遭……这种搜集与分析事实的研究工作，从促进了解方面着想，可说是对于国际间的福利，也是很有贡献的。"⑥

---

① 〔美〕卜凯、柯蒂斯（W. M. Curtis）著，戈福鼎、汪荫元译《中国农场管理学》，第17页。

② 〔美〕卜凯著，乔启明等译《中国土地利用》（1941），第676页。

③ 〔美〕卜凯著，张履鸾译《中国农家经济》，第220页。

④ 《卜凯的〈中国农村经济〉》，载乔启明《乔启明文选》，社会科学文献出版社，2012，第407~408页。

⑤ 〔美〕卜凯著，张履鸾译《中国农家经济》，第2页。

⑥ 〔美〕卜凯著，张履鸾译《中国农家经济》，第565~566页。

四 结语

社会调查是掌握某一地区经济结构、社会发展等情况，做出科学决策的重要依据。20 世纪二三十年代中国农村土地集中，农民贫困，各种社会矛盾凸显，了解中国农村的实际情况，改良农业生产技术，解决农民生活贫困问题成为当时社会的重要话题。为此，作为中国农业经济学本土化代表人物的卜凯，积极开展中国农村经济与社会状况调查，内容涉及中国乡村的土地状况、作物种植制度、畜牧业、农具改良、农佃关系、生活水平等诸多方面，这些调查提供了海量的数据，弥补了中国农村长期以来没有可靠统计数字的缺憾，他应用调查研究的方法从事中国农家管理研究，以"实证研究为模式建立了中国本土的农业经济学"[1]，培养了一批农业经济人才，完整呈现了中国农村的现实样貌，打开了当时中国知识界和西方人了解中国农村情况的窗口。在广泛开展农村调查的基础上，他指出，解决中国农村和农业困境的根本方法是提高农业生产技术、限制人口和发展教育，并提出了诸多关于中国农业经济发展的见解，对当时的农村经济发展和当前研究近代农业经济问题提供了很好的借鉴。

尽管卜凯的调查有一定局限性，但作为"破题儿第一遭"，其调查成果的历史和现实价值逐渐被认可。近年来，笔者先后回访调查了卜凯调查过的河北省盐山、平乡、阜平三县，以及江苏省江宁县等地，在挖掘和整理卜凯论著及调查资料的同时，对卜凯的亲属、调查参与者的后人、亲历调查者等进行"抢救式"口述采集、整理，撰写卜凯在华工作和生活的研究文章，以期展示河北乃至华北农村百年变迁的原因、历程和特征，同时为推进研究提供部分第一手补充资料。

在围绕卜凯社会调查进行回访调查过程中，首先，注重以卜凯原有的调查表为蓝本，对卜凯 20 世纪 20 年代调查过的河北省盐山县吴家阁、郭家庄、杨帽圈三个村庄进行回访调查，被调查人员多是原 150 户农家参与者的后人。其次，先后多次与盐山调查的调查者崔毓俊、平乡调查的调查者霍连珍的亲属进行面对面的口述采集，在纽约曼哈顿与卜凯的儿子、建筑师保罗先生进行会晤，并开展口述采访，兼顾社会调查和口述采访的特

---

① 杨学新：《卜凯与 20 世纪中国农业变革》，第 42 页。

点。这些口述采集有效补充了已有的文献调查资料。

在实践中我们深深感到，社会调查和口述采集都是通过与当事人面对面交流，记录某个个体对社会现象或社会问题的记忆、认识，两者在实施环节和目的等方面有相似性。不同的是，口述采集能够通过音像技术和问答形式，记录每个"三亲"受访者丰富的人生经历，还原当事人心理状态，体验其真实感受，生动形象地再现"历史情境"，使访谈人直观获知当时人们对社会或某一事件的整体认识或立场，避免社会调查"只见数据，不见人"的缺陷和可能存在的认知偏差，反映群体记忆对事件的重塑，这是社会调查和文献资料无法比拟的独特人文优势。同时，口述史本身是历史学、社会学、民俗学、人类学等学科交叉融合的产物，口述史料可以广泛应用于多个领域，尤其适合自下而上的进行普通民众生产、生活研究，不仅将历史引入群体中，也将群体引入历史中，有助于开拓研究者的视野和开辟新的研究领域。与口述采集相比，卜凯的农村调查可谓细致周密，收集了海量的数据，并配有图片，很珍贵，但在生动形象再现历史情景方面存在不足。例如，被调查农家存在的担心和疑惑，其语气和表情等真实情感不能保存或再现出来。

基于对卜凯中国农村调查进行回访调查的感受，我们认为社会调查可以适当借鉴口述史的人文关怀，改善重数据统计分析，轻直观描绘的研究倾向，弥补社会调查多上行调查和平行调查，缺少下行调查的缺陷，力争在大数据之下聚焦"鲜活的生命体"，洞见不一样的历史。口述史应该借鉴社会调查的理论与方法，重视采集环节和培训采集人员，对于经济活动等有确切数目的问题，可以采用社会调查填写表格、统计分析的方法细化数据，真实地呈现被访者在一定社会背景下的社会行动和社会记忆，增强口述史料的可信度。另外，口述采访的事件往往不是当下发生的，采访对象一般年龄较大，口述本身是一种"回忆式""抢救式"的资料搜集工作，它的时间紧迫性要求我们吸取社会调查的优势，坚持文献数据与历史情景相结合，典型和一般相结合，个体与整体相结合，自上而下与自下而上的研究视角相结合，取长补短，推动两种研究方法在理论深度和应用广度上不断走向深入。

Rethinking on Several Issues in J. L. Buck's Rural Household Survey in China

Yang Xuexin   Wu Mingyan

Abstract: J · L · Buck has been in China for nearly thirty years. His social survey in China are mainly divided into four stages, which are widely recognized by the academic community due to its long duration, wide survey scope, professional investigators, scientific survey methods, meticulous and rigorous survey processes, and significant survey results. He attaches great importance to developing survey forms, selecting and training survey personnel, and adopting appropriate survey methods, which have obvious characteristics and far-reaching impacts, but also have certain limitations. In the process of reinvestigating J · L · Buck's social survey, the theoretical methods of social survey and oral history can be organically combined with practice, which can play a complementary role.

Keywords: J. L. Buck; Social Survey; Oral History; Agricultural Development

社会经济史传统与东南区域研究

林 枫 方 圆[*]

摘 要：厦门大学经济史学科的发展有着深厚的历史渊源，傅衣凌等奠定了社会经济史学派的根基，并由此形成了社会经济史研究传统。社会经济史学科具有史料、方法、内容等方面的显著特色，包括对新史料尤其是民间文献的挖掘与利用；对新概念、新方法的寻求与尝试，强调跨学科探索；对区域研究的高度重视；强调"以人为本"的史观，更多地从民众社会经济生活的内在逻辑理解历史。数十年来，人类学理论与方法逐渐渗入社会经济史研究，更加拓展了社会经济史的研究范围，也使得社会经济史研究的资料运用更加细腻。社会经济史研究以中国东南为主要区域，进行了长期实践，丰富了对中国东南区域的学术理解。

关键词：社会经济史传统；东南区域研究；方法论

经济史，顾名思义，即为经济的历史；从另一方面讲，经济史也可以理解为历史上的经济。由此，中国经济史研究与经济学、历史学两个学科门类直接相关，并形成了人们习称的"历史学的经济史""经济学的经济史"两大主要路径。

世纪之交，各学科纷纷撰文回顾并展望本学科的发展，王学典也对五十年的历史学发展历程进行了回顾，其中将社会经济史学派置于两大路径之间，所指出的代表人物也不限于厦门大学，他说："应该承认，会通宏观与微观、学术与时代、理论与材料、中国与西方、历史学与经济学等社会科学，这一理想的治学特征在 1949 年后特别是最近 20 年的社会经济史

---

* 林枫，厦门大学历史与文化遗产学院教授、博士生导师，主要研究方向为明清社会经济史、中国古代财政金融史、区域社会文化史；方圆，厦门大学历史与文化遗产学院博士研究生，主要研究方向为明清社会经济史。

研究上体现得最为集中、最为充分。其中，傅衣凌、吴承明和李伯重堪称
这一研究中三个前后相继的代表人物。"① 差不多同一时期，吴承明先生将
经济史研究分为三大学派，基本上对应了"历史学的经济史""经济学的经
济史"以及社会经济史的路径。②

　　毋庸置疑，20 世纪 30 年代有关中国社会性质的大论战，催生了中国
社会经济史研究的兴起，陶希圣及《食货》半月刊对于中国社会经济史研
究具有拓荒之功。对于社会经济史的概念和内涵，众说纷纭③，而这一概
念的精准界定，其实未必十分必要，历史学本就"史无定法"，与"史"
沾边，社会经济史的路径也就没有十分精准的非此即彼的排他性。而另一
方面，社会经济史之所以成为一个学派，自有其特点，尤其是区别于纯粹
的经济学、历史学路径下的经济史研究，具有更强的包容性。1949 年之后
的社会经济史，所指的更多局限于厦门大学傅衣凌、中山大学梁方仲奠定
的社会经济史的研究方法。由此，本文所称的"社会经济史传统"基本上
围绕厦门大学而展开。

一　厦门大学社会经济史的学术传统

　　厦门大学经济史学科具有长期的学术积累和良好的学术传统，早期经
济学色彩浓厚，后期则历史学特征显著。20 世纪 80 年代以前，厦门大学
经济学科一直有人从事经济史研究，先校长王亚南教授自己就从事经济史
研究。《王亚南文集》第四卷即收录了包括中国经济史法则及方法论问题
的 4 篇重要论文，其中《中国地主经济封建制度论纲》明显受到了亚细亚
生产方式理论的影响，致力于解释亚细亚生产方式与中国地主制经济的异
同；而且传承了民国时期研究所与教学系分立的体制，建立了 1949 年以后
中国高等院校中第一家经济研究所，经济研究所是培养经济学各专业，包
括经济史专业研究生的重镇，傅衣凌教授在 20 世纪 50 年代也是经济研究
所的导师之一。吴兆莘的财政史、洪文金的金融史，均有重要地位。20 世
纪 80 年代末 90 年代，受到国内大环境、国际经济学研究趋势的双重冲击，

---

①　王学典：《近五十年的中国历史学》，《历史研究》2004 年第 1 期。
②　吴承明：《经济史：历史观与方法论》，《中国经济史研究》2001 年第 3 期。
③　孙竞昊、熊明威：《"其命维新"：中国社会经济史学科的内在张力、发展轨辙与突破之前
　　瞻》，《中国社会经济史研究》2023 年第 2 期。

加以中国经济史本身的局限，厦门大学经济学科的经济史研究明显冷却。进入21世纪，厦门大学经济学科的经济史研究以计量经济史为典型特征被重新拾起。

厦门大学经济史研究之所以在国内外卓有影响，是因为历史系的社会经济史学派。随着整体史的发展、法国年鉴学派的崛起，甚至有人将社会经济史学派与年鉴学派相比拟。

傅衣凌（家麟）先生是中国社会经济史的奠基人之一。傅先生毕业于厦门大学史学系，1935年东渡日本，进法政大学研究院攻读社会学，指导教师是松本润一郎博士。1937年回国，入福建省银行工作，1938年福建省政府内迁永安，福建省银行随迁，这成了傅先生开创厦大中国社会经济史学派的一个重要契机。1939年初夏的一天，傅先生在躲避日机轰炸时，在永安城郊黄历乡一间老屋（已经成为燕南街道的一部分，屋子已无存）无意中发现了一大箱民间契约文书，自明嘉靖年间以迄民国，有数百张之多，其中有田地的典当买卖契约、租佃契约、金钱借贷字据、分家合约、账簿，"即依据这些契约整理成三篇文章，编为《福建佃农经济史丛考》一书，在福建协和大学出版，这是我第一次引用民间契约文书研究中国社会经济史的著作"①。此次发现及相关论文的撰写，对傅先生以后的研究道路产生了深远影响，也对中国社会经济史学派的创立具有特殊意义。

厦门大学社会经济史学派注重区域研究、微观研究以及比较研究，进而探讨关系全局、影响深远的重大历史问题；充分利用方志、族谱、契约、账籍、碑刻等民间文献和地方习俗等口碑资料，积极吸收相关社会科学的研究方法，从而形成自身的研究特色。相关研究成果不仅在国内具有开拓意义，在日、美等汉学界亦有较大影响。

（一）对新史料的挖掘与利用

中国五千年文明史，留下了大量的传统史料，"六经皆史"即有"六经皆史料"的解法，传统史料习惯上分为：1. 正史类，如《明史》《宋史》等；2. 实录，如《明实录》《清实录》等；3. 政书，如《皇明制书》《明会典》《大清会典事例》《户部则例》、盐法志、省例等；4. 笔记，如《五杂俎》《万历野获编》《松窗梦语》等；5. 档案，如刑科题本、粮价

---

① 傅衣凌：《我是怎样研究中国社会经济史的?》，《文史哲》1983年第2期。

单、满文档案等，地方行政档案（巴县、南部、获鹿），地方司法档案（淡新、龙泉等）；6. 地方志，如《大明一统志》、省志、府志、县志、乡镇志等。各类史料大致对应于适用的研究议题，如政书类，制度史研究中最常用；要考察地方行政运作，巴县、南部档案无疑是富矿。

社会经济史学派在研究资料上，尤其注意发掘传统史学所弃之不顾的史料，除正史、官书之外，注重于民间记录的搜集，在史料搜集、整理、解读上的贡献，超越了传统史料的局限。他们强调读万卷书、行万里路，走出书斋，接触社会，认识社会，进行社会调查，开展田野作业，深入访谈，开拓新的史料来源（民间文献），搜集实物史料、口头传说、田野观察所得。田野与文献并重，强调回到历史现场，建立不同史料及史实之间的社会与空间联系，以民间文献证史，以社会调查资料证史，以民俗乡序证史，以实物碑刻证史，把活材料和死文字结合起来，互相补充，使那些长期不为人所重视的史料重现光彩。

民间文献的分类大抵有：谱牒、契约文书（契约、分关、合墨等）、碑刻、账簿、宗教仪式文献等。利用民间文献，再辅以地方志，不仅有助于拓展资料来源，而且有助于发现新问题，提出新见解。近些年来，随着高校科研院所经费的投入加大，民间文献的搜集整理进入一个繁荣期，各类文献的整理出版，应接不暇，已整理出版的文献卷帙浩繁，以数据库形式呈现的内容更是庞杂，而留存民间、未经发掘的尚难以计数。文献整理研究不但将文献作为研究的基础史料，而且关注文献的生产、流传、使用，及其背后的社会关系与意义内涵，这种"新文献学"的导向，在试图建构以文献为中心的社会文化史，与形象史学"图像证史"的倡导互相呼应，为已有的史料类型及其应用开辟了新的路径。

（二）对新概念、新方法的探寻与尝试

20 世纪中国学术最大的特点之一，是对"科学"的无尽追求，这是中国学术内在的发展理路，也是西方学术外在的深刻影响。1840 年以来的历史，使中国人深切感受到"技不如人"的紧迫和屈辱，也深切认识到科学是救国的利器，因而在对科学化的追求上，不仅仅止于自然科学本身，更延伸至人文社会学科的每一层级。反映在历史学上，表现为注重理论之发现与运用，将历史研究视为社会科学研究之一种，以探寻历史现象、历史运动中的"公理公例""因果通则""普遍的理法"，即今人所说的历史规

律为目的。① 对于历史研究呈现的社会科学化趋向学界固然褒贬不一，但其中积极的一面仍然值得肯定。历史研究中呈现的社会科学化趋向使中国史学拥有了全新的视野和方法，研究课题、研究对象和研究领域都出现了大面积调整，历史解释能力和理论化水平大幅提升。

历史研究中的社会科学化路径为中国史学发展提供了新观念、新工具，产生了前所未有的跨学科倾向，历史学与其他学科方法的整合趋势方兴未艾，社会经济史学派早预其流，表现抢眼。社会经济史尝试突破学科畛域，广泛地利用其他人文社会科学学科的理论、知识和研究方法，尤其是将社会学、经济学、人类学等多学科的理论与方法引入研究，具有积极的探索意义。

在研究方法上，社会经济史学派以社会史和经济史相结合为特征，从社会史的角度研究经济，从经济史的角度剖析社会。强调借助史学以外的人文科学和社会科学知识，进行比较研究。在考证叙述之外，注重分析解释，将实证分析与理论阐释相结合。这种研究方法，不同于以经济制度和官经济取代经济史的传统学术，也不同于以阐述经济形态为目的、把经济史实抽象化和静态化的经济史，它把经济变动与人的社会活动有机联系起来，进行动态研究，使中国经济史见物见人，复杂多姿，更加接近其本来面目。

（三） 对研究内容的拓展

傅衣凌教授的最重大贡献之一在于开辟崭新的研究领域，注重从考察社会结构的总前提出发，探求经济结构与阶级结构、经济基础与上层建筑之间的相互联系和相互影响。为此，他在诸如中国资本主义萌芽研究、中国封建社会长期迟滞问题研究、明清契约文书研究、明清商人与商业集团研究、山区经济研究、徽州研究等领域有着杰出贡献。1988 年发表的傅先生的遗作《中国传统社会：多元的机构》对中国传统社会长期迟滞及资本主义萌芽问题做了总括性的阐释。中国封建社会的长期延续问题，是中国历史研究的最重大问题之一，要回答这个问题，关键在于认识中国传统社会的结构，而要了解中国传统社会的结构，必须从中国历史实际出发。文章分析了中国传统社会在经济基础、社会控制体系、财产所有形态和财产

---

① 参见陈峰《20 世纪中国史学进程中的社会科学化路向概观》，《廊坊师范学院学报》（社会科学版）2016 年第 3 期。

法权观念、司法权、思想文化领域等方面表现出来的多元化形态，区域差异性进一步加深了多元化。虽然从16世纪开始，在内外因素的作用下，中国社会出现新的变化，商品经济发展，社会关系变化，劳动者与生产资料所有者的关系的质变，等等。但是，这些新的因素未能导致资本主义社会形态在中国的建立。恰恰是多元化造成的既早熟又不成熟的特征，导致了中国封建社会的长期迟滞。

对研究内容的拓展充分表现为以下两个方面。第一，对区域研究的高度重视，特别注意区域性的细部研究和比较研究，从特殊的社会经济生活现象中寻找经济发展的共同规律。全球史视野与区域的细部研究相结合，建立由点到面直至立体的时空想象，区域史的最终归结处仍是全球史，尤其是地理大发现之后的历史。走出区域史研究的误区，应充分认知区域史非地方史、非地方化通史，避免重复性劳动（资料、个案）。傅衣凌先生当年研究永安，从地权的转移与地价、租佃关系、借贷情况等方面系统地研究永安农村社会经济的结构，指出：明清时代农村虽然有些变化，但在山区农村仍然保持封闭的自给自足的形态，一切经济行为，差不多都是在亲族内部进行的，而这氏族制的"产不出户"的残余，即所谓"先尽房亲伯叔，次尽邻人"的习惯，成为中国历代地方豪族能够保持其特殊势力的基础。这一点是中国农村社会经济的秘密。由于自然环境的差异和生态平衡的改变、历史上开发时间的先后，人口的流动和增减，以及经济重心的转移等因素的影响，各个地区的生产技术水平、生产方式、社会控制方式和思想文化千差万别，而且还随着历史的发展出现周期性的和不规则的变化。这种情况使多元化社会结构变得更为复杂。也从一个方面说明了社会经济史区域性研究的必要。不同经济区之间存在着不同程度、不同形式的经济联系，各经济区内部又存在着发展的不平衡与差异，正是这些内容，共同形成了明代经济的整体格局。

在全球视野下看区域，区域市场本就是全球市场的构成部分；明清之后更是如此，如果按照韩森（Valerie Hansen）的说法，1000年前就全球化了；无论是人的流动、商品的流动、资金的流动，都一定是全球性的。

中国传统社会不是想象中的自给自足的自然经济社会，商品生产、商品交换一直在社会体制中发挥着重要作用，普罗大众深深卷入商品经济的洪流。唐宋时期，中国早已是国内商品经济发达、国内外贸易交融的景象，明代朝贡贸易，海上私人贸易，欧洲人东来，清代更是如此，明清是国内外贸易交融的时代，国内商品生产服务于全球贸易，江南的丝织品销往欧洲，福建生产品销往美洲，美洲白银进入中国，一般消费品在贸易中具有重要意义。许檀教授的著作表明，华北不同的市场层级，由低而高，由小区域而汇入大区域，汇入全国，汇入全球。

第二，强调"以人为本"的史观，由此超越政治史、制度史中对政治制度、政治人物历史作用的过度强调，更多地从民众社会经济生活的内在逻辑理解历史，立足于人的史学。社会经济史研究内容的拓展，使得学者在清理和认识明清社会经济基本史实的基础上，对明中期以后的社会经济转型做出更为立体的解释，进而为直至今日的中国现代化进程提供阐释的出发点。

正史关注制度、庙堂之上，民间文献恰恰体现江湖之远。虽然制度、政治的因素无时不在、无处不存，但在极力追摹王朝典章制度的同时，社会经济史尽力对"人"的历史做出更多的描摹。

二 人类学理论与方法的影响

1965 年，华德英（Barbara E. Ward）根据对香港的田野实践，对传统中国地方社会与中国文化之间的关系做出自己的解释，这一理论模型直接影响了中国史学界。1984 年，黄树民在厦门一个村庄，用典型的人类学方法，将人类学观察和生活历程体验相结合，呈现并分析了受访者的个人看法，诠释他们在经历中国革命不同阶段个人生活的改变，直观地展示一个人、一个村庄直至一个国家在历史变革中的清晰图景[1]，因为与厦门大学之间的交流，黄树民的方法与研究对厦门大学产生了直接影响。1986 年，萧凤霞（Helen Siu）在广东中山小榄做了为期近一年的社会历史调查，关注于菊花会传统中隆重热烈的仪式所包含的复杂内涵，遂将田野调查结合历史文献，对菊花会在小榄的历史文化生活中的意义进行考察，把菊花会解释为地方精英凭借经济实力寻求官府承认以在广袤的边缘地区建立自己势力范围的一种途径。[2]

---

[1] 黄树民著，素兰、纳日碧力戈译《林村的故事：一九四九年后的中国农村变革》，生活·读书·新知三联书店，2002。

[2] 萧凤霞：《文化活动与区域社会经济的发展——关于中山小榄菊花会的考察》，《中国社会经济史研究》1990 年第 4 期。

地利之便，欧美人类学对中国的影响首先开始于闽粤。20 世纪 90 年代，两个大规模调研计划的开展，对于人类学与历史学的结合以及历史人类学的尝试多有推动。

1991 年，任教于香港中文大学人类学系的陈其南主持的"华南传统中国社会文化形态研究计划"（华南社会研究计划）启动。该计划的目标在于"结合人类学的田野研究和历史学的地方文献分析，针对华南几个代表性的地区社会，分别从事几个主要社会文化层面的深入考察，尝试透过当代社会科学的研究方法对中国传统社会的特质提出一些属于本土性的观点"①。该计划汇聚了人类学、历史学等学科的学者，在福建、广东开展调研，该计划最终搁浅，但萧凤霞、科大卫（David Faure）、陈春声、刘志伟、郑振满、丁荷生（Kenneth Dean）等后来在华南继续开展田野调查，成为历史人类学方法的主要倡导者。

"闽台社会文化比较研究计划"由斯坦福大学人类学系、台湾"中央研究院"民族学研究所、厦门大学历史系和人类学系组织，主要负责人为武雅士（Arthur P. Wolf）、庄英章、杨国桢。这是一个跨学科研究计划，对历史人类学在厦门大学的发展有所推进，但由于厦门大学明清社会经济史的中坚杨国桢、陈支平、郑振满均参与其中，社会经济史与人类学结合的尝试更为明显。因为该计划对于厦门大学社会经济史学科影响颇大，此处略加说明。该计划在福建选取惠安、同安、崇安、上杭、龙岩、平和、华安、南靖、仙游、晋江、漳浦、安溪 12 个县市的村庄，涉及泉州、漳州、厦门、莆田、南平、龙岩等 6 个地区，一个县市选取 3 个点，一个点或为一个村庄，或为更多村庄。② 设计了若干种问卷，图 1 为六十岁以上妇女问卷第 1 页。③

"人类学研究更多是从现实出发，追溯历史过程，其目的在于直接回答现实问题。而历史学是一个从过去到现在的推演过程，它讲究事物发展的前后关联性"④，历史学与人类学的关系大抵如此。而人类学对社会经济史的影响是显著的，社会经济史自身对底层的关注、对细部的刻画，使其天然地贴近于人类学，人类学的理论、概念、方法逐渐渗入社会经济史，

① 参见赵世瑜《我与"华南学派"》，《文化学刊》2015 年第 10 期。
② 该研究计划最初设计的地点与最终完成地点稍有差异。
③ 原问卷是繁体字版，且有些用语与大陆习惯不同，稍作调整。
④ 张小也：《历史人类学：如何走得更远》，《清华大学学报》（哲学社会科学版）2010 年第 1 期。

六十岁以上妇女问卷

1.你今年几岁？你记得你是哪一年出生的吗？

2.你是在这里出生长大的吗？如果不是，那你是在哪里出生的？

　如果问卷对象生于目前她所居住的社区，跳问第5题。

3.你在何时搬到这里？

4.你还住过哪里？（记录住过的地区以及迁移的原因）

5.请将问卷对象的父母、兄弟姊妹（包括已过逝、领养及送养）、所生的子女（包括已过逝、领养及送养）画一"亲属图"表示之，同时依年龄自左向右排列，并在问卷对象处做一标示，请参考下面的说明与例子。

△ 代表男性　　⚠ 代表被领养的男性　　⟁ 代表被送养的男性

○ 代表女性　　◎ 代表被领养的女性　　⊗ 代表被送养的女性

△=○ 表示夫妻间的婚姻关系是大婚（即嫁娶婚）

○̄=△ 表示夫妻间的婚姻关系是小婚（即童养媳婚）

△̲=○̄ 表示夫妻间的婚姻关系是招赘婚

▲ ● 表示男或女的死亡

＝　表示婚姻关系

≠　表示离婚或是婚姻关系中断

例如（1）△ = ● 表示夫妻的婚姻关系是大婚，但妻子已死。

　　　　○̄ = ▲ 表示夫妻的婚姻关系是小婚，但丈夫已死。

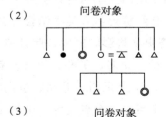

（2）问卷对象

表示问卷对象排行老四，另有五个兄弟姊妹。老大是男性，老二是女性但已死亡，老三是养女或童养媳，老五是养子，老六是男性。同时，问卷对象的婚姻属于大婚，并育有三男一女，而女儿是养女。

（3）问卷对象

△ ≠ ○ = △

表示问卷对象离过一次婚，并再婚，两次都是大婚。第一次婚姻关系中有两子女，老……（接下页）

图1　"闽台社会文化比较研究计划"六十岁以上妇女问卷第1页

对社会经济史的研究范围、资料运用产生影响。

　　人类活动背后基本上都有着经济的动机，人类学对"人"的关注，实际上扩大了社会经济史的研究范围和领域，与以往相比，社会经济史更加强调地方、人群。萧凤霞与刘志伟2004年发表的《宗族、市场、盗寇与蛋民——明以后珠江三角洲的族群与社会》[1] 一文就是人类学影响下的社

---

① 萧凤霞、刘志伟：《宗族、市场、盗寇与蛋民——明以后珠江三角洲的族群与社会》，《中国社会经济史研究》2004 年第 3 期。

会经济史研究典范，该文透过耙梳历史文献和运用田野调查资料，揭示明清时期珠江三角洲的地方人士在使用各种族群标签的过程中，所涉及的复杂的政治和经济资源的争夺，经济资源如沙田、市场，与族群活动密切相关。强宗大族拥有大面积的沙田，控制市场和庙宇，举办各种士大夫的活动，这些经济和社会活动，是地方上社会地位正在攀升的人群使用的文化手段，用以排斥居住于沙田区的蛋民，而蛋民也用自己的手段进行资源性的对抗。

人类学影响下社会经济史学对民间文献的利用，也不再只以传统的方式进行，即作为资料直接利用，而是也对文献本身的产生进行追溯，从而回到民间文献产生的现场，将其与区域社会的其他资料结合起来，放到区域社会的背景里去解读，尤其是对于其中的数据资料，需要了解背后的经济运行机制，不能就数据论数据。民间文献在社会经济史中运用得更广泛、细致。陈支平利用台北芦洲清中后期的一批民间契约文书，具体分析其人其地其事，配合政书，对民间土地开垦与政府赋税征收的相互脱节现象加以细致梳理，探明了民间在土地开发、交易和登籍纳税等方面所采用的家族行为。① 又以契约文书为主要资料，分析泉州黄宗汉家族在清代后期社会经济激变的环境里利用政治权势获取家族经济的较快发展，说明传统社会的地主、官僚、高利贷者顺应社会经济发展的潮流，吸取先进经营方式的有益经验，直接转化为近现代商业的企业主。②

但是，人类学对社会经济史的影响，也引起一些人的关注甚至警惕，"傅衣凌学派的社会经济史研究现在正从社会学取向向人类学取向调头，换句话说，这一学派现在有可能正从社会经济史蜕变为社会文化史，从社会经济史学派蜕变为历史人类学派。而这一点则又与法国年鉴学派的最新动向步调一致。这从一个侧面可能也反映了这一学派的国际化程度"③。

这种影响一旦使得社会经济史偏离了原来的初心，可能未必是一种全然正向的影响。

---

① 陈支平：《清代台北芦洲的土地赋税关系》，《中国社会经济史研究》2001 年第 3 期。
② 陈支平：《从契约文书看清代泉州黄宗汉家族的工商业兴衰》，《中国经济史研究》2001 年第 3 期。
③ 王学典：《近五十年的中国历史学》，《历史研究》2004 年第 1 期。

三　东南区域研究的实践

社会经济史学派扎根东南区域，对中国东南区域研究进行了长期实践，形成了社会经济史研究传统，其可以分为三个阶段。

第一阶段，以1944年傅衣凌《福建佃农经济史丛考》的出版为标志，是东南区域社会经济史的初创期。

第二阶段，以1987年傅衣凌、杨国桢主编的《明清福建社会与乡村经济》出版为标志，是东南区域社会经济史的成熟期。

《明清福建社会与乡村经济》是一部论文集，在开展社会调查，挖掘民间文献、遗制遗俗的基础上展开专题性研究，研究明清福建农村社会与经济，共收录了14篇论文：傅衣凌、陈支平《商品经济对明代封建阶级结构的冲击及其夭折——读惠安〈骆氏族谱〉兼论奴变性质》；杨国桢、陈支平《明清福建土堡补论》；杨国桢《明清福建土地私人所有权内在结构的研究》；傅衣凌《福建农村的耕畜租佃契约及其买卖文书》；郑振满《明清闽北乡族地主经济的发展》；章振乾《渔村土地问题的性质及其经营方式初探》；杨国桢、陈支平《从山契看明代福建山地的私有化》；曾玲《明清福建的学田》；徐晓望《明清闽浙赣边山区经济发展的新趋势》；陈支平《清代福建乡村借贷关系举证分析》；苏鑫鸿《略论清代福建佃农斗争挫折的社会原因》；林汀水《明清福建的自然灾害及对农业生产的影响》；陈支平、林仁川《福建华安仙都的蓄奴制调查》；陈支平、郑振满《浦城县洞头村"五代同堂"调查》。

这一时期，厦门大学专门史方向的硕士、博士论文选题具有显著的特征，集中于经济史、社会史，聚焦于某一区域，着眼于社会变迁。如刘永华的硕士学位论文《明清时期闽西的民间文化与社会经济变迁》（1994）、钞晓鸿的博士学位论文《晚清至民国初期陕西农村经济研究》（1997）、张先清的博士学位论文《官府、宗族与天主教：明清时期闽东福安的乡村教会发展》（2003）、张崇旺的博士学位论文《明清时期自然灾害与江淮地区社会经济的互动研究》（2004年）、周雪香的博士学位论文《闽粤边客家地区的历史解析》（2005年）、佳宏伟的博士学位论文《区域分析与口岸贸易：以天津为中心（1867—1931）》（2007年）。

第三阶段，注重实证研究，将制度与社会经济更紧密地结合，研究领域拓展至于户籍、里甲、里社、卫所、盐法、漕运；注重国家与社会关系的变动，以及国家认同的建立；努力寻找弱者的"声音"；整体上，从经济社会变迁出发，在更宏观层面上对明清时代做出解释。如刘永华的博士学位论文的中文本《礼仪下乡：明代以降闽西四保的礼仪变革与社会转型》①、专著《帝国缩影：明清时期的里社坛与乡厉坛》②。他指导的数篇硕士学位论文，基本上也循着国家与社会关系的变动、国家认同的建立这些理路展开，如朱忠飞《帝国象征与地域社会：明清以来平和县城隍庙为中心的探讨》（2009）、董思思《明清以来上党地区礼生研究》（2010）、巫能昌《道坛、醮仪与地方社会：以闽西灵应堂为中心的探讨》（2010）、董乾坤《无祀鬼神的盛筵：明清厉坛制度研究》（2012）等。

此外，董建辉的博士学位论文《明清乡约：理论演进与实践发展》（2008），徐枫的硕士学位论文《环境变动、国家赋税与市镇形态——明中期吴淞江流域的社会经济》（2011），张宗魁的博士学位论文《设县抑或升州：明清闽西南区域政区调整与社会经济变迁》（2014），李铁的硕士学位论文《明代天津卫所的军户与军役》（2016），马文睿的硕士学位论文《从披甲力田到巾弁合一：明代永春屯军家族额资源整合》（2017），李敬兴的硕士学位论文《明至清初黄河岁修征派的演变——以河南河夫、工食银为中心》（2023）等，亦可见到变迁的轨迹。

Social Economic History Tradition and Southeast Regional Studies

Lin Feng   Fang Yuan

Abstract：The economic history of Xiamen University has a profound origin. Fu Yiling and others laid the foundation for the school of socialand economic history，and thus formed the research tradition of the social and economic history. The social and economic history has remarkable features in historical materials，methods and contents，including new historical materials，especially the

---

① 刘永华：《礼仪下乡：明代以降闽西四保的礼仪变革与社会转型》生活·读书·新知三联书店，2019。

② 刘永华：《帝国缩影：明清时期的里社坛与乡厉坛》，北京师范大学出版社，2020。

excavation and utilization of folk literature; the quest and attempt of new concepts and new methods, and emphasizing interdisciplinary exploration; Attaching great importance to regional studies; the emphasis of the "people-oriented" view of history, and understanding history more from the internal logic of people's social and economic life. In recent decades, anthropological theories and methods have gradually penetrated into the social and economic history, further expanding the research scope, and also making the use of data in social and economic history more delicate. The social and economic history takes Southeast China as the main region, and has carried out the long-term practice, which enriches the academic understanding of Southeast China.

Keywords: Social and Economy History Tradition; Southeast Regional Research; Methodology

省财政与中国财政体系现代化

——*The Guangdong Model and Taxation in China* 述评[*]

王嘉乐[**]

摘 要：本文聚焦姜捻亚新书 *The Guangdong Model and Taxation in China：Formation，Development，and Characteristics of China's Modern Financial System* 讨论省财政对于中国财政体系研究的意义。姜著以 20 世纪 30 年代的广东为研究对象，从新税种的引入、政府主导的工业化、征税制度的革新、税收结构的变迁四个方面展现广东省的税政嬗递，试图从省级财政出发，打通传统和现代，探讨中国"现代财政体系"的建设之路。但作者所言"广东模式"在新中国成立后的财政建设中是否仍有持续的影响力或代表性，尚存在继续讨论的空间。

关键词：近代中国；省财政；广东模式；现代财政体系

晚清财政改革早期，广东省一骑绝尘，成为 18 省中财政增长率最高的省份。财政结构方面，早在宣统末年，粤省工商业税等间接税在总收入中所占比重远高于土地税，展露摆脱传统的巨大财政潜力。支出侧，清末民初，广东借助不断拓展的税源扩大省级预算，进一步利用财政资源建设官营事业。晚清以来广东种种以省级财政整顿为核心的改革，在南京国民政府夺取政权后，直接由后者继承。广东在国内外贸易以及政治经济领域的独特地位，使之成为财政改革的试验区。韩国学者姜捻亚新著 *The Guangdong Model and Taxation in China：Formation，Development，*

---

[*] 本文为国家社会科学院基金中国历史研究院重大历史问题研究专项"中国社会科学院经济研究所藏清代财政类钞档整理与研究"（22VLS009）阶段性成果。
[**] 王嘉乐，中国社会科学院经济研究所暨中国社会科学院大学经济学院助理研究员。

and Characteristics of China's Modern Financial System[①] 聚焦 20 世纪 30 年代军阀政权下的广东，试图从省级财政出发探讨中国"现代财政体系"（Modern Financial System）的建设之路，剖析近代中国财政转型所面临的机遇和挑战。

一　变与常：省财政之于财政体系研究的意义

举凡中国财税体系近代化转型领域的研究进路，税收结构最受瞩目，其中，对印花税、营业税、所得税、遗产税等直接税体系的引入以及西洋税制的采行讨论最为热烈。[②] 这类研究成果通常以中央财政政策的制定与蜕变为出发点，以全国为研究范围，通过西洋税种的"在地化"实践，解释中国现代财政体制的确立，强调"工业时代"与传统"农业时代"之间的张力。然不可否认的是，无论是所占比重还是绝对额，直接税在近代中国税收结构中均不占优势，南京国民政府仍以关税、盐税、统税等间接税为主要财政收入，时至今日，我国仍处在推进直接税改革与税收体系现代化建设的延长线上。据此可知，近代中国财税改革所面对的历史、现实困境仍待深掘。某种程度上，以省为财政单元，打通传统与现代，勾连央地与官民，或可为解释财政现代化的中国路径开辟新的局面。

关于"省财政"，学界一般认为太平天国前后其存在明显的差异。明清以来，国家财政收支由中央户部进行高度集权式的管理，清代省一级的正额钱粮，收支全权听从户部支配，户部决定各省留支与作为"京饷"与"协饷"起运的钱粮分配，严格意义上并不存在合乎法理的省级财政。太平天国运动爆发后，外省的财政报告不再上报户部，传统法定诸税种衰弱，继起的厘金、盐厘、洋药厘金等间接税，和津贴、捐输、差徭等具有田赋附加税性质的各种课征的膨胀，实质上增大了地方的财源掌控权，其征收和分配由地方大量设置的各类局、所等机构掌管，听从总督、巡抚的

① Jin-A Kang, *The Guangdong Model and Taxation in China：Formation，Development，and Characteristics of China's Modern Financial System*，Amsterdam University Press，2022.
② 如林美莉《西洋税制在近代中国的发展》，上海社会科学院出版社，2020；戴丽华《民国时期印花税制研究》，江西人民出版社，2014；柯伟明《民国时期营业税制度的变迁》，社会科学文献出版社，2020；魏文享《战争、税收与财政国家的建构：近代中国所得税研究》，中国社会科学出版社，2022。

统领，各省逐渐成为独立的财政单元。① 这种央地之间的对抗关系一直持续至北洋政府时期，并部分延续到南京国民政府时期，是故，"央地对立"的观念普遍潜藏于近代中国财税史研究中，以致论者往往容易忽略这一时期省级财政建设在中央领导的财政国家建设中所扮演的角色。本书最为大胆的创新恰在于，主张打破所谓"央地财权争夺"的传统视角，将 20 世纪 30 年代前后的广东看作中央推进现代财政体系建设的一个试点。

二　财与政："广东模式"的要旨

全书分为四编十章，第一编考察近代广东最有代表性的新税种：烟酒税与专税，尤其侧重以往研究较少涉及的舶来物产专税，占据全书近一半篇幅；第二编以广东省的食糖产销为中心，探讨 20 世纪 30 年代财政建设的突出特点之一，即国家主导的工业化以及与之相伴的专营政策；第三编讨论广东省税收稽征制度的改革，剖析以"招商承包"为核心的新型包征制之于税制现代化的革命性意义；第四编将晚清以来中国税收结构的长期发展趋势置于全球背景下，探讨民国财政建设为当代中国财政改革留下的遗产。

具体而论，作者认为工商业税在财政结构中展现出超越土地税的优势地位，是 20 世纪中国财政现代化转型的显著特征。聚焦 20 世纪 30 年代的广东，工商业税收中烟酒税与专税异军突起，对于粤省财政建设贡献最巨。严格意义上，烟酒税并非民国时期广东新开征的税种，但这项潜在财源的充分开掘和掌握，确有赖于国民政府对烟酒税征收政策的有效改革以及民国时期工业化的发展。广东烟酒税直至清末才发展成为独立税种，在总量上远低于直隶和四川，发展相对滞后。民国时期烟酒税在粤省税收总额中的比重大幅增长，突出表现为征税范围的扩大、新税款目的激增以及税率的增长，依据征税主体与生产方式的不同，烟酒税大致可细分为本地烟酒税、烟酒许可证税、酒饼税、进口酒税和卷烟统税五类，其中 20 世纪 20 年代卷烟统税在北伐中期军费猛增的背景下，税率高达 50%。国民党治下的广东，烟酒税约占全省收入的 14%以上，与目下烟酒税所占全国总税收份额类似，作者以此为凭进一步推测粤省烟酒税改革的遗产被南京国民

① 〔日〕岩井茂树：《中国近世财政史研究》，付勇译，江苏人民出版社，2020。

政府继承并延续至如今的中国。

所谓专税即舶来物产专税，是广东省针对国外及省外输入物产征收的带有地方保护主义性质的"关税"，自创设后逐渐发展成为军阀治下粤省最大的财政收入来源。本书第三、四两章综合考察了20世纪二三十年代，广东省政府积极响应中央"废厘改税"政策后，为开辟财源而创设专税的过程。以之为切入点，作者深入剖析了中央与地方、政府与商人之间的合作与矛盾，奉献了全书前半部分最精彩的申论。

专税创设的背景以及广东省的财政经济结构决定了它的复杂性。一方面，作为取代厘金的新税源，专税的征收、归属问题集中体现出南京国民政府与广东省政府之间的紧张关系，本质上，粤省财政厅专设局所，在全省范围内以高税率征收"地方关税"，破坏了国民政府统一关税政策，后者考虑到与西南当局之间的政争，默许了专税的存续；另一方面，20世纪30年代广东省逐渐向进口依赖型经济转轨，与东南亚腹地的经济联系日益密切，舶来物产专税的开征干扰了商贸活动的正常进行，政府"地方保护主义"的申辩在商民负担日重的背景下仿若矫饰，而促进本地工业化的举措则如空中楼阁不得人心，粤商与省政府之间冲突不断。这种复杂性在20世纪30年代汕头商人反对专税的一系列运动中得到了集中体现。起初，外商以违反贸易协定为由拒缴专税，省政府为规避国际纷争，将专税负担转嫁给本土商人，改向购买舶来品的本地批发商征税，其间，日本侵占东北，依靠走私豆饼、谷物等产品在汕头市场牟得暴利，愈来愈多的本土商人与享受免税的日商合作，走私市场空前扩张，省政府陷入不向日商征税便无法维持专税营收的境地，种种矛盾累积最终导致了1935年汕头事变的爆发。值得一提的是，在日渐高涨的民族主义情绪的鼓动下，央地之间，上海、香港商界与广东省政府之间，围绕专税存废的冲突有趋于缓和的迹象，南京国民政府和以上海为首的外省官商虽仍坚持抨击专税存续实为对关税行政完整性的破坏，但论及日商的漏税行为时，却一反常态地与粤政府站在相同的立场上，一致认为日方应履行缴纳专税的义务。与此同时，反观广东商人对进口米粮专税的激烈抵制，又不得不承认民族主义的渗透力是极其有限的。

诸色专税类项中，针对米粮的课税攸关民生，官商之间、央地之间围绕广东洋米税征缴与否、归谁支配的拉扯尤其激烈。1933年陈济棠政权借助南京国民政府通过一系列进口替代政策、保护性关税政策以及国货运动造就的民族主义情绪与全国舆论，成功压制粤商的抗税运动，使舶来米专税征收计划得以推行。然而，专税由广东舶来农产品什项专税局征收，不归南京支配，直至陈济棠政变失败，广东归附南京国民政府之后，舶来米专税才纳入洋米税由海关统一管理。1936 年起，在粤省粮食危机愈演愈烈的背景下，洋米税的存废问题再次成为各方争论的焦点。广东粮食问题最初由实业部主理，出于扶植国内工商业，促进国米畅销的初衷，国民政府否决了广东省免征洋米税的提议，并出台"湘米销粤"计划。然而讽刺的是，该计划实施过程中，湖南省市场发育的短板暴露无遗，最终东南亚大米凭借成熟的运销体系在这场博弈中胜出，国米完全替代洋米占领粤省米粮市场的计划夭折。1937 年，财政部接棒，采取折中手段广泛动员国米、洋米等一切资源缓解广东粮食危机。1938 年，在抗战刺激下，大米进口税最终被取缔。洋米税在粤征收过程中遇到的阻力，集中彰显出 20 世纪 30 年代国内跨地区贸易以及全国市场发育的不成熟、不健全，凡此构成国民政府统一财权，走向财政集中的阻碍。

与"专税"开征及进口替代政策相表里，20 世纪 30 年代，广东省政府投资建设的现代化糖厂以及随之而来的对食糖产销的垄断，为财政收入做出巨大贡献，成为粤省财政建设的突出成就之一。19 世纪末 20 世纪初，中国砂糖市场主要由香港、日本、爪哇占据，广东本土食糖产销一度衰颓。1934 年 5 月，省政府公布《振兴糖业三年计划》，由政府投资建厂，施行食糖专卖。生产侧，1934 ~ 1936 年，广东陆续投建 6 家机械化糖厂，借助关税保护及政府对市场、价格的控制，官营糖厂在一段时间内保持了可观的利润，一举扭转了本土糖产量下降的预势。销售侧，1934 年 6 月，广东省成立国货推销处糖业部，将全省分为 10 个食糖销售区，由 10 家持牌商户分包 240 家代理机构管理分销；次年 5 月，省政府公布《糖业许可商人暂行条例》，持牌商户由"营运商"更名"运销商"，次级代理机构裁撤，销量未达配额时，损失由运销商承担。最终，广东省的糖业垄断体制以剥削商人的方式保障了政府方的利益。将官营工厂与糖业垄断相结合的广东模式引起南京国民政府的关注，后者试图在全国范围内试行食糖专卖，1935 年 1 月，经国民政府批准，广东砂糖正式进入上海市场，爪哇最大的中国糖业公司建源公司参与代理粤糖在沪的销售，由此促成广东方面、南京方面以及爪哇糖业资本在全国糖业垄断计划中的通力合作。然而好景不长，短短 4 个月后，垄断计划在外国公司的联合抗议下宣布流产。广东归附中央后，新组建的省政府最初仍试图维持垄断，但因官营糖厂经管不善，垄断体制逐渐难以为继。作者认为，广东省昙花一现的糖业振兴计划，确曾在陈济棠主粤时期造就原糖产销的繁荣盛况，省政府从中谋得巨额利润，这种垄断产销模式在抗战期间以及 1947 年宋子文任广东省政府主席期间曾有过不同程度的重建。

　　与税收结构"现代化"取得的成绩相对，广东省征税制度的转型可谓举步维艰，由于政府行政能力低下，为确保财政收入并最大程度降低收税成本，包征制持续盛行，自 20 世纪 20 年代起十余年间所有税制改革的努力几乎均以失败告终。1932 年 5 月，区芳浦就任广东省财政厅厅长，出台《整理税捐大纲》，规定"将所有已满期的商办税捐，一律当众明投"[①]，说明省政府基本放弃向财政官员依法征管税赋的现代税制转轨，试图通过引入公开招标的方式掌控包税商的遴选，以期将后者纳入财政厅管理之下，进而使革新后的包征制成为协助政府扩张财权的利器。在本书第八章中，作者利用广东省档案馆中五份与包税商有关的档案资料，剖析了以"招商承包"为核心的新型包征机制的运作实效。从中可见，虽然财政厅宣称招标以公平公正、公开透明为原则，但实际运作中保障收益永远是政府的第一选择。为应对竞标政策以及政府不定时的额外加征，包税商之间以及包税商与纳税商户、商会、同业公会之间存在隐秘的关系网络，它们通常基本保持利益一致，进而呈现出脱离财政厅掌控的趋势，政府往往只能通过不断地催债、妥协与包税商达成合作。20 世纪 30 年代，广东省全面的税收承包公开招标制度的引入，加速了专业包税集团的形成，以及商人包征的专业化。全面抗战爆发后，广东盘根错节的包征网络崩解，紧急财政需求强化了政府对财政金融的控制，但营业税、所得税等现代税种的引进和扩大，迟至战争结束，包征体系在财政融资中的作用下降时才得以实现。

　　篇末，作者将上述省级财政建设的种种举措，定义为广东对南京国民政府财政改革诸政策的率先吸纳与实践，从"专税"开征，到将之与进口替代政策结合大力发展"国营"工商业，广东财政改革在扩大预算与增强

---

① 广东省地方史志编纂委员会编《广东省志·税务志》，广东人民出版社，1995，第 133 页。

政府对经济调控能力等方面均有成效，这一追随世界潮流的财政现代化探索于改革开放后继续进行，而现当代中国国家财政对间接税的依赖，以及在税收结构中企业所得税权重明显大于个人所得税的种种特征，恰恰是民国年间财税改革留下的遗产。

三　得与失：本书的价值与问题

综合看来，本书呈现出较为明显的论文集特点，四编内容独立性较强，分别从新税种的引入、政府主导的工业化、征税制度的革新、税收结构的变迁等四个方面生动展现"废厘改税"背景下中央政府与广东省政府之间的复杂关系，以及税政嬗递导致的政府与纳税人之间的摩擦。相较于以全国为讨论范畴的财政研究，基于单一省份的考察更易于深入探讨财政政策的经济、社会效应，这一点在本书关于广东省"舶来物产专税"开征以及"糖业振兴战略"落地的讨论中均有十分精彩的呈现。

但另一方面，从广东省的新增税种、省政府对食糖产销的垄断以及对包征制极其有限的改革中，很难看出 20 世纪 30 年代广东省财政建设的全貌。其中，在讨论财税结构时，作者选择聚焦烟酒税与专税两项新税种重点铺陈，这种基于财政收入占比做出的取舍，能够较为充分的彰显税制改革的历史背景，使论者不至于迷失在庞杂的税收体系中，不失为一种聪明且高效的选择，然如此一来，该部分的论述几与以单一税种为核心的实证研究别无二致，无法呈现传统税项与新税项之间的消长关系，一定程度上折损了以省财政为研究单元的意义。此外，"省财政"的题中应有之义远不只政府的财政收支与管理，以公共税收为基础的信贷体系建设也应囊括在讨论范畴之内，某种程度上，信贷模式决定了财政国家从市场调动长期金融资源的"自我持续增长"能力，[①] 姜著在这两部分内容上显然有所偏废。

最后，本书末章关于税收结构的部分，作者基于"间接税"与"直接税"这组概念展开讨论，随后对标同一历史时期西方直接、间接税的占比关系，判断中国税收体系的"现代化"程度。然众所周知，西方国家普遍

---

① 和文凯：《通往现代财政国家的路径：英国、日本和中国》，汪精玲译，香港中文大学出版社，2020。

经历了依赖间接税与直接税后来居上的历史过程。① 揆诸中国，自清前期起，关税、盐课已为仅次于田赋的国家税收，道光年间厘金的创设使间接税对国课的贡献更上层楼。若依照作者的逻辑，是否彼时的中国比1688年以后依赖间接税滋养建设财政国家的英国更为"现代"呢？这一推导过程显然不能服众。要之，新旧税种的增削或消长并不能作为评判财政现代化转型的唯一标准甚或重要标准，受近年来"财政国家"研究进路的启发，政府的科层架构能否渗透社会进而实现对市场资源的高效调动，或许能为经由不同演化路径形成的现代财政体制提供一套相对合理的评判标准。② 过分拘执直接税与间接税形塑的税收结构关系，容易落入理论概念的陷阱，而难以挣脱西方中心论的泥沼。

总而言之，由姜著可见，近代省财政研究尚处在起步阶段，本书抛出的论题——省这一行政层级究竟在国家财政建设中扮演怎样的角色，恐不啻一种解答，而民国时期广东省的财政改革抑或作者所言"广东模式"在新中国成立后的财政建设中是否仍有持续的影响力或代表性，仍待详考。

Book Review：The Guangdong Model and Taxation in China

—Formation，Development，and Characteristics of China's Modern Financial System

Wang Jiale

Abstract：This paper briefly reviews Jin-A Kang's new book—*The Guangdong Model and Taxation in China*：*Formation，Development，and Characteristics of China's Modern Financial System*，discusses the significance of provincial finance for the research of Chinese Financial System. Jin-A Kang's book analyzes the processes，features，and problems of Chinese fiscal modernization，primarily focusing on the case of Guangdong province. The analysis focuses on the early

---

① 〔美〕理查德·邦尼（Richard Bonney）主编《欧洲财政国家的兴起：1200—1815年》，沈国华译，上海财经大学出版社，2016。

② John Brewer, The Sinews of Power：War, Money, and the English State, 1688 – 1783, Cambridge, Mass. ：Harvard University Press, 1990；〔美〕理查德·邦尼（Richard Bonney）主编《欧洲财政国家的兴起：1200—1815年》，沈国华译，上海财经大学出版社，2016。

Republican period, in particular during the rule of the Nanjing Nationalist Government in the 1930s. However, whether the Guangdong Model summarized by the author has sustained influence and representation is pending further discussion.

Keywords: Modern China; Provincial Finance; Guangdong Model; Modern Financial System

傅衣凌著述目录

余清良

说　明：众所周知，傅衣凌先生是中国社会经济史学派的开创者和奠基人，也是自20世纪30年代"中国经济史"这一学科诞生以来，在这一领域研究中最具代表性和权威性的学者之一，与原中国社会科学院经济研究所的吴承明先生一道被尊称为"北吴南傅"。先生出道很早，早在20世纪30年代初，年仅20余岁时就开始发表系列史学学术论文，加之一生用力颇勤，笔耕不辍，著述丰硕。为了能使后世学人全面了解先生之著述，以及便于具体地检索与查阅，特编撰本目录，拟对先生之著述作一全面、系统的搜集与整理。

为了叙述和编排的方便起见，同时也为了便于学界同仁清晰地掌握先生生前著述的时间脉络，本目录拟采取以下体例（凡例）进行编排。

1. 编排原则：先分类，根据著述的实际形态，划分为著作、资料汇编、论文、序跋记文、译文、杂文六大类；再依据各论著的具体发表（出版）时间（非实际撰写的时间）先后，按序进行编排，其中同一书目或文目有多个版本的，著以时间最早的版本，其他版本（包括译本和各种集子收录本）在注释中予以注明；对于分期连载的同一名称或主题的文章，则归并著录为一条目录，以最早发表的时间为序；对于个别文章在增补史料并大幅修改内容后进行重刊的，则不将其与原文合为一文，而以二文分别予以著目；对于个别文章在校正和修订个别文字上的错讹和措辞后进行重刊的，则二文合著为一目，重刊之文不另行著目，但在注释中予以注明。

2. 著录范围：著作，包括各类专著（含合著）、编著、教材和论文集，但不包括国外学者对其著述的外文译本（在原著书目之下加注说明，不单独著目）；资料汇编，既包括以书的形式出版的资料集，也包括以文章形式在相关杂志上连载的资料集；论文，既包括各种期刊、报纸上发表的专题论文，也包括在各种座谈会、讲座和学术会议上的发言稿和讲话稿，但仅指有明确主题的学术论文和各类读史札记，不包括各类序跋记文、译文和杂文；序跋记文，不仅指先生为学界同仁论著或相关论文集及部分整理出版的地方文献所作的各类序跋、前言、书评等，也包括其在自己著作中单独另作的前言、集前题记、后记、跋、出版说明等，但不包括作为书稿内容的"引言""导言""尾声"等，也不包括他人为先生著作所作的前言、序跋文；译文，指的是先生亲手所译（包括与他人合译）或所校成中文的外国学者相关研究著述；杂文，指先生撰写的除了论文、译文之外的各类小文章，包括自传、随笔、各类祝词、学习体会、时势讲话及部分书写给学界同仁的学术书信等，但不包括以论文形式体现的各类读史札记。

3. 补充收录：在正文目录之后附上两个附录，一为先生曾（拟）有撰写但未见详文的著述目录（以著述的撰写时间先后为序进行编排）；二为学界介绍与研究、纪念与追忆傅衣凌生平与学术的文章目录，包括在先生生前与之进行学术商榷及内容中有重点评述到先生学术的相关学术综述文章（以文章作者姓氏拼音的首字母先后为序进行编排）。

4. 著录顺序：正文及附录一中的文（书）目都按照作者、书名或文章名、出版社或发表期刊、出版年月或发表年份及期数这一顺序进行著录；附录二中的文（书）目则另以作者姓氏首字母的先后进行排序。

5. 行文处理：作者，凡是署"傅衣凌"之名（包括简称名"衣凌"）且又是独著的（包括独译），直接予以省略，如是署其原名"傅家麟"（包括简称名"家麟"）、笔名"傅友白""休休生""人木""明夷"等的，或是与他人合著及合译的，则都进行注明；出版地，凡是新中国成立后中国大陆正式出版的都直接省略（个别容易混淆的仍加以著录），而对于新中国成立前出版的（包括内部印刷）及在台湾、香港和国外出版的，则都一一予以注明；注释行文中，均以"先生"来代称"傅衣凌"之名，具体论著名之前另加"氏著"二字来专称；引述的其他文献，则以"某氏著"来进行专称，且仅于首次引用时著录其书目详细信息，之后均只简著其书名（或文名）和年份。

本目录不是一个单纯罗列书名、文名的目录，而是一个考述性的综合目录，在编目的同时，通过加注的方式，对书目内容中所涉及的相关信息，尤其是容易引起混淆的问题，都一一进行具体的辨析与考订，用按语的方式进行相关的补充说明。

一 著作①

1.《福建佃农经济史丛考》，福建邵武：私立福建协和大学中国文化研究会，1944 年 8 月。②

2.《福建对外贸易史研究》，福州：福建省研究院社会科学研究所，1948 年 3 月。③

3.《中国经济史专题讨论》，厦门大学历史系，1962 年油印本。④

4.《明清时代商人及商业资本》，人民出版社，1956 年 7 月。⑤

5.《明代江南市民经济试探》，上海人民出版社，1957 年 9 月。⑥

---

① 按：本目录此处"著作"仅指先生独著、合著或主编的各类专著论，包括专著、论文集，及讲义与教材等，但不包括各类资料汇编，其编辑或主编的各种资料汇编，后者另起类著目。

② 本著为当时福建协和大学中国文化研究会编印的《协和大学文史丛刊》中的第二种；现已被全国图书馆文献缩微中心于 2002 年影印出版。按：本著出版后得到了日本学者的高度重视，山根幸夫教授对其进行了摘要译介（详见〔日〕山根幸夫：「一九五〇年の歴史学界・回顧と展望——明清および現代中国」，〔日〕『史学雑誌』第 60 編第 5 号，東京：史学会，1951 年 5 月），田中正俊教授亦作了专门的介绍（详见〔日〕田中正俊：「戦時中の福建郷土史研究」，〔日〕『歴史学研究』第 161 号，東京：積文堂，1953 年）。又，田中正俊和重田德曾于 1953 年共同将该著作译成日文，并拟由东京的未来出版社出版，但因该著作的中文修订版出来而最终未果（参见氏著《治史琐谈》，《书林》〔上海〕1984 年第 1 期）。

③ 本著作署名"萨士武、傅衣凌、胡寄馨合著"，为当时福建省研究院社会科学研究所编印的《福建社会经济丛书》中的第一种，其中《小引》《清代前期厦门洋行考——近代厦门发达史之侧面的研究》《附录：福建琉球通商史迹调查记》三篇为先生所著。

④ 本著作为先生自 1951 年 3 月开始先后为厦门大学经济研究所学生和历史系中国经济史专门化学生讲授中国经济史专题研究和讨论课程（详见杨国桢：《傅衣凌教授年表》，杨氏著《傅衣凌学述》，浙江古籍出版社，2022 年 3 月，第 221～224 页）所陆续编写的讲义，于 1962 年正式编成并付诸刻印，1979 年重印。按：该著作因刻印数量很少，仅早期弟子在上课时得以亲见，流传范围很小，长期不为学界所知晓，厦门大学图书馆和历史系资料都未见有收藏，笔者无意中幸得其印本，目前正在对其进行整理和校勘，争取尽快早日付梓，以飨学林。

⑤ 本著作由人民出版社于 1980 年 7 月进行了再版，先生新作了个"再版说明"；另有台湾繁体版《明清时代商人及商业资本》（新北：谷风出版社，1986 年 12 月）；经先生弟子陈支平教授重新整理、校勘后，收录于氏著《傅衣凌著作集》一（中华书局，2007 年 12 月）。

⑥ 本著作由上海人民出版社于 1963 年 2 月进行了再版；另有台湾繁体版《明代江南市民经济试探》（新北：谷风出版社，1986 年 9 月）；收录于氏著《傅衣凌著作集》二（中华书局，2007 年 12 月）。按：本著作曾由美国著名汉学家、斯坦福大学历史系教授康无为（Harold L. Kahn，1930—2018）译成英文（详见氏著《傅衣凌谈中国史学动态》〔郑培凯整理〕，《抖擞》〔双月刊，香港〕第 37 期，1980 年 3 月；《傅衣凌自传》，《文献》1982 年第 4 期），但不知何故，直到 2018 年 12 月康无为教授去世，该英文译著都一直未能得以出版。

6.《明清农村社会经济》，生活·读书·新知三联书店，1961 年 11 月。①

7.《明清社会经济史论文集》，人民出版社，1982 年 6 月。②

8.《明清福建社会与乡村经济》，厦门大学出版社，1987 年 8 月。③

9.《明清社会经济变迁论》，人民出版社，1989 年 1 月。④

10.《傅衣凌治史五十年文编》，厦门大学出版社，1989 年 12 月。⑤

11.《明清封建土地所有制论纲》，上海人民出版社，1992 年 6 月。⑥

12.《明史新编》，人民出版社，1993 年 1 月。⑦

13.《休休室治史文稿补编》，《傅衣凌著作集》八，中华书局，2008

---

① 本著作由生活·读书·新知三联书店于 1980 年 7 月进行了再版，先生新作了个"再版后记"；另有澳门繁体版《明清农村社会经济》（澳门：实用书局，1961 年）；收录于氏著《傅衣凌著作集》三（2007 年 10 月）；又收录入张彦、张荣总主编《厦门大学百年学术论著选刊》，厦门大学出版社，2021 年 3 月。

② 按：本著作出版后相继得到了《中国出版年鉴：1983·图书评介》（商务印书馆，1983 年 12 月）、《中国经济科学年鉴：1984·部分经济学著作简介》（河北人民出版社，1986 年 3 月）的评介。本著作收录于氏著《傅衣凌著作集》四（中华书局，2008 年 3 月）；又收录入商务印书馆的《中华现代学术名著丛书》，有普装版（2010 年 12 月）和精装"建馆 120 周年纪念版"（2017 年 12 月）两种，内容增补了陈支平教授所撰之附录：《傅衣凌先生学术年表》《傅衣凌与明清社会经济史研究》二文；但漏印了先生自己为该集所撰之《集前题记》。

③ 本著作署名"傅衣凌、杨国桢主编"，收录了先生《商品经济对明代封建阶级结构的冲击及其夭折——读惠安〈骆氏族谱〉兼论奴变性质》（与陈支平合著）、《福建农村的耕畜租佃契约及其买卖文书》两篇论文。

④ 按：本著作是先生由 1981 年给厦门大学历史系开设一门课程的讲稿几经修订而成，由弟子陈支平教授协助整理，但直到先生去世半年之后才得以正式付梓。又，本著作出版后得到了《中国出版年鉴：1990—1991·图书评介》（商务印书馆，1993 年 9 月）的评介；收录于氏著《傅衣凌著作集》五（中华书局，2007 年 10 月）。

⑤ 按：本著作书后附录了先生弟子杨国桢教授撰写的《不断探索前进的艰辛历程——读傅衣凌著〈明清社会经济史论文集〉》（初刊于《中国社会经济史研究》1982 年第 3 期）一文；本著作收录于氏著《傅衣凌著作集》六（中华书局，2007 年 9 月）。

⑥ 按：本书稿由先生初撰于 20 世纪六七十年代，"文革"结束后进行了大幅度的修订，由其弟子陈支平教授协助进行整理，但直到先生去世四年后才得以正式付梓；收录于氏著《傅衣凌著作集》七（中华书局，2007 年 12 月）。

⑦ 本著作署名"傅衣凌主编，杨国桢、陈支平著"，为先生生前所主持规划编撰的教材，以现实的见解和所拟提纲编写，在以政治史为基本线索的基础上，力图体现社会史与经济史相结合的特色，是一部全面、简明且有一定深度的明史教科书，初名《明代史纲要》，但直到其逝世后才得以出版；本著作另有香港繁体版（香港：中国图书刊行社，1994 年 4 月）、台湾繁体版（台北：云龙出版社，1995 年 8 月；台北：昭明出版社，1999 年 9 月）；本著后又经修订，并增补图片、索引与征引书目及参考文献后，改以《明史》为题，作为《中国历史》教材的第 13 册，由人民出版社于 2006 年 10 月进行了再版。

年5月。①

14.《傅衣凌著作集》（一～八），中华书局，2007年9月–2008年5月。②

二 资料汇编③

1.《福建省银行概况》，福建永安：福建省银行经济研究室，1940年12月。④

2.《福建省农村经济参考资料汇编》，福建永安：福建省银行经济研究室，1941年1月。⑤

---

① 本著作为先生生前未曾收入到其他论集中的部分论文的汇编，由先生弟子陈支平教授编辑并拟定书名，收录于氏著《傅衣凌著作集》八（中华书局，2008年5月）。

② 按：本著作由先生弟子陈支平教授编辑而成，汇编了先生生前就已出版的《明清时代商人及商业资本》《明代江南市民经济试探》《明清农村社会经济》《明清社会经济史论文集》《明清社会经济变迁论》等五部论著和先生逝世后由其弟子杨国桢教授、陈支平教授先后整理出版的《傅衣凌治史五十年文编》《明清封建土地所有制论纲》《休休室治史文稿补编》等三部论著，共八种，编辑成六册。

③ 按：本目录此处"资料汇编"仅指先生亲自撰辑、主编或与弟子一起摘录、合编的各类资料集，既包括以文章形式体现的专题资料类辑或摘抄，也包括以论著形式体现的资料汇编，不包括先生曾参与一起搜辑、整理，但以集体形式编集且署名"厦门大学历史系"的各种资料集，其中最具有代表性的就是有关李贽研究的系列参考资料，如《李贽反儒尊法文选》[内部资料]（厦门大学历史系，1974年6月；初稿编印于1974年3月，题为《李贽尊法反儒文选》)、《李贽研究参考资料》（第一～三辑）（福建人民出版社，1975年3月、5月，1976年6月）等，这些资料集是当时厦门大学历史系几位老师共同搜辑、编选而成的，先生是当时系里有关李贽思想研讨的主要参与者和代表性学者，因此肯定有参与其中，且很可能是最为主要的编辑者，但由于无法知晓当时内部的具体分工及先生具体编选的内容，故对这一类未署名是由先生主编的集体编纂的资料汇编，本目录暂不予以著录。

④ 按：本著作为当时福建省政府编印的《闽政丛刊》之一种，署名"福建省银行编"，先生时任该行经济研究室编辑课主任，具体负责该著作的编辑工作，故本目录亦将其著录；本著作是一部有关当时福建省银行的资料汇编。

⑤ 本著作署名先生本名"傅家麟主编"，为当时福建省银行经济研究室编印的《福建省银行经济研究室丛书》之一种。按：本著作是一部资料汇编，分上总述和下分述两编，是综合1927～1940年间由福建省政府、各种文化团体、诸报社及部分学者个人所作的各种统计年鉴和调查报告撰写而成，其中部分内容是转摘、汇编而成，部分内容则是先生根据诸调查报告和资料进行类辑、编撰而成，而上编总述"全省"中的"二、战后农村经济的动态"和下编分述"二、农业经营农业劳动"中的"3.本省农村的耕畜租佃制度"两部分内容则是由先生自己亲自调查和撰写的文章，详见后文《关于战时福建农村经济的几个问题》与《关于福建农村的耕畜租佃》二文目。

3.《明代苏州织工、江西陶工反封建斗争史料类辑——附论手工业劳动者在农民战争中所起的作用问题》,《厦门大学学报》(文史版) 1954 年第 1 期。①

4.《明清时代徽州婺商资料类辑》,《安徽史学通讯》1958 年第 2 期。②

5.《十九世纪五十年代福建金融风潮史料摘抄——福建社会经济史料汇稿之一》,《中国经济问题》1962 年第 1、2 期。③

6.《论明清时代福建土地买卖契约中的"银主"——福建社会经济史料汇稿之二》,《抖擞》(双月刊,香港) 第 52 期,1983 年 1 月。④

7.《闽俗异闻录》(一)(二),《福建文博》1984 年第 1、2 期。⑤

8.《明清福建社会经济史料杂抄》、(续一) ~ (续十),《中国社

---

① 本文相继收录于唐棣、叶蠖生、邓拓、傅衣凌等的著作,姜默阳、朱国珍、何春渔、张柏如等缮写的《明清史参考资料》(1950 年代末油印本),中国人民大学中国历史教研室编《中国资本主义萌芽问题讨论集》上册(生活·读书·新知三联书店,1957 年 3 月),氏著《明清社会经济史论文集》二十三 (1982);本文后又经大幅修订、改以《明代江南的纺织工业与织工暴动》为题,收录于氏著《明代江南市民经济试探》四 (1957)。

② 本文相继收录于氏著《明清社会经济史论文集》十三 (1982)、《江淮论坛》编辑部编《徽商研究论文集》(安徽人民出版社,1985 年 10 月)。

③ 本文收录于氏著《明清社会经济史论文集》十八 (1982)。

④ 本文实际撰写于 1963 年 8 月,收录于氏著《傅衣凌治史五十年文编》卷三 (1989),但删除了文章的副标题。按:《抖擞》杂志于 1974 年 1 月由香港大专院校和教育界的十几位朋友联合创刊,时任香港大学理学院院长的梁骏添任社长,是一份综合性的文化学术刊物,以双月刊的形式发行,即在每年的单月份编辑、出版,一年 6 期 (个别年份未出满 6 期,如 1979 年的 11 月就未有出版),刊期连续;然而自 1982 年开始,该刊的经营开始遭受严重的困难,出版、发行开始变得不稳定,时断时续,到了 1983 年,愈发艰难,1982 年仅出版了 1 月、5 月、7 月、9 月 4 期,1983 年只出版了 1 月、7 月、11 月 3 期,至 1983 年 11 月出版了第 54 期之后,由于经费与人力的短缺,该刊不得不停刊。又,由香港中华文化促进中心创办、于 1986 年 9 月在美国纽约佩斯大学 (Pace University) 创刊、至 1996 年 1 月又停刊的《九州学刊》(季刊) 和由香港城市大学和复旦大学联合创办、于 2003 年秋季创刊至今 (季刊) 的《九州学林》(两个刊物均由郑培凯先生任主编),在学术渊源上与《抖擞》杂志存在一定的"承继"关系 (参见郑培凯:《一份华文学术期刊的诞生与成长》,《澳门理工学报》[人文社会科学版] 2013 年第 3 期),但后者并不是前者的一种简单复刊,两者无论是在主办单位、经费来源、刊名及其内容都完全不同,不过其办刊的宗旨则基本一致,都是旨在研究中国传统文化、促进中外学术交流,此外在编辑的团队和投稿的作者群体上两者也有着很大的交集。

⑤ 按:本文的具体刊期在收录于氏著《休休室治史文稿补编》二十一 (2008) 时,及在杨国桢教授著《傅衣凌教授论著目录》(见杨氏著《傅衣凌学述》[2022]) 中都误录为"《福建文博》总第 6 ~ 10 期,1984 ~ 1987 年"。

会经济史研究》1986 年第 1～4 期、1987 年第 1～4 期、1988 年第 1～
3 期。①

9.《中国通史参考资料》第七册《封建社会六·明》，中华书局，
1988 年 4 月。②

三　论文③

1.《东汉的士大夫阶级与党锢》（一——十三），《江声报·人间》（厦
门）1931 年 7 月 14～19 日、21～26 日、28 日第 9 版。④

2.《汉代番化考：华夏番化考之一章》，《厦大周刊》第 12 卷第 13 期
《历史学会历史专刊》，1932 年 12 月 19 日。⑤

3.《秦汉的豪族》，《现代史学》（季刊，广州）第 1 卷第 1 期，1933
年 1 月 10 日。⑥

4.《论中国的生产方式与农民》，《现代史学》（季刊，广州）第 1 卷
第 3、4 期合刊《中国经济史研究专号》，1933 年 4 月 10 日。⑦

5.《桃符考》，《国立中山大学文史学研究所月刊》（广州）第 2 卷第
3、4 期合刊，1934 年 1 月 5 日。⑧

6.《中国佃佣制评论：关于佃佣社会说之意见》，《现代史学》（季刊，
广州）第 2 卷第 1、2 期合刊，1934 年 5 月 25 日。

---

① 本文署名"傅衣凌、陈支平"；收录于氏著《休休室治史文稿补编》二十二（2008）。
② 本著作署名"翦伯赞、郑天挺总主编"，"傅衣凌主编"，"杨国桢、陈支平、林仁川编选"。
③ 按：本目录此处"论文"仅指先生亲自撰刊、且目前能查阅到的各类有明确主题的学术
论文，不包括为他人论著、整理的史籍及相关论文集所作的各类序跋文，以及译文和各
类杂文，后者另起类著目；对于有明确线索证实先生曾有撰写、但未能查见到其具体刊
发信息或手稿原文的部分著述，则另拟目附录于本目之后。
④ 本文为同一篇文章分 13 期连载，其中（一）、（七）～（十三）署名"衣凌"，（二）～
（六）署名误印为"凌衣"。按：《江声报》是由同盟会会员、泉州晋江籍的新加坡著名
华侨许卓然于 1918 年 11 月在厦门创刊的民营报纸，报头由孙中山题写；1937 年该报又
创办《厦门大报》，随报赠送；1949 年，《星光日报》并入；1952 年，合并后的《江声
报》又并入《厦门日报》。
⑤ 按：从该文的文名来看，先生曾拟就"华夏番化考"之主题撰写一个系列文章，但实际
上在撰写本文后，并未继续撰就续章。
⑥ 本文在该刊该期目录中题名为《秦汉之豪族》；收录于氏著《休休室治史文稿补编》一
（2008）。
⑦ 本文收录于氏著《休休室治史文稿补编》二（2008）。
⑧ 本文收录于氏著《傅衣凌治史五十年文编》卷二（1989）。

7.《略论中国古代仓库制度及其他》,《突击半月刊》(福州)第 1 卷第 2 期,1934 年 9 月 15 日。

8.《辽代奥姑考——母系社会遗迹之追寻》,《福建学院月刊》(福州)第 1 卷第 4、5 期合刊,1934 年 10 月 20 日。①

9.《晋代的土地问题与奴隶制度》,《现代史学》(季刊,广州)第 2 卷第 3 期,1935 年 1 月 28 日。②

10.《辽代奴隶考》,《食货》(半月刊,上海)第 1 卷第 11 期,1935 年 5 月 1 日。③

11.《二十七年来中国文化运动的两主潮》,《生力旬刊》(福州)第 1 卷第 17、18 期合刊《国庆纪念专号》,1938 年 10 月 9 日。

12.《关于福建农村的耕畜租佃》,《新闻杂志》(周刊,福建永安)复刊第 7 号,1939 年 2 月 12 日。④

13.《本省经济掌故杂谈(待续)》,《省行通讯》(半月刊,福建永安)第 2 卷第 9 期,1939 年 6 月 15 日。⑤

14.《关于历史上的福建海盗与走私问题:一个惨痛事实的回忆》,《时事半月刊》(福建连城)第 3 卷第 2 期,1939 年 12 月 5 日。

15.《从"杀"老到敬老:社会史话之一》,《现代青年》(月刊,福建永安)新 1 卷第 6 期,1940 年 4 月 10 日。⑥

16.《元代经略中原多用金国豪族考:血族集团与中国政治之一章》,《生力旬刊》(福建连城)第 2 卷第 35、36 期合刊《二周年特大号》,1940

---

① 按:本文的具体刊期在收录于氏著《休休室治史文稿补编》三(2008)时,及在杨国桢教授著《傅衣凌教授论著目录》(见杨氏著《傅衣凌学述》[2022])中都误录为"《福建学院月刊》第 1 卷第 1 期,1934 年"。

② 本文收录于氏著《休休室治史文稿补编》五(2008)。

③ 本文摘要转载于《史地社会论文摘要》(月刊,上海)第 1 卷第 9 期,1935 年 6 月 20 日。收录于氏著《休休室治史文稿补编》四(2008)。

④ 本文旋改以《本省农村的耕畜租佃制度》为题,收录于氏著《福建省农村经济参考资料汇编》(1941)下《分述》二《农业经营农业劳动》中。按,在氏著《隋唐五代中国西部地区耕畜关系文书掇拾——休休室读史札记》(《中国社会经济史研究》1987 年第 2 期)及杨国桢教授著《傅衣凌教授论著目录》(见杨氏著《傅衣凌学述》[2022])中题为《关于福建的耕畜租佃》。

⑤ 本文署名先生笔名"休休生"。按,据本文题名中的"待续"一词,在其后的《省行通讯》上应还另刊有本文的续篇,但笔者遍阅现存的该杂志卷期,未能查见到该续文,是先生未曾撰有或刊发,还是刊发在该杂志佚失的卷期上,则不得而知。

⑥ 本文收录于氏著《休休室治史文稿补编》六(2008)。

年 5 月 9 日。①

17. 《社会史话之二：关于服饰的起源及其变迁》，《现代青年》（月刊，福建永安）第 2 卷第 2 期，1940 年 6 月 10 日。②

18. 《关于战时福建农村经济的几个问题》，《经济评论》（周刊，福建永安）第 3、4 期合刊，1940 年 7 月 8 日。③

19. 《社会史话之三：食的进化》，《现代青年》（月刊，福建永安）第 2 卷第 3 期，1940 年 7 月 10 日。④

20. 《社会史讲话：第一讲 社会史的分期》，《现代青年》（月刊，福建永安）第 2 卷第 5 期，1940 年 9 月 10 日。⑤

21. 《社会史讲话：第二讲 原始社会》《社会史讲话：第二讲 原始社会》（续），《现代青年》（月刊，福建永安）第 2 卷第 6 期、第 3 卷第 2 期，1940 年 10 月 10 日、12 月 10 日。⑥

22. 《论工业合作运动与福建农家副业》，见中国工业合作协会东南区办事处编《东南工合》（月刊，江西赣州）第 2 卷第 1 期，1941 年 1 月。⑦

---

① 本文在该刊期目录中误题为《各代经略中原多用金国豪族考》。按，从该文的文名来看，先生曾拟就"血族集团与中国政治"之主题撰写一个系列文章，但实际上在撰写本文后，并未继续撰就续章。

② 本文收录于氏著《休休室治史文稿补编》七（2008）。

③ 本文旋改以《战后福建农村经济的动态》为题，收录于氏著《福建省农村经济参考资料汇编》（1941）上《总述》A《全省》中。按，在杨国桢教授著《傅衣凌教授论著目录》（见杨氏著《傅衣凌学述》[2022]）中文题误录为《战时福建农村经济诸问题》。又，《经济评论》杂志是由民国时期福建影响力最大的报纸《福建民报》创办的一份学术杂志。

④ 本文收录于氏著《休休室治史文稿补编》八（2008）。

⑤ 本文署名先生本名"家麟"。按，本文与后文《第二讲 原始社会》及续文一起合编、修订后，以《社会史讲话》为题，收录于氏著《休休室治史文稿补编》九（2008），但漏标了《第二讲 原始社会》（续）的原刊出处。

⑥ 本文与前文《第一讲 社会史的分期》一起合编、修订后，以《社会史讲话》为题，收录于氏著《休休室治史文稿补编》九（2008），但漏标了《第二讲 原始社会》（续）的原刊出处。

⑦ 按：中国工业合作协会，全称"中国工业合作协会国际委员会"，简称"工合"，由宋庆龄与国际友人美国人埃德加·斯诺（Edgar Snow）、新西兰人路易·艾黎（Rewi Alley）等人于 1938 年 8 月在武汉正式发起、成立，并在全国设立分支机构，其目的是组织沦陷区流亡难民开办工厂企业、生产军民用品并争取海外援助，支援中国人民的抗日救亡运动；1939 年 1 月，中国工业合作协会东南区办事处（简称"东南工合"）在赣州正式成立，路易·艾黎兼办事处主任，负责发展赣、闽、粤、浙、皖五省的"工合"事业（1941 年初更名为"赣闽粤区办事处"，1943 年底，赣闽粤区办事处与浙皖区办事处合并，重新成立东南区办事处，并迁往长汀）；1952 年，全国合作总社成立，中国工合被注销。又，《东南工合》由中国工业合作协会东南办事处于 1940 年 5 月在江西赣州创刊，初为月刊，1941 年 7 月停刊；1942 年 1 月复刊并改为季刊，卷期数另起；1945 年又改名为《东南工合通讯》，卷期数再次另起；1948 年又改回本名。

23.《明清时代福建佃农风潮考略》，《福建文化》（季刊，福建邵武）第 1 卷第 1 期，1941 年 3 月 31 日。①

24.《明清时代福建的抢米风潮》，《福建文化》（季刊，福建邵武）第 1 卷第 2 期，1941 年 7 月 31 日。②

25.《清乾隆福建吃老官斋匪滋事考》，《福建文化》（季刊，福建邵武）第 1 卷第 4 期，1941 年 12 月 30 日。③

26.《近代永安农村的社会经济关系：以黄历乡所发现各项契约为根据的一个研究》，《经济导报》（月刊，福建永安）第 1 卷第 4、5 期合刊，1942 年 9 月 15 日。④

27.《考据：清代前期厦门洋行考——近代厦门商业发达史研究之一》，《贸易月刊》（福建南平）第 1 卷第 7 期，1942 年 11 月 25 日。

28.《太平天国时代的全国抗粮潮》，《财政知识》（月刊，江西赣州）第 3 卷第 3 期，1943 年 9 月。⑤

29.《清代前期厦门洋行考——近代厦门发达史之侧面的研究》，《财

---

① 本文在《傅衣凌自传》（《文献》1982 年第 4 期）中题为《福建佃农风潮考略》；后改以《明清时代福建佃农风潮考证》为题，相继收录于氏著《福建佃农经济史丛考》（1944）和《明清农村社会经济》（1961）。

② 本文在该刊该期的目录中署名先生本名"傅家麟"。

③ 本文后改以《清乾隆福建吃老官斋匪起事考》为题，收录于氏著《傅衣凌治史五十年文编》卷二（1989）。

④ 按：本文在《傅衣凌自传》（《文献》1982 年第 4 期）中题为《明清时代永安农村的社会经济关系》；在进行部分修订后，旋又以《明清时代的中国农村社会经济关系——以黄历乡所发现各项契约为根据的一个研究》为题，署名先生笔名"傅友白"（先生以此名发文仅见此一例），重新刊于《裕民》（半年刊，江西遂川）第 5 期，1943 年 8 月；接着又改以《近代永安农村的社会经济关系》为题，收录于氏著《福建佃农经济史丛考》（1944）；后又经大幅修订，收录于氏著《明清农村社会经济》（1961）。由于上列诸文主要是在部分文字和表述上的修订，在内容上并未有实质性的变动，故将其合为一目，不分别予以一一著目。又，《裕民》（遂川）杂志创刊于 1941 年 11 月，属经济刊物，由当时的江西裕民银行经济研究室编辑发行，发行人为李德钊，发行地为江西省遂川县，1942、1943 两年为半年刊、每年两期；其余年份为年刊、每年一期，至 1946 年 4 月停刊，共发行 8 期；自 1946 年 9 月开始，该刊由《经建季刊》继承、替代，刊物性质不变，改由当时的江西省银行经济研究室编辑发行，发行人为洪轨，发行地也改为江西省会南昌市，季刊（实际并未严格按照季刊发行），至 1948 年 11 月停刊，共发行 6 期。另，民国时期另有一个同名且同属经济刊物的《裕民》（南京）杂志，又名《裕民月刊》，创刊于 1948 年 7 月，由当时的裕民月刊社发行，冯仲敏任主编，发行地为当时首都南京市，刊期为月刊，至 1948 年 10 月停刊，共发行 1 卷 4 期。

⑤ 本文在《傅衣凌自传》（《文献》1982 年第 4 期）中题为《太平天国时期全国抗粮潮》；后经大幅修订并增补"附记"内容，收录于氏著《明清社会经济史论文集》二十七（1982）。

政知识》（月刊，江西赣州）第 3 卷第 4 期，1943 年 10 月。①

30.《宋元之际江淮海商考》，《财政知识》（月刊，江西赣州）第 4 卷第 1 期，1944 年 1 月。②

31.《福建畲姓考》，《福建文化》（季刊，福建邵武）第 2 卷第 1 期，1944 年 1 月 31 日。③

32.《关于捻乱的新解释——太平天国时代社会变乱史研究之一》，《福建文化》（季刊，福建邵武）第 2 卷第 2 期，1944 年 6 月 30 日。④

33.《永安农村赔田约的研究》，见氏著《福建佃农经济史丛考》，邵武：私立福建协和大学中国文化研究会，1944 年 8 月。⑤

34.《太平天国时代回乱领导人物出身考——太平天国时代社会变乱史研究之三》，《福建文化》（季刊，福建邵武）第 2 卷第 3 期，1945 年 6 月 30 日。⑥

35.《太平天国时代团练抗官问题引论——太平天国时代社会变乱史研究之四》，《社会科学》（季刊，福建永安）第 1 卷第 2、3 期合刊，1945 年 9 月。⑦

36.《唐代宰相地域分布与进士制之"相关"的研究》，《社会科学》

---

① 按：本文是在前文《考据：清代前期厦门洋行考——近代厦门商业发达史研究之一》（《贸易月刊》［福建南平］第 1 卷第 7 期，1942 年 11 月 25 日）的基础上增补部分史料并大幅修改内容而成，是前文的修订版，但二文内容有了很大的出入，故将二文分别予以著目。本文收录于氏著《福建对外贸易史研究》（1948）；后又进一步修订，改以《清代前期厦门洋行》为题，收录于氏著《明清时代商人及商业资本》七（1956）。

② 本文收录于氏著《傅衣凌治史五十年文编》卷二（1989）。

③ 本文收录于氏著《傅衣凌治史五十年文编》卷二（1989）。

④ 按：有关"太平天国时代社会变乱史研究"之系列论文，先生原拟撰有 4 篇，但实际缺撰第二篇，在氏著《太平天国时代回乱领导人物出身考——太平天国时代社会变乱史研究之三》（《福建文化》［季刊，福建邵武］第 2 卷第 3 期，1945 年 6 月 30 日）一文中，先生曾提及撰有"拙稿《太平天国乱后的军队叛变问题》"，但未能查见到其具体刊发信息或手稿原文，可能就是该"太平天国时代社会变乱史研究之二"的文章）。本文在《傅衣凌自传》（《文献》1982 年第 4 期）中题为《捻军的新解释》；后进行了大幅修订并增补了"后记"内容，改以《关于捻变的新解释》为题，重刊于《抖擞》（双月刊，香港）第 39 期，1980 年 7 月。由于二文内容已有了很大的出入，故将二文分别予以著目。

⑤ 本文后改以《清代永安农村赔田约的研究》为题，收录于氏著《明清农村社会经济》（1961）。

⑥ 本文收录于氏著《休休室治史文稿补编》十（2008）。

⑦ 按：本文在氏著《太平天国时代回乱领导人物出身考——太平天国时代社会变乱史研究之三》（1945）一文中题为《太平天国时代团练抗官考》。后经大幅修订，改以《太平天国时代团练抗官问题引论——太平天国时代社会变革史研究》为题，收录于氏著《明清社会经济史论文集》二十九（1982）。

（季刊，福州）第 1 卷第 4 期，1945 年 12 月。①

37.《太平天国时代的福建小刀会》,《改进》（月刊，福建永安），1946 年。②

38.《清末厘金制起源新论》,《社会科学》（季刊，福州）第 2 卷第 1、2 期合刊，1946 年 6 月。③

39.《晚唐五代义儿考》,《星光日报·历史双周刊》（厦门）第 1 期，1946 年 8 月 16 日第 4 版。④

40.《记清末东北的木匪——读史札记之一》,《星光日报·历史双周刊》（厦门）第 2 期，1946 年 8 月 29 日第 4 版。⑤

41.《关于唐宋元时代典卖物业的亲邻优先权》,《星光日报·历史双周刊》（厦门）第 3 期，1946 年 9 月 19 日第 4 版。⑥

42.《记清代福建长乐的乡约》,《星光日报·历史双周刊》（厦门）第 4 期，1946 年 10 月 3 日第 4 版。⑦

43.《休休室读史札记》（一、福建人祭遗迹偶拾，二、何镜山的开国论）,《星光日报·历史双周刊》（厦门）第 4 期，1946 年 10 月 3 日第 4 版。⑧

44.《明代山东农村社会掇拾》,《星光日报·历史双周刊》（厦门）第 5 期，1946 年 10 月 18 日第 4 版。⑨

45.《明代的洞庭商人》,《星光日报·历史双周刊》（厦门）第 6 期，

---

① 本文收录于氏著《傅衣凌治史五十年文编》卷二（1989）。

② 按：笔者并未查到本文的原文及刊发的具体卷、期信息，但可确定先生曾撰刊有该文，参见杨国桢：《傅衣凌教授论著目录》，收入杨氏著《傅衣凌学述》，浙江古籍出版社，2022 年 3 月，第 202 页。

③ 本文收录于氏著《明清社会经济史论文集》十九（1982）。

④ 按：原刊题目误印为《晚唐王代义儿考》，后在《星光日报·历史双周刊》（厦门）第 3 期（1946 年 9 月 19 日第 4 版）上刊登了"启事"予以更正。又，《星光日报》是由漳州永定籍的新加坡著名华侨胡文虎于 1935 年 9 月在厦门创刊的第三家星系民营报纸（另两家分别是胡文虎 1929 年 1 月在新加坡创刊的《星洲日报》[该报在马来西亚至今仍存，是东南亚发行量最大的华文报纸和大陆、港、台以外最大的华文日报；也是今新加坡《联合早报》的前身]和于 1931 年 6 月在汕头创刊的《星华日报》）；1938 年 5 月，厦门被日军侵占沦陷，该报也被迫停刊；1945 年 11 月 10 日复刊；1949 年，该报并入《江声报》；1952 年，合并后的《江声报》又并入《厦门日报》。

⑤ 本文署名"衣凌"，收录于氏著《休休室治史文稿补编》十一（2008）。

⑥ 本文收录于氏著《傅衣凌治史五十年文编》卷二（1989）。

⑦ 本文收录于氏著《傅衣凌治史五十年文编》卷二（1989）。

⑧ 本文署名先生笔名"人木"；收录于氏著《休休室治史文稿补编》十二（2008）。

⑨ 按：本文署名先生笔名"明夷"，先生以此名发文仅见此一例。

1946年11月15日第6版。

46.《论乡族集团对于中国封建经济之干涉》，《社会科学》（季刊，福州）第2卷第3、4期合刊，1946年12月。

47.《明代徽商考——中国商业资本集团史初稿之一》，《福建省研究院社会科学研究所研究汇报》（福州）第2期，1946年12月。①

48.《清代中叶川陕湖三省边区手工业形态及其历史意义》，《星光日报·历史半月刊》（厦门）第11期，1947年5月12日第4版。②

49.《伴当小考》，《社会科学》（季刊，福州）第3卷第1、2期合刊，1947年6月。③

50.《明末清初闽赣毗邻地区的社会经济与佃农风潮》，《社会科学》（季刊，福州）第3卷第3、4期合刊，1947年12月。④

51.《福州琉球通商史迹调查记》，见氏著《福建对外贸易史研究·附录》，福州：福建省研究院社会科学研究所，1948年3月。⑤

52.《明代江苏洞庭商人考——中国商业资本集团史研究之三》，《社会科学》（季刊，福州）第4卷第2期，1948年6月。⑥

53.《清代前期东南洋铜商考——中国商业资本集团史论之五》，《社

---

① 按：有关"中国商业资本集团史"之系列论文，先生原拟撰有8篇，但明确标有序号的只有之一、之三、之五、之六、之八5篇。本文稍后另刊于《福建省研究院研究汇报》（福州）第2号，1947年6月；后经大幅修订，改以《明代徽州商人》为题，相继收录于氏著《明清时代商人及商业资本》二（1956），《江淮论坛》编辑部编《徽商研究论文集》（安徽人民出版社，1985年10月）。

② 本文在《傅衣凌自传》（《文献》1982年第4期）中题为《清代中叶川陕湖三省边区的手工业生产形态》；后经大幅修订，并增补了"附记"内容后，以《清代中叶川陕湖三省边区经济形态的变化》为题，重新刊发于《抖擞》（双月刊，香港）第38期，1980年5月；修订后的文章收录于氏著《明清社会经济史论文集》九（1982）。

③ 本文后经大幅修订，收录于氏著《明清社会经济史论文集》二十一（1982）。

④ 本文后经大幅修订，改以《明末清初闽赣毗邻地区的社会经济与佃农抗租风潮》为题，收录于氏著《明清社会经济史论文集》二十四（1982）。

⑤ 按：先生在1946年8月受聘为福建省研究院社会科学研究所专任研究员、文史组组长后，于1947年6月28日、7月6日先后两次分别与同事助理研究员胡寄馨及时任福建省立图书馆馆长萨士武对福州水部河口、新港、仓前山等地的史迹进行了实地的田野考察，获得了许多重要的实地调查资料，包括向当地老先生的口访资料和拓印到的数通碑拓资料，本文就是依据这两次调查所得的部分资料成果整理而成。收录于氏著《傅衣凌治史五十年文编》卷三（1989）。

⑥ 本文与之前的《明代的洞庭商人》（《星光日报·历史双周刊》［厦门］第6期，1946年11月15日第6版）一文内容大不相同，前文仅是一个读书札记，本文内容、结构都要详细完备得多，是篇正式研究论文，两者有很大的出入，故将二文分别予以著目；本文后又再次大幅修订，并改以《明代江苏洞庭商人》为题，收录于氏著《明清时代商人及商业资本》三（1956）。

会科学》（季刊，福州）第 4 卷第 3 期，1948 年 9 月。①

54.《明代陕西商人考略——中国商业资本集团史论之六》，《社会科学》（季刊，福州）第 4 卷第 4 期，1948 年 12 月。②

55.《中国海外贸易商经营者之地区分布的研究——中国商业资本集团史论之八》，《社会科学》（季刊，福州）第 5 卷第 1、2 期合刊，1949 年 6 月。

56.《明季奴变史料拾补》，《协大学报》（年刊，福州）第 1 期，1949 年。③

57.《关于美国资本主义之奴隶制性格的一个举例——记十九世纪美国苛待华工事件》，《新厦大》（周刊）第 8 期，1951 年 1 月 1 日第 3 版。

58.《明代江南地主经济新发展的初步研究》，《厦门大学学报》（文史版）1954 年第 5 期。④

59.《从〈红楼梦〉一书谈到清代的社会性质问题》，《厦门大学学报》（社会科学版）1955 年第 1 期。⑤

60.《明代江南富户经济的分析》，《厦门大学学报》（社会科学版）1956 年第 1 期。⑥

---

① 本文后经大幅修订，改以《清代前期东南洋铜商》为题，收录于氏著《明清时代商人及商业资本》六（1956）。

② 本文后经大幅修订，改以《明代陕西商人》为题，收录于氏著《明清时代商人及商业资本》五（1956）。

③ 本文后经大幅修订，增补"后记"内容，收录于氏著《明清社会经济史论文集》二十五（1982）。按，《协大学报》（年刊，福州）乃 1949 年由原福建协和大学中国文化研究委员会所出版的《福建文化》（季刊，福州）和福建协和大学中国文学系所编辑的《协大艺文》（半年刊，福州）两个刊物合并而成，计划每年出一期，但实际上仅在 1949 年当年出了第 1 期（应是年初出版），是年 8 月福州解放后，该刊停刊。

④ 本文相继收录于唐棣、叶蠖生、邓拓、傅衣凌等著，姜默阳、朱国珍、何春渔、张柏如等缮写的《明清史参考资料》（1950 年代末油印本），中国人民大学中国历史教研室编《中国资本主义萌芽问题讨论集》上册（生活·读书·新知三联书店，1957 年 3 月）；后又经大幅修订，收录于氏著《明代江南市民经济试探》三（1957）。

⑤ 按：本文为 1954 年 12 月 12 日、1955 年 1 月 2 日先生参加在厦门大学先后举行的两次"《红楼梦》研究问题座谈会"上作的发言，经修订后刊发。相继收录于刘梦溪编《红学三十年论文选编》（百花文艺出版社，1983 年 4 月），氏著《傅衣凌治史五十年文编》卷三（1989）中。

⑥ 按：本文为 1956 年 4 月 4～8 日先生参加在厦门大学 35 周年校庆时举行的"厦门大学历史系第一次科学讨论会"上所提交的会议论文，经修订后刊发。旋以《明代江南富户的分析》为题，收录于中国人民大学中国历史教研室编《中国资本主义萌芽问题讨论集》下册（生活·读书·新知三联书店，1957 年 3 月）；后又经大幅修订，收录于氏著《明代江南市民经济试探》二（1957）。

61.《明清时代商人及商业资本发展概述》，见氏著《明清时代商人及商业资本》一，人民出版社，1956年7月。①

62.《明代福建海商》，见氏著《明清时代商人及商业资本》四，人民出版社，1956年7月。②

63.《论明清时代的棉布字号》，《光明日报》1956年8月16日第3版。③

64.《明代后期江南城镇下层士民的反封建运动》，《厦门大学学报》（社会科学版）1956年第5期。④

65.《明末清初江南及东南沿海地区"富农经营"的初步考察》，《厦门大学学报》（社会科学版）1957年第1期。⑤

66.《〈明代江南市民经济试探〉导言》，见氏著《明代江南市民经济试探》一，上海人民出版社，1957年9月。⑥

67.《明代浙江龙游商人零拾——明清商业经济史札记之二》，《光明日报》1958年3月3日第3版。⑦

68.《明清时代河南武安商人考略——明清商业经济史札记之三》，《学术论坛》1958年第1期。⑧

69.《关于朱温的评价》，《厦门大学学报》（社会科学版）1959年第1期。⑨

---

① 按：本文为先生撰写《明清时代商人及商业资本》（1956）一著时所新撰，未单独另行刊发。

② 按：本文从文章实际内容来看，当系先生中国商业资本集团史系列论文之二，但未见有"中国商业资本集团史论之二"之副标题，且未查看到最早的原刊出处，在收录于氏著《明清时代商人及商业资本》五（1956）时亦未注明。

③ 本文先以"附录"形式收录于氏著《明代江南市民经济试探》六（1957），后又收录于氏著《明清社会经济史论文集》十五（1982）。

④ 本文收录于氏著《明代江南市民经济试探》五（1957）。

⑤ 按：本文为1957年3月8～10日先生参加在厦门大学建校36周年校庆时举行的"厦门大学历史系第二次科学讨论会"上所提交的会议论文，原题为《明清之际江南及东南沿海地区"富农经济"的初步考察》，经修订后刊发。收录于氏著《明清社会经济史论文集》六（1982）。

⑥ 按：本"导言"为先生撰写《明代江南市民经济试探》（1957）一著时所新撰，篇幅较长，实为一独立的专题论文，未单独另行刊发。

⑦ 按：有关"明清商业经济史札记"之系列论文，先生原拟撰有3篇，但实际缺第一篇。本文后经大幅修订，增补"补记"内容，收录于氏著《明清社会经济史论文集》十（1982）。

⑧ 本文后经大幅修订，增补"补记"内容，收录于氏著《明清社会经济史论文集》十二（1982）。

⑨ 按：本文也是1959年9月底先生参加为庆祝国庆10周年举行的"厦门大学历史系第三次科学讨论会"上所提交的会议论文。收录于氏著《傅衣凌治史五十年文编》卷四（1989）。

70.《关于明末清初中国农村社会关系的新估计》,《厦门大学学报》(社会科学版)1959 年第 2 期。①

71.《明代徽州庄仆文约辑存——明代徽州庄仆制度之侧面的研究》,《文物》1960 年第 2 期。②

72.《我对于明代中叶以后雇佣劳动的再认识——兼质罗耀九先生》,《历史研究》1961 年第 3 期。③

73.《论乡族势力对于中国封建经济的干涉——中国封建社会长期迟滞的一个探索》,《厦门大学学报》(社会科学版)1961 年第 3 期。④

74.《明清民间佃约零拾》,见氏著《明清农村社会经济》,生活·读书·新知三联书店,1961 年 11 月。

75.《明清之际的"奴变"和佃农解放运动——以长江中下游及东南沿海地区为中心的一个研究》,见氏著《明清农村社会经济》,生活·读书·新知三联书店,1961 年 11 月。⑤

76.《关于中国资本主义萌芽的若干问题的商榷——附论中国封建社会长期迟滞的原因》,《文汇报》1961 年 12 月 21 日第 3 版。

77.《关于郑成功的评价》,《厦门大学学报》(社会科学版)1962 年第 1 期。⑥

78.《关于郑成功评价的一些看法》,见厦门市纪念郑成功收复台湾三百

---

① 本文收录于氏著《休休室治史文稿补编》十三(2008)。
② 本文后经大幅修订,改以《明代徽州庄仆制度之侧面的研究——明代徽州庄仆文约辑存》为题,收录于氏著《明清农村社会经济》(1961)。
③ 本文相继收录于厦门大学历史研究所中国经济史研究室编《中国经济史论文集》(福建人民出版社,1981 年 1 月;此著作为 1980 年 6 月 5~11 日由先生主持的、在厦门大学举办的"中国经济史学术讨论会"的成果编选),氏著《明清社会经济史论文集》二(1982);节选收录于郑天挺主编《明清史资料》(上册)七《明代的资本主义萌芽·论文》(由南炳文选编),天津人民出版社,1980 年 6 月。
④ 本文收录于氏著《明清社会经济史论文集》四(1982)。
⑤ 按:本文为 1959 年 9 月底先生参加为庆祝国庆 10 周年举行的"厦门大学历史系第三次科学讨论会"上所提交的会议论文,原题为《明清之际的"奴变"和佃农解放运动》,经修订后收录于氏著《明清农村社会经济》(1961),未另行单独刊发。
⑥ 按:本文为 1962 年 2 月 19~24 日先生参加在厦门鹭江宾馆举行的由福建省历史研究所、厦门市纪念郑成功收复台湾三百周年筹委会和厦门大学联合召开的"郑成功研究学术讨论会"所提交的会议论文,经修订后刊发。相继收录于厦门大学历史系编《郑成功研究论文集》(上海人民出版社,1965 年 12 月),《郑成功研究论文选》(福建人民出版社,1982 年 6 月),氏著《傅衣凌治史五十年文编》卷四(1989)。

周年筹备委员会编《郑成功收复台湾三百周年纪念特刊》，1962年2月。[1]

79.《中国封建社会后期经济发展的一些问题——傅衣凌在上海史学会作专题报告》，《文汇报》1962年9月4日第3版。[2]

80.《从一篇史料看十七世纪中国海上贸易商性质》，《文汇报》1962年11月2日第3版。[3]

81.《〈王阳明集〉中的江西"九姓渔户"（休休室读史札记之一）——附论江西九姓渔户与宸濠之乱的关系》，《厦门大学学报》（社会科学版）1963年第1期。[4]

82.《关于中国封建社会后期经济发展的若干问题的考察》，《历史研究》1963年第4期。[5]

83.《关于明初胡蓝之狱的分析》，《厦门大学学报》（社会科学版）1963年第4期。[6]

84.《顾炎武与十七世纪中国社会》，《江海学刊》1963年第12期。[7]

85.《关于中国资本主义萌芽的几个问题》，《江海学刊》1964年第1期。[8]

86.《明清时代江南市镇经济的分析》，《历史教学》（下半月刊）

---

[1] 本文后又另刊于《文汇报》1962年3月31日第3版。

[2] 本文署名"理言"（为整理本文的《文汇报》编辑之笔名）。按，本文为1962年8月先生在上海史学会作的学术报告，报告名为《中国封建社会后期经济发展的一些问题》，以第三人称新闻报道的方式刊登了报告的主要内容，文题也是该报编辑所拟；本文文目收录于《晋阳学刊》编辑部编《中国现代社会科学家传略》第三辑（山西人民出版社，1983年11月）《傅衣凌自传》附《傅衣凌主要著作目录》和高增德、丁东编《世纪学人自述》第四卷（北京十月文艺出版社，2000年1月）《傅衣凌自述》附《主要著述目录》之中。

[3] 本文收录于氏著《明清社会经济史论文集》十四（1982）。

[4] 本文收录于氏著《明清社会经济史论文集》二十二（1982）。

[5] 按：本文是在1962年8月先生于上海史学会作的学术报告——《中国封建社会后期经济发展的一些问题》的基础上，经大幅增补、修订后重新刊发，二文内容及行文都大为不同，有很大的出入，故将二文分别予以著目。收录于氏著《明清社会经济史论文集》三（1982）。

[6] 本文收录于氏著《傅衣凌治史五十年文编》卷二（1989）。

[7] 本文相继收录于《历史研究》编辑部编《明清人物论集》下册（四川人民出版社，1983年8月），氏著《傅衣凌治史五十年文编》卷四（1989）。

[8] 按：本文为1963年12月5～7日间，先生在参加南京大学举办的"纪念顾炎武诞辰三百五十周年学术讨论会"时，应南京大学历史系、南京历史学会和南京经济学会的邀请，在南京大学大礼堂作的学术报告，初名为《中国资本主义萌芽的几个有关问题》，经修订后刊发。本文相继收录于厦门大学历史研究所中国经济史研究室编《中国经济史论文集》（1981），田居俭、宋元强编《中国资本主义萌芽》上册（巴蜀书社，1987年3月），氏著《休休室治史文稿补编》十四（2008）。

1964 年第 5 期。①

　　87.《奴隶们是历史上反孔斗争的革命先锋》,《厦大通讯》1973 第 4 期（总第 4 期），1973 年 5 月 10 日。②

　　88.《农民阶级是封建社会反孔的革命先锋》,《人民日报》1974 年 2 月 3 日第 2 版。③

　　89.《从〈史纲评要〉看李卓吾的尊法反儒思想》,《厦大通讯》1974 年第 1 期（总第 5 期），1974 年 5 月 10 日。④

　　90.《论李贽的反孔尊法思想》,《福建日报》1974 年 5 月 22 日第 3 版。⑤

---

① 本文相继收录于南京大学历史系明清史研究室编《明清资本主义萌芽研究论文集》（上海人民出版社，1981 年 8 月），氏著《明清社会经济史论文集》十六（1982）。

② 本文署名"傅家麟、郑学檬、郑山玉"。

③ 本文相继收录于新疆人民出版社编《历史上劳动人民的反孔斗争》（新疆人民出版社，1974 年 2 月），甘肃人民出版社《批林批孔文辑·深入批判尊孔反法的反动思想》（甘肃人民出版社，1974 年 2 月），辽宁人民出版社编《批林批孔文集》第三集（辽宁人民出版社，1974 年 2 月），江苏人民出版社《历史上劳动人民的反孔斗争》（江苏人民出版社，1974 年 3 月），浙江人民出版社编《历史上劳动人民的反孔斗争》（浙江人民出版社，1974 年 6 月），福建人民出版社编《历史上反孔与尊孔斗争》（福建人民出版社，1974 年 6 月），中共九江地委党校图书资料室编《劳动人民反孔斗争史话》（［内部资料］，1974 年 12 月）等论著之中。按，本文并未直接署先生之名，而是署以"厦门大学历史系革命大批判组"这一集体之名，因先生是这一集体的主要成员，且稍早前也撰写了上列的《奴隶们是历史上反孔斗争的革命先锋》（《厦大通讯》1973 第 4 期［总第 4 期］，1973 年 5 月 10 日）一文，两者内容的主题相同、文风一致，可谓是姊妹篇，因此笔者推定本文也应是由先生所实际撰写，至少也是主要的合作撰写者之一，故本目录将其著录。又，文末著录本文原刊于《福建日报》，乃据原刊文删改后转载，并未注明原刊刊发的详细信息，笔者亦未能查阅到其原刊的具体日期和版次。

④ 本文署名"傅家麟、林其泉"；后又另刊于《福建日报》1974 年 7 月 27 日第 2 版。按，学界另有一篇同名作，见王荣刚、严同明、韩天宇《从〈史纲评要〉看李贽的尊法反儒思想》,《学习与批判》1974 年第 8 期（该文亦收录于《李贽思想评介》（1974）。

⑤ 本文收录于《李贽思想评介》（福建人民出版社，1974 年 12 月）；又以《论李贽的反儒尊法思想》为题收录于厦门大学历史系编《李贽反儒尊法文选》（［内部资料］，厦门大学历史系，1974 年 6 月），以《论李贽的尊法反儒思想》为题收录于福建省晋江地区文物管理委员会编《李贽思想评介资料选辑》（［内部资料］，1975 年 5 月）。按，本文并未直接署先生之名，而是署以"厦门大学历史系写作小组"这一集体之名，因先生是当时系里有关"李贽"思想研讨的主要参与者和代表性学者，相继发表了系列研究成果，如上列的《从〈史纲评要〉看李卓吾的尊法反儒思想》及下列的《试论李贽的经济思想》《从明末社会论李贽思想的时代特点》等，这些文章内容的主题都相同，文风也一致，因此笔者推定本文也应是由先生所实际撰写，至少也是主要的合作撰写者之一，故本目录将其著录。又，在厦门大学历史系的《李贽反儒尊法文选》（1974 年）这一资料集中，还附录有《李贽年谱简编》《李贽著作目录》《〈史纲评要〉简介》三篇文（转下页注）

91.《试论李贽的经济思想》，《中国经济问题》1975年第1期。①

92.《从明末社会论李贽思想的时代特点》，《厦门大学学报》（哲学社会科学版）1975年第1期。②

93.《明末南方的"佃变""奴变"》，《历史研究》1975年第5期。③

94.《清代农业资本主义萌芽问题的一个探索——江西新城〈大荒公禁栽菸（烟）约〉一篇史料的分析》，《历史研究》1977年第5期。④

95.《论明清社会的发展与迟滞》，《社会科学战线》1978年第4期。⑤

96.《论明清社会与封建土地所有形式》，《厦门大学学报》（哲学社会科学版）1978年第2-3期合刊。⑥

97.《略论我国农业资本主义萌芽的发展规律——休休室读史札记》，《厦门日报》1979年7月6日第3版。⑦

98.《明清时代阶级关系的新探索》，《中国史研究》1979年第4期。⑧

99.《明代前期徽州土地买卖契约中的通货》，《社会科学战线》1980年第3期。⑨

（接上页注⑤）章，均署名"厦门大学历史系"，尽管可以断定该资料集先生也是其中的编选者之一，但由于无法知晓先生所实际编选的内容，更无法确定这三文是否由先生参与或执笔撰写，本目录暂不予以著录；同样的情况还见于署名"泉州市文物管理委员会、厦门大学历史系"的《介绍李贽的一部重要著作——明刻本〈史纲评要〉》《文物》1974年第9期，收录于福建省晋江地区文物管理委员会编《李贽思想评介资料选辑》[内部资料]，1975年5月）一文，本目录亦暂不予以著录。

① 本文署名"傅家麟、林其泉"。

② 本文后经大幅修订，收录于氏著《傅衣凌治史五十年文编》卷四（1989）。

③ 本文收录于氏著《明清社会经济史论文集》二十六（1982）。

④ 本文收录于氏著《明清社会经济史论文集》七（1982）。

⑤ 本文相继收录于南京大学历史系明清史研究室编《明清资本主义萌芽研究论文集》（上海人民出版社，1981年8月）、田居俭、宋元强编《中国资本主义萌芽》下册（巴蜀书社，1987年3月），氏著《明清社会经济史论文集》五（1982）。

⑥ 本文收录于厦门大学历史研究所中国经济史研究室编《中国经济史论文集》（1981）。

⑦ 按：本文后被澳大利亚墨尔本大学（The University of Melbourne）历史系教授、华裔学者梁肇庭（Sow-Theng-Leong）译成英文刊发，详见 Fu Yi-ling, Capitalism in Chinese Agriculture: on the Law Governing Its Development, translated by Sow-Theng-Leong, *Modern China*, Vol. 6 No. 3, July 1980。又，梁肇庭教授是有关中国客家移民史研究的拓荒者之一，1981年12月至1982年1月曾在厦门大学进行短期的访学研究。本文相继收录于厦门大学历史研究所中国经济史研究室编《中国经济史论文集》（1981），氏著《明清社会经济史论文集》八（1982）。

⑧ 本文摘要转载于《中国人民大学复印报刊资料》（中国古代史）1980年第9期。收录于氏著《明清社会经济史论文集》二十（1982）。

⑨ 本文摘要转载于《中国人民大学复印报刊资料》（经济史）1980年第16期、（中国古代史）1980年第24期。收录于氏著《明清社会经济史论文集》十七（1982）。

100.《傅衣凌谈中国史学动态》,《抖擞》(双月刊,香港)第 37 期,1980 年 3 月。①

101.《清代中叶川陕湖三省边区经济形态的变化》,《抖擞》(双月刊,香港)第 38 期,1980 年 5 月。②

102.《座谈:中国封建社会和现代化》《座谈:中国封建社会和现代化》(续),《抖擞》(双月刊,香港)第 38、39 期,1980 年 5 月、7 月。③

103.《关于捻变的新解释》,《抖擞》(双月刊,香港)第 39 期,1980 年 7 月。④

104.《论中国封建社会中的村社制和奴隶制残余》,《厦门大学学报》

---

① 按:本文为先生于 1979 年冬至 1980 年春在美国讲学期间,分别在耶鲁大学两处不同场合发表的演讲稿内容,由时任美国耶鲁大学教师、香港《抖擞》杂志编辑的郑培凯先生整理而成,文前附有其对本文的长篇"按语";本文仅署名"郑培凯整理",未署先生之名。又,不知何因,在先生生前、逝后所有集出版的各种集子中,该文都遭到了"疏漏",未曾有过任何收录。另,郑培凯(1948—),笔名"程步奎",山东日照人,1949 年随父母赴台,美国耶鲁大学历史学博士(是美国著名历史学家、曾任美国历史学会会长、耶鲁大学荣誉教授史景迁〔Jonathan D. Spence〕先生的第一位博士),著名的诗人、文学家、历史学家、戏剧家、茶学家、翻译学家,曾先后任教于美国耶鲁大学、纽约州立大学、佩斯大学、台湾大学、台湾清华大学,曾是《抖擞》(双月刊,香港)杂志的主要撰稿者和责任编辑、《九州学刊》(季刊,香港、美国纽约)杂志的主编,现为香港城市大学中国文化中心(Chinese Civilization Centre)主任、教授,《九州学林》(季刊,香港、上海)的主编。

② 按:本文是在《清代中叶川陕湖三省边区手工业形态及其历史意义》(《星光日报·历史半月刊》〔厦门〕第 11 期,1947 年 5 月 12 日第 4 版)的基础上,增补部分史料,并大幅修改内容、增补"附记"而成,是前文的修订版,二文内容有很大的出入,故将二文分别予以著目。又,本文文前附有时任《抖擞》杂志编辑的郑培凯先生对本文的长篇"按语"。另,本文的主要内容收入氏著《明清封建土地所有制论纲》(1992)的第六章第三节《商品经济和资本主义生产的萌芽》之中,是该节内容的重要组成部分。

③ 按:本文为先生于 1979 年底在美国东部讲学期间,在一次座谈会上作的发言录音稿,由当时旅美的文化工作者范寒山(笔名)先生删订、整理,分两期连载。又,本文两期文前都附有本文编者的"按语"。再,本文两期都仅署名"范寒山整理",未署先生之名,仅在编者"按语"中提及。另,本文后改以《中国封建社会和现代化》为题,收录于氏著《傅衣凌治史五十年文编》卷一(1989),但漏收录续篇的内容,且删除了本文编者的按语和"范寒山整理"之署名。

④ 按:本文是在《关于捻乱的新解释——太平天国时代社会变乱史研究之一》(刊于《福建文化》〔季刊,福建邵武〕第 2 卷第 2 期,1944 年 6 月 30 日)的基础上进行修订、并增补"后记"内容而成的,文前附有时任该杂志编辑的郑培凯先生对本文的长篇"按语",由于二文内容已有了很大的出入,故将二文分别予以著目;收录于氏著《明清社会经济史论文集》二十八(1982),但漏标了该文的原刊出处,且删除了郑培凯先生的"按语"。

（哲学社会科学版）1980年第3期。[①]

105.《明代江西的工商业人口及其移动》，《抖擞》（双月刊，香港）第41期，1980年11月。[②]

106.《明代开封城市性质的解剖——〈如梦录〉读后记》，《抖擞》（双月刊，香港）第42期，1981年1月。[③]

107.《中国封建后期湖南山区商品生产的一个实例——读王闿运〈桂阳直隶州志·货殖传〉书后》，《抖擞》（双月刊，香港）第43期，1981年3月。[④]

108.《附：致〈抖擞〉编者的信》，《抖擞》（双月刊，香港）第43期，1981年3月。[⑤]

109.《鸦片战争时期地主阶级投降派的安内攘外论》，《抖擞》（双月刊，香港）第44期，1981年5月。[⑥]

110.《厦门海沧石塘〈谢氏家乘〉有关华侨史料》，《华侨问题资料》

---

① 本文摘要转载于《中国人民大学复印报刊资料》（历史学文摘）1980年第10期。本文相继收录于《中国古代史论丛》（1981年第3辑［总第3辑］，福建人民出版社，1982年10月），氏著《傅衣凌治史五十年文编》卷二（1989）；后又经修订、改以《明清封建社会中的村社制和奴隶制残余》为题，收录于氏著《明清社会经济变迁论》三（1989），两者基本内容一致，但具体行文却有了很大出入。

② 按：本文作于20世纪60年代初期，文前附有时任该杂志编辑的郑培凯先生对本文的长篇评述性"按语"。本文收录于氏著《明清社会经济史论文集》十一（1982），但漏标了该文的原刊出处，且删除了郑培凯先生的"按语"；在杨国桢教授著《傅衣凌教授论著目录》（见杨氏著《傅衣凌学述》［2022］）中错漏了本文的原刊出处，误著为其原刊于氏著《明清社会经济史论文集》十一（1982）。

③ 按：本文文前附有时任该杂志编辑的郑培凯先生对本文的长篇"按语"；收录于氏著《傅衣凌治史五十年文编》卷三（1989），但删除了郑培凯先生的"按语"。又，本文旋又以《明代开封城市性质的剖析——〈如梦录〉读后记》刊于《福建文博》1982年第1期，文字略有出入。

④ 按：本文作于1964年，文前附有时任该杂志编辑的郑培凯先生对本文的长篇评述性"按语"。本文旋改以《王闿运〈桂阳直隶州志·货殖传〉读后》为题，收录于《中国古代史论丛》1981年第1辑（总第1辑），福建人民出版社，1981年6月；收录于氏著《傅衣凌治史五十年文编》卷三（1989），但删除了郑培凯先生的"按语"。

⑤ 按：本文发表时，附录于上文《中国封建后期湖南山区商品生产的一个实例——读王闿运〈桂阳直隶州志·货殖传〉书后》之后，但内容是针对前文《明代开封城市性质的解剖——〈如梦录〉读后记》（《抖擞》［双月刊，香港］第42期，1981年1月）的补充说明，故作为其附录，一并收录于氏著《傅衣凌治史五十年文编》卷三（1989）。

⑥ 本文为先生的一篇读书札记；收录于氏著《傅衣凌治史五十年文编》卷四（1989），但漏标了该文的原刊出处。

第 8 期（1981 年第 1 期），1981 年 9 月 15 日。①

111.《明代泉州安平商人史料辑补——读李光缙〈景璧集〉、何乔远〈镜山全集〉两书札记》，《泉州文史》第 5 期，1981 年 10 月。②

112.《中国海外贸易商经营者出生地小议》，《抖擞》（双月刊，香港）第 47 期，1981 年 11 月。③

113.《晚唐五代义儿考——中国封建社会结构试论之一》，《厦门大学学报》（哲学社会科学版）史学专号，1981 年增刊。④

114.《从中国历史的早熟性论明清时代》，《史学集刊》1982 年第 1 期。⑤

115.《明清封建各阶级的社会构成》，《中国社会经济史研究》1982 年第 1 期。⑥

116.《周玄晖〈泾林续纪〉事件辑录——明末社会变革与动乱杂考之一》，见王毓铨主编《明史研究论丛》第 1 辑，江苏人民出版社，1982 年 4 月。⑦

---

① 按：《华侨问题资料》是厦门大学南洋研究所编印的一个内部刊物，刊期不固定。
② 本文收录于氏著《傅衣凌治史五十年文编》卷三（1989）。
③ 按：本文从文章实际内容来看，当系先生中国商业资本集团史系列论文之七，但未见有"中国商业资本集团史论之七"之副标题，且未查看到最早的原刊出处；本文文前附有时任该杂志编辑郑培凯先生对本文的超长评述性"按语"（共有 3 页）；在收录于氏著《傅衣凌治史五十年文编》卷三（1989）时，删除了郑培凯先生的"按语"。
④ 按：本文是在前文《晚唐五代义儿考》（《星光日报·历史双周刊》〔厦门〕第 1 期，1946 年 8 月 16 日第 4 版）的基础上于 1980 年进行增补部分史料、大幅修改内容，并增添了"中国封建社会结构试论之一"的副标题而成，是前文的修订版，二文内容有了很大的出入，故将二文分别予以著目。收录于氏著《傅衣凌治史五十年文编》卷二（1989）。
⑤ 按：本文为 1980 年 8 月 5 ~ 8 日先生参加在南开大学举办的"明清史国际学术讨论会"所提交的会议论文，经修订后刊发。全文转载于《新华文摘》1982 年第 5 期（部分文字略有删减），摘要转载于《中国人民大学复印报刊资料》（中国古代史）1982 年第 6 期。相继收录于东北三省中国经济史学会编《中国经济史论文集》上册（东北三省中国经济史学会，1982 年 1 月），明清史国际学术讨论会秘书处论文组编《明清史国际学术讨论会论文集》（天津人民出版社，1982 年 7 月），氏著《明清社会经济变迁论》二（1989）。
⑥ 本文摘要转载于《中国人民大学复印报刊资料》（中国古代史）1982 年第 18 期；由袁强同名选摘、转载于《历史研究》1982 年第 5 期。收录于氏著《明清社会经济变迁论》四（1989）。
⑦ 按：从本文的文名来看，先生曾拟就"明末社会变革与动乱"之主题撰写一个系列文章，但实际上仅撰写了本文与后文《明万历二十二年福州的抢米风潮——明末社会变革与动乱杂考之二》二文，并未继续撰就续章。后经大幅修订，改以《周玄晖〈泾林续纪〉事件辑录》为题，收录于氏著《傅衣凌治史五十年文编》卷二（1989）。

117.《郑成功研究的若干问题》，《福建论坛》1982年第3期。①

118.《明万历二十二年福州的抢米风潮——明末社会变革与动乱杂考之二》，《南开学报》（哲学社会科学版）1982年第5期。②

119.《漫谈林纾的爱国思想——读林译〈不如归·序〉书后》，《厦门日报》1982年10月30日第3版。③

120.《从农民斗争到资本主义萌芽看中国封建社会的弹性》，《学术研究》1983年第2期。④

121.《我对于中国封建社会的再认识》，《中国史研究》1983年第1期。⑤

122.《明清土地所有制下的地主与农民》，见〔日〕小野和子编《明清時代の政治と社会》，京都：京都大学人文科学研究所，1983年3月。⑥

---

① 按：本文为1982年7月26日～8月1日先生参加在厦门大学举办的"福建省郑成功研究学术讨论会"上作的发言，会后由杨国桢、林仁川整理成文刊发；在杨国桢教授著《傅衣凌教授论著目录》（见杨氏《傅衣凌学述》〔2022〕）中本文文题误录为《郑成功研究的几个问题》。另刊于《中国史研究动态》1982年第9期；摘要转载于《新华文摘》1982年第8期。后改以《关于郑成功研究的若干问题》为题，相继收录于郑成功研究学术讨论会学术组编《郑成功研究论文选编集》（福建人民出版社，1984年10月），氏著《傅衣凌治史五十年文编》卷四（1989）。另，《福建论坛》创刊于1981年，为双月刊；1984年，《福建论坛》分为《福建论坛》（经济社会版）和《福建论坛》（文史哲版），并改为月刊；2001年，《福建论坛》（文史哲版）更名为《福建论坛》（人文社会科学版）；2004年，《福建论坛》（经济社会版）更名为《福建论坛》（社科教育版）；2012年，《福建论坛》（社科教育版）再次更名为《学术评论》，并重新改回双月刊；故本文在部分数据库中标注的刊登信息为《学术评论》1982年第3期，实为同一杂志。
② 本文后经大幅修订，改以《明万历二十二年福州的抢米风潮》为题，收录于氏著《傅衣凌治史五十年文编》卷二（1989）。
③ 本文收录于氏著《傅衣凌治史五十年文编》卷四（1989）。
④ 按：本文为1982年10月18～24日先生参加在广州中山大学举行的、由中国社会科学院历史研究所《中国史研究》编辑部、中国社会科学出版社和中山大学历史系联合召开的"中国封建社会经济结构、特点及其发展道路学术讨论会"上作的发言，经修订后刊发。本文摘要转载于《中国人民大学复印报刊资料》（历史学文摘）1983年第6期、《新华文摘》1983年第7期。收录于氏著《傅衣凌治史五十年文编》卷一（1989）；田丰、李旭明主编《史学探骊：史学研究的现代转型与开新》，商务印书馆，2011年11月。
⑤ 本文摘要转载于《新华文摘》1983年第5期；被卢晓静摘编并改以《中国封建社会不易瓦解的强韧性》为题，转载于《中国人民大学复印报刊资料》（经济学文摘）1983年第5期。收录于氏著《傅衣凌治史五十年文编》卷一（1989）。
⑥ 按：本文也是1983年10月14～20日先生参加在昆明举行的，由云南大学和《历史研究》编辑部联合召开的"中国封建地主阶级研究学术讨论会"上所提交的会议论文。后改以《明清封建土地所有制下的地主与农民》为题，收录于《历史研究》编辑部编《中国封建地主阶级研究》，中国社会科学出版社，1988年3月；后又经大幅修订，收录于氏著《明清社会经济变迁论》五（1989）。

123.《鸦片战争前后湖南洞庭湖流域商品生产的分析——读吴敏树〈耕湖文集〉中的经济史料》,《社会科学战线》1983 年第 4 期。①

124.《我是怎样研究中国社会经济史的?》,《文史哲》1983 年第 2 期。②

125.《明成弘间江西社会经济史料摘抄——读〈皇明条法事类纂〉札记之一》,《江西社会科学》1983 年第 3 期。③

126.《福建农村的耕畜租佃契约及其买卖文书》,《中国社会经济史研究》1983 年第 4 期。④

127.《治史琐谈》,《书林》(双月刊,上海)1984 年第 1 期。⑤

128.《我是怎样研究明清资本主义萌芽的》,《文史知识》1984 年第 3 期。⑥

129.《明代经济史上的山东与河南》,《社会科学战线》1984 年第 3 期。⑦

130.《读史札记:谭嗣同狱中题壁诗真伪辨简介》,《厦门大学学报》(哲学社会科学版)1984 年第 3 期。⑧

---

① 本文摘要转载于《中国人民大学复印报刊资料》(经济史)1983 年第 11 期。相继收录于史念海主编《文史集林》第 1 辑(1985 年 5 月)、氏著《傅衣凌治史五十年文编》卷三(1989)。按,在杨国桢教授著《傅衣凌教授论著目录》(见杨氏著《傅衣凌学述》[2022])中漏著了本文的副标题。

② 本文相继收录于氏著《傅衣凌治史五十年文编》卷一(1989),《文史哲》编辑部编《考据与思辨:文史治学经验谈》(商务印书馆,2013 年 5 月)。

③ 本文后经大幅修订,改以《明成弘间江西社会经济史料摘抄》为题,收录于氏著《傅衣凌治史五十年文编》卷三(1989)。

④ 本文摘要转载于《中国人民大学复印报刊资料》(明清史)1984 年第 2 期。后经大幅修订、增补"补记",相继收录于氏著《明清福建社会与乡村经济》(与杨国桢合编,1987),《傅衣凌治史五十年文编》卷三(1989)。

⑤ 本文摘要转载于《中国人民大学复印报刊资料》(历史学文摘)1984 年第 3 期。收录于氏著《傅衣凌治史五十年文编》卷一(1989)。按,《书林》杂志由上海人民出版社创刊于 1979 年 9 月,与生活·读书·新知三联书店的《读书》杂志同时诞生,为双月刊;1986 年 1 月起,改为月刊;1990 年 5 月停刊。

⑥ 本文先后收录于《文史知识》编辑部编《学史入门》(中华书局,1988 年 6 月),氏著《傅衣凌治史五十年文编》卷一(1989)。

⑦ 本文摘要转载于《中国人民大学复印报刊资料》(经济史)1984 年第 9 期。收录于氏著《傅衣凌治史五十年文编》卷三(1989)。

⑧ 本文先生撰写于 1984 年春,刊发时署名先生笔名"人木"。按,在杨国桢教授著《傅衣凌教授论著目录》(见杨氏著《傅衣凌学述》[2022])中将该文著录为《谭嗣同狱中题壁诗真伪辨简介——读史札记》(手稿),应是该文的原始手稿,漏著了其原始刊发情况。

131. 《明清封建地主论》，《厦门大学学报》（哲学社会科学版）1985年第 4 期。①

132. 《太平天国时期江南地区农民的抗租》，《厦门大学学报》（哲学社会科学版）1986 年第 4 期。②

133. 《尤溪县合会情况》，见中国人民政治协商会议福建省尤溪县委员会文史委员会编《尤溪文史资料》第 6 辑，1987 年 3 月。③

134. 《谈史学工作者的知识结构和学术素养》，《文史哲》1987 年第 2 期。④

135. 《隋唐五代中国西部地区耕畜关系文书掇拾——休休室读史札记》，《中国社会经济史研究》1987 年第 2 期。⑤

136. 《商品经济对明代封建阶级结构的冲击及其夭折——读惠安〈骆氏族谱〉兼论奴变性质》，见氏著《明清福建社会与乡村经济》，厦门大学出版社，1987 年 8 月。⑥

137. 《社会调查在历史研究上的作用》，《群言》1988 年第 1 期。

138. 《中国传统社会：多元的结构》（遗作），《中国社会经济史研究》1988 年第 3 期。⑦

139. 《生产、交换、市场》，见氏著《明清社会经济变迁论》六，人民出版社，1989 年 1 月。⑧

140. 《〈明清社会经济变迁论〉引言》，见氏著《明清社会经济变迁

---

① 本文摘要转载于《中国人民大学复印报刊资料》（经济史）1986 年第 1 期、（明清史）1986 年第 1 期。

② 本文收录于氏著《休休室治史文稿补编》十五（2008）。按，在杨国桢教授著《傅衣凌教授论著目录》（见杨氏著《傅衣凌学述》[2022]）中将该文的文题误records为《太平天国时期江南农民的抗租斗争》。

③ 本文署名先生本名"傅家麟"。按，本文实为氏著《福建省农村经济参考资料汇编》（福建永安：福建省银行经济研究室，1941 年 1 月）下编分述三《农村金融·全省各地合会调查·尤溪》（第 252~253 页）中有关尤溪县资料的摘选，由林振声摘选辑录，个别文字略有出入。

④ 本文相继收录于巴盟政协文史资料委员会办公室选编《文史资料工作学习材料》第 3 辑（1988 年 7 月）、氏著《休休室治史文稿补编》十七（2008）、《文史哲》编辑部编《考据与思辨：文史治学经验谈》（商务印书馆，2013 年 5 月）。

⑤ 本文收录于氏著《休休室治史文稿补编》十六（2008）。

⑥ 本文署名"傅衣凌、陈支平"；收录于氏著《休休室治史文稿补编》十八（2008）。

⑦ 本文摘要转载于《中国人民大学复印报刊资料》（经济史）1998 年第 12 期。收录于氏著《休休室治史文稿补编》十九（2008）。

⑧ 按：本文为先生撰写《明清社会经济变迁论》（1989）一著时所新撰，未单独另行刊发。

论》，人民出版社，1989 年 1 月。①

141.《倾斜性的明清社会经济——论明清资本主义萌芽的历史道路》，见氏著《明清社会经济变迁论》七，人民出版社，1989 年 1 月。②

142.《〈明清社会经济变迁论〉尾声》，见氏著《明清社会经济变迁论》，人民出版社，1989 年 1 月。③

143.《明嘉万以后福建泉州地区的地租量与佃农抗租斗争——以泉州陈氏族谱文书为基据的一个考察》，见吴廷璆等编《郑天挺纪念论文集》，中华书局，1990 年 3 月。④

144.《〈明清封建土地所有制论纲〉引言》，见氏著《明清封建土地所有制论纲》，上海人民出版社，1992 年 6 月。⑤

145.《清末福州郊区人口的职业变化》，见叶显恩主编《清代区域社会经济史研究》上册，中华书局，1992 年 8 月。⑥

146.《森正夫与傅衣凌、杨国桢先生论明清地主、农民土地权利与地方社会》，《中国社会经济史研究》2009 年第 1 期。⑦

四　序跋记文⑧

1.《〈福建佃农经济史丛考〉集前题记》，见氏著《福建佃农经济史丛

---

① 按：本"引言"为先生撰写《明清社会经济变迁论》（1989）一著时所新撰，未单独另行刊发。

② 按：本文为先生撰写《明清社会经济变迁论》（1989）一著时所新撰，未单独另行刊发。

③ 按：本文是先生在完稿，并校读《明清社会经济变迁论》一著之余，对书中所关注的"倾斜性前进的明清社会经济发展道路"问题临时新增的一些感想，名为"尾声"，实已成一独立小文，未单独另行刊发。

④ 本文后又收录于王日根、张侃、毛蕾主编《厦大史学》第 3 辑，厦门大学出版社，2010年 12 月。

⑤ 按：本"引言"为先生撰写《明清封建土地所有制论纲》（1992）一著时所新撰，未单独另行刊发。

⑥ 本文收录于氏著《休休室治史文稿补编》二十（2008）。

⑦ 本文由郑振满、郑志章整理。旋改以《明清地主、农民土地权利与地方社会——1983 年厦门大学研究会纪要》为题，收录于陈春声、陈东有主编《杨国桢教授治史五十年纪念文集》，江西教育出版社，2009 年 12 月；后在增补"附记"内容后又收录于杨氏著《傅衣凌学述》（2022）。

⑧ 按：本目录此处"序跋记文"不仅指先生为他人论著、整理的史籍及相关论文集所作的各类序跋、前言、书评等，也包括其在自己著作中单独另作的前言、集前题记、后记、跋、出版说明等，但不包括作为书稿内容组成部分的"引言""导言""尾声"等，也不包括他人为先生著作所作的前言、序跋文，后者著录在本目录的附录《学界介绍与研究、纪念与追忆傅衣凌生平与学术文章》之中。

考》，邵武：私立福建协和大学中国文化研究会，1944 年 8 月。

2. 《〈福建佃农经济史丛考〉校后跋》，见氏著《福建佃农经济史丛考》，邵武：私立福建协和大学中国文化研究会，1944 年 8 月。

3. 《〈福建对外贸易史研究〉小引》，见氏著《福建对外贸易史研究》，福州：福建省研究院社会科学研究所，1948 年 3 月。

4. 《〈明清时代商人及商业资本〉后记》，见氏著《明清时代商人及商业资本》，人民出版社，1956 年 7 月。

5. 《〈明代江南市民经济试探〉后记》，见氏著《明代江南市民经济试探》，上海人民出版社，1957 年 9 月。

6. 《〈明清农村社会经济〉后记》，见氏著《明清农村社会经济》，生活·读书·新知三联书店，1961 年 11 月。

7. 《〈明清农村社会经济〉再版后记》，见氏著《明清农村社会经济》，生活·读书·新知三联书店，1980 年 7 月。

8. 《〈明清时代商人及商业资本〉再版说明》，见氏著《明清时代商人及商业资本》，人民出版社，1980 年 7 月。

9. 《〈中国经济史论文集〉前言》，见厦门大学历史研究所中国经济史研究室编《中国经济史论文集》，福建人民出版社，1981 年 1 月。

10. 《〈抗日战争时期中国解放区农业大生产运动〉序》，见张水良著《抗日战争时期中国解放区农业大生产运动》，福建人民出版社，1981 年 10 月。

11. 《〈明清社会经济史论文集〉集前题记》，见氏著《明清社会经济史论文集》，人民出版社，1982 年 6 月。

12. 《〈安海志〉序言》，见《安海志》修编小组编《安海志》卷首，晋江县《安海志》修编小组，内部印刷本，1983 年 9 月。①

13. 《喜读叶显恩新著〈明清徽州农村社会与佃仆制〉（代序)》，《中国社会经济史研究》1983 年第 3 期。②

14. 《祝贺〈厦门方志通讯〉创刊——代发刊词》，《厦门方志通讯》

---

① 本文收录于氏著《傅衣凌治史五十年文编》卷三（1989）。按，该志后收录于《中国地方志集成·乡镇志专辑》26，上海书店，1992 年 7 月。

② 本文署名"傅衣凌、杨国桢"；收录于氏著《休休室治史文稿补编》二十六（2008）。按，本文实是先生在叶显恩著《明清徽州农村社会与佃仆制》（安徽人民出版社，1983 年 2 月）出版后，撰刊的"书评"，后被叶氏作为"代序"收录于该书的重版中（详见叶显恩《明清徽州农村社会与佃仆制》，新北：稻乡出版社，2014 年 7 月）。

第 1 期（创刊号），1983 年 12 月。

15.《〈简明中国经济通史〉序》，见郑学檬主编《简明中国经济通史》，黑龙江人民出版社，1984 年 5 月。①

16.《〈郑成功研究论文选续集〉序》，见郑成功研究学术讨论会学术组编《郑成功研究论文选续集》，福建人民出版社，1984 年 10 月。

17.《〈林则徐与鸦片战争研究论文集〉前言》，见福建社会科学院历史研究所编《林则徐与鸦片战争研究论文集》，福建人民出版社，1985 年 2 月。

18.《重印〈惠安政书〉及〈崇武所城志〉序》，《惠安地方志通讯》1985 年第 2 期。②

19.《〈福建史稿〉序》，见朱维幹著《福建史稿》（上册），福建教育出版社，1985 年 2 月。

20.《重印〈闽都别记〉前言》，见（清）里人何求纂《闽都别记》（上册），福建人民出版社，1987 年 11 月。③

21.《〈施琅评传〉序》，见施伟青著《施琅评传》，厦门大学出版社，1987 年 7 月。

22.《〈徽州社会经济史研究译文集〉序言》，见刘淼辑译《徽州社会经济史研究译文集》，黄山书社，1988 年 4 月。

23.《〈西山杂志〉序》，《福建乡土》1988 年第 2 期。④

---

① 本文收录于氏著《傅衣凌治史五十年文编》卷一（1989）。按，该著作人民出版社 2005 年进行重排再版。

② 本文另刊于（明）叶春及撰《惠安政书》［附（明）朱彤纂、陈敬法增补《崇武所城志》］卷首（泉州历史研究会等整理、点校，福建人民出版社，1987 年 9 月）；收录于氏著《休休室治史文稿补编》二十三（2008）。

③ 按：本文在书中原仅题名"前言"，目录中的文名乃据文章内容由笔者改拟。又，在收录于氏著《休休室治史文稿补编》二十四（2008）时，及在杨国桢教授著《傅衣凌教授论著目录》［见氏著《傅衣凌学述》（2022）］中本文文题都误录为《重印〈闽都别记〉序》。另，本文又以《福建人民出版社 1987 年〈闽都别记〉前言》为题收录于徐杰主编《〈闽都别记〉与闽都文化研究文集》，海峡文艺出版社，2011 年 7 月。

④ 按：《西山杂志》是一部发现于闽南民间的手抄本奇书，相传为清代晋江东石人蔡永蒹所撰，但先生认为"疑不是一时之作，也非出于一人之手，或是东石蔡氏一家数代根据当时民间传说，口耳相传，陆续编写出来的"，原有钞稿本十卷，今仅存六卷，原件现收藏于晋江市博物馆。该书内容争议很大，在 20 世纪 80 年代，晋江县博物馆曾组织专家进行整理，并已计划出版，故请先生作序，但不知何故，该书至今一直都未能得以出版。又，除先生之序文外，学界另有两篇介绍和评议该书的文章，即李玉昆的《谈〈西山杂志〉存在的问题》（《福建史志》1988 年第 4 期）和龚延明的《文莱国宋墓"判院蒲公"索解——兼评〈西山杂志〉（手抄本）的史料价值》（《海交史研究》1991 年 （转下页注）

24.《〈清代赋役制度演变新探〉序》，见陈支平著《清代赋役制度演变新探》，厦门大学出版社，1988年6月。

25.《〈明清社会经济变迁论〉后记》，见氏著《明清社会经济变迁论》，人民出版社，1989年1月。

26.《〈安海港史研究〉序言》，见《安海港史研究》编辑组编《安海港史研究》，福建教育出版社，1989年1月。

27.《〈中国封建晚期的商品经济〉序》，见陈学文著《中国封建晚期的商品经济》，湖南人民出版社，1989年9月。

28.《1987年广州国际清代区域社会经济暨全国第四届清史学术讨论会开幕词（代序）》，见叶显恩主编《清代区域社会经济史研究》① 上册，中华书局，1992年8月。

29.《〈宋代商业史研究〉前言》，见〔日〕斯波义信著《宋代商业史研究》，庄景辉译，稻禾出版社，1997年8月。②

（接上页注④）第2期）。又，《福建乡土》原名《闽南乡土》，创刊于1985年，系由中国民主同盟会福建省委员会主办的、具有正规双刊号的、公开发行的一本综合性学术期刊，其宗旨是："展现福建风情，传递家乡信息，介绍八闽文化"，原为季刊，现为双月刊。

① 按：该著作是1987年广州"国际清代区域社会经济史暨全国第四届清史学术讨论会"的论文集，共收有会议论文92篇，书末附有《1987年广州国际清代区域社会经济史暨全国第四届清史学术讨论会述评》。

② 按：《宋代商业史研究》一著作是日本著名学者斯波义信（Yoshinobu Shiba）的重要代表作，日文原版最早于1968年2月由日本东京风间书房出版，此后于1979年2月、1989年1月又两次由风间书房再版发行；该著作日文初版问世后，旋即由时在英国牛津大学（University of Oxford）东洋研究所任教的英国著名学者伊懋可（Mark Elvin）博士抄译成英文，编入美国密歇根大学的《密歇根抄译丛书》，由美国密歇根大学出版社于1970年1月出版（*Yoshinobu Shiba*，*Commerce and Society in Sung China*，translated by Mark Elvin，Ann Arbor：The University of Michigan Fress，1970.1.）；该著作中译本于1986年由时任厦门大学历史系讲师的庄景辉应一家出版社之约请译成，并邀请先生作序，先生故于1986年8月6日撰成本"前言"，但不知何故，该译著译成之后并未如约得以出版，一直尘封了11年，直至1997年8月才得以在台湾稻禾出版社正式付梓，是为该译著的繁体中文版；该译著的简体中文版则更是迟至于2021年5月由浙江大学出版社出版，出版方将本文的文名由"前言"更改为"序言"。又，除《宋代商业史研究》一著作外，斯波义信后来又撰有一部影响力更为巨大的重要代表作《宋代江南经济史研究》，两者是姊妹篇，其日文原版于1988年3月由东京汲古书院出版，2001年8月该社又再版了其修订版；该著作的中译本由方健、何忠礼等合译，吴承明先生作序，被选入刘东教授主编的《海外中国研究丛书》，于2001年1月由江苏人民出版社出版，并于2012年1月重排再版。另，稻香出版社成立于1989年，位于台湾台北县（今新北市）板桥市；稻禾出版社成立于1991年，位于台湾台北县（今新北市）新庄市，宗旨都是"推广台湾学术文化"，但两者实际上是同一家出版社，且经常使用两个名称一起出版图书，常例做法是"出版：稻禾出版社，经销：稻香出版社"，两者共同出版有一套"史学丛书系列"。

五 译文

1.〔苏〕A. 波里耶可夫:《中国封建构成的发展之合则性问题》(支那における封建的構成の發展の合則性の問題),《食货》(半月刊,上海)第 4 卷第 10 期,1936 年 10 月 16 日。①

2.〔日〕志田不动麿:《汉代苍头考》,《食货》(半月刊,上海)第 4 卷第 11 期,1936 年 11 月 1 日。②

3.〔日〕加藤繁:《关于宋金的贸易》,《生力旬刊》(福州)第 1 卷第 16 期,1938 年 9 月 29 日。③

4.〔日〕小林良正:《日本明治维新政府的产业育成政策》,《生力旬刊》(福建连城)第 2 卷第 18、19 期合刊,1939 年 11 月 19 日。④

---

① 本文摘要转载于《史地社会论文摘要》(月刊,上海)第 3 卷第 2 期,1936 年 11 月 20 日。收录于曾劲夫编译《中国古代社会论》,上海:新明出版社,1937 年 2 月。但该著作没有标明本文的译者姓名。按,该文俄文原文源于 1933 年 6 月(前)苏联国立物质文化史研究所针对"封建制度的发生与发展问题"进行的一次讨论,1934 年底,该物质文化史研究所将讨论文章集为《封建社会的发生与发展的基本问题》一书。全书分为"东洋封建制度史问题""西欧封建制度史问题""东欧与俄国封建制度史问题"三部分(参见何干之(原名谭毓君,学名谭秀峰)《苏联史家怎样观察中国封建制》,《时论》〔创刊号,上海〕第 1 卷第 1 期〔1936 年 11 月 5 日〕;该文摘要转载于《史地社会论文摘要》〔月刊,上海〕第 3 卷第 3 期〔1936 年 12 月 20 日〕;后又改以《苏联史学界对于中国封建社会的新认识》为题,收入何氏著《中国社会史问题论战》〔上海:生活书店,1937 年 7 月〕,作为该书第八章)。又,日本学者西村雄三于 1935 年将其中的"东洋封建制度史问题"部分编译成日文,改以《东洋封建制度史论》为题出版(详见〔苏〕ガイムク编,〔日〕西村雄三訳『東洋封建制史論』,東京:白揚社,1936 年 3 月);1936 年 8 月,先生据西村雄三的这一日译本,将该著作的第一篇文章,即波里耶可夫的报告《支那における封建の構成の發展の合則性の問題》中译为《中国封建构成之发展的合则性问题》一文发表。另,该原文的作者存在多种不同的译名,其俄文原名为"Поляков,Александр Сергееви",西村雄三的日译名为"エス・アー・ポリャコフ",先生将其译为"A. 波里耶可夫",曾劲夫译为"A 斯·亚波里珂夫",何干之则译为"鲍勒呵夫"。

② 本文译自〔日〕志田不动麿:「漢代の奴隷制度『蒼頭』に就いて」,〔日〕『歴史学研究』第 2 卷第 1 号,東京:積文堂,1933 年。

③ 本文译自〔日〕加藤繁:「宋と金国との貿易に就いて」,(〔日〕『史学雑誌』第 48 卷第 1 号,東京:史学会,1937 年 1 月)。又,本文另可参考〔日〕加藤繁:《中国经济史考证》第二卷《宋代和金国的贸易》(吴杰译,商务印书馆,1959 年 9 月、1963 年 6 月、1973 年 11 月;中华书局,2012 年 10 月)。

④ 本文选译自〔日〕小林良正:『明治維新に於ける商工業上の諸変革』第 5、6、8 章,東京:岩波書店,1933 年。

5. 〔苏〕Vladimitcov①：《成吉思汗的诞生与少年时代》，《现代青年》（月刊，福建永安）第2卷第5期，1940年9月10日。②

6. 〔日〕田中荒己：《清初的闽粤浙沿海考——以迁界为中心的一个研究》，《福建文化》（季刊，福建邵武）第1卷第3期，1941年9月30日。③

7. 〔日〕小林高四郎：《唐宋时代牙人的研究》《唐宋时代牙人的研究（二续）》《唐宋时代牙人的研究（三）》，《贸易月刊》（福建南平）第1卷第1期、第2期、第5、6期合刊，1942年5月31日、6月31日、10月25日。④

---

① 按：先生仅著录其英译名"Vladimitcov"（误拼，应为"Vladimirtsov"），未将其姓名进行中译；该作者的俄文名为"Б. Я. Владимирцов"，是苏联科学院院士、东方学家，世界最具权威的蒙古学家，著有《蒙古社会制度史》《成吉思汗传》等名著，有多个不同的中译名，如"乌拉吉米索夫"[见瑞永译《蒙古社会制度史》（据日译本译），蒙古文化馆，1939年4月]、"伍拉祺米尔索夫"[〔苏〕鲍培（N. Poppe）：《伍拉祺米尔索夫（B. J. Vladimirtsov）传》（韩儒林译，《西北民族文化研究丛刊》第一辑，1949年5月）和余元盦译注《成吉思汗传》（上海：巨轮出版社，1950年1月）]、"物拉底迷尔卓夫"[张兴唐、乌合占坤合译《蒙古社会制度史》（香港：中华文化出版社，1957年1月）]、"符拉基米尔佐夫"[通译名，见刘荣焌译《蒙古社会制度史》（中国社会科学出版社，1980年3月）和余元盦译注《成吉思汗传》（上海人民出版社，1955年12月；上海三联书店，2007年4月）等]。

② 按：该著作的俄文原著名为：Борис Яковлевич Владимирцов, Чингисхан, Издательство3. И. Гржебина, СанктПетроград, 1922 год. 这是一部世界史学名著，先后有英、日、法、中等多个语种进行译介：英译本 B. Ya. Vladimirtsov, *The Life of Chinagis-Khan*, translated by Prince D. S. Mirsky, London：G. Routledge & Sons, Ltd., 1930.；日译本〔苏〕ウラヂミルツォフ著，〔日〕小林高四郎訳『チンギス・ハン傳』，東京：日本公論社，1936年4月；法译本 B. ÏA. Vladimir t͡s ov, Gengis-Khan, traduction par Michel Carsow, avec l'introduction historique de René Grousset, Paris：Librairied' Amériqueetd'Orient, Adrien-Maisonneuve, 1948. 中译文本余元盦译注《成吉思汗传》，上海：巨轮出版社，1950年1月。又，本文非先生据俄文原著直译，乃转译自小林高四郎之日译本中的第二章《チンギス・ハンの誕生と少年時代》。另，小林高四郎之日译本亦非据俄文原著直译，乃转译自 Prince D. S. Mirsky 的英译本。

③ 本文译自〔日〕田中克己：「清初の支那沿海——（一）遷界を中心として見たる」「清初の支那沿海——（二・完）遷界を中心として見たる」，〔日〕『歴史学研究』第6巻第1号、第3号，東京：積文堂，1937年。按：先生将该文作者误写成"田中荒己"。又，先生在氏著《清代前期东南洋铜商考》[《社会科学》（季刊，福州）第4卷第3期，1948年9月，后收录于氏著《明清时代商人及商业资本》六（1956）]一文中，引用了该文的部分内容，并将其题目改译为《明清之际东南沿海考》，作者也更正为"田中克己"。

④ 按：本文乃先生于1937年在日本东京留学时对日本学者小林高四郎的「唐宋牙人考」「唐宋牙人考補正」（〔日〕『史学』第8巻第1、3号，東京：三田史学会，1929年）一文的部分摘译，当时未能全译。又，由于《贸易月刊》杂志不久停刊，故该译文流传不广，学界鲜有知晓者。

8. 〔日〕小林高四郎：《唐宋牙人考》，《经济资料译丛》1987 年第 3 期。①

9. 〔日〕小柳司气太：《明末的福建思想家及三教关系》，《福建文化》（季刊，福建邵武）第 2 卷第 1 期，1944 年 1 月 31 日。②

10. 〔日〕山崎宏：《隋之统一与其皇族的佛教信仰——隋代政治与佛教之一》，《星光日报·历史双周刊》（厦门）第 9 期，1946 年 12 月 26 日第 6 版。③

11. 〔日〕藤井宏：《新安商人的研究》《新安商人的研究》（续）《新安商人的研究》（续完），《安徽历史学报》（半年刊）总第 2 号（1958 年第 1 期）、《安徽史学通讯》（双月刊）总第 9、10 号（1959 年第 1、2 期），安徽人民出版社，1958 年 10 月，1959 年 1 月、3 月。④

12. 〔日〕藤井宏：《〈新安商人的研究〉中译本序言》，《中国社会经

---

① 按：1987 年，在时隔 50 年后，先生对日本学者小林高四郎的「唐宋牙人考」「唐宋牙人考補正」一文再次进行重译，由其弟子陈支平根据原文进行校订和补译，并改日文原题《唐宋牙人考》重新刊发。又，因该重译文是全译文，与之前刊于《贸易月刊》的摘译文在内容上有了很大的出入，故将二文分别予以著目。

② 本文署名先生笔名"休休生译"；译自〔日〕小柳司气太「明末の三教関係」，〔日〕高瀬博士還暦記念会編『支那学論叢：高瀬博士還暦記念』，東京：弘文堂書房，1931 年。按，该文作者后又改以「明末の三教（主として林兆恩と李贄）」为题，收录于〔日〕小柳司気太『東洋思想の研究』，京都：關書院，1934 年。

③ 本文译自〔日〕山崎宏「隋の高祖文帝の佛教治國策」，『佛教法政經濟研究所モノグラフィー』第 8 輯，東京：東方書院，1934 年；该文后收录于〔日〕山崎宏『支那中世佛教の展開』，東京：清水書店，1942 年。按，先生在翻译该文时，对原文内容有部分删节。

④ 本文署名"傅衣凌、黄焕宗译"；译自〔日〕藤井宏「新安商人の研究」（1）（2）（3）（4）「新安商人の研究（1）（2）（3）（4）（正誤表）」，〔日〕『東洋学報』第 36 卷第 1、2、3、4 号、37 卷第 1 号，東京：東洋文庫，1953 年 6 月、9 月、12 月、1954 年 3 月、6 月。本文全文共分七章，分三次译刊，对原文内容有部分删节；后经先生重译、核校、修订，收录于《江淮论坛》编辑部编《徽商研究论文集》（安徽人民出版社，1985 年 10 月），并增录了文章原作者藤井宏教授为新译本所写的《作者中译本序言》〔即《〈新安商人的研究〉中译本序言》（《中国社会经济史研究》1984 年第 3 期）〕；本文的内容概要作为一重要辞条收录于傅立民、贺名仑主编《中国商业文化大辞典》上卷（中国发展出版社，1994 年 1 月，第 134 页）。按，《安徽历史学报》（半年刊）与《安徽史学通讯》（双月刊）均由原中国科学院安徽分院哲学社会科学研究所历史研究室于 1957 年 10 月创办，1959 年 12 月两杂志合并（《安徽史学通讯》共出了 14 期；《安徽历史学报》仅出了 2 期），更名为《安徽史学》（双月刊），1960 年 7 月因经济困难停刊，1984 年 1 月由安徽省社会科学院复刊。

济史研究》1984 年第 3 期。[①]

13. 〔日〕寺田隆信：《湖广熟，天下足》，见《江淮论坛》编辑部编《徽商研究论文集》，安徽人民出版社，1985 年 10 月。[②]

14. 〔日〕多贺秋五郎：《关于〈新安名族志〉》，见刘淼辑译《徽州社会经济史研究译文集》，黄山书社，1988 年 4 月。[③]

15. 〔日〕牧野巽：《明代同族的社祭记录之一例——关于〈休宁茗洲吴氏家记·社会记〉》，见刘淼辑译《徽州社会经济史研究译文集》，黄山书社，1988 年 4 月。[④]

六　杂文[⑤]

1. 《新生》，《县训周刊》（南昌）第 3 卷第 3 期，1935 年 11 月 24 日。[⑥]

2. 《日本的石炭问题》，《福建民报》（福州）1938 年 1 月 24 日第 4 版。[⑦]

3. 《郊行》，《省行通讯》（半月刊，福建永安）第 2 卷第 7 期，1939

---

① 本文署名"傅衣凌、黄焕宗译"；以《作者中译本序言》为题，随正文《新安商人的研究》一道收录于《江淮论坛》编辑部编《徽商研究论文集》（1985）。

② 本文署名"傅衣凌、黄焕宗译"；译自〔日〕寺田隆信「湖広熟，天下足」，〔日〕「文化」第 43 卷第 1、2 号，東京：岩波书店，1979 年 9 月。按，根据藤井宏教授的意见，本文作为附录，随《新安商人的研究》一文一道收录于《江淮论坛》编辑部编《徽商研究论文集》（1985），未另行单独译刊。

③ 本文署名"刘淼译，傅衣凌校"；译自〔日〕多贺秋五郎「新安名族志について」，〔日〕『中央大学文学部紀要』第 6 号，1957 年。

④ 本文署名"刘淼译，傅衣凌校"；译自〔日〕牧野巽「明代に於ける同族の社祭記録の一例——休寧茗洲吴氏家記社会記について」，〔日〕《東方学報》［東京］第 11 册之 1，東京：東方文化学院，1940 年 3 月；该文后相继收录于〔日〕牧野巽『近世中国宗族研究』（東京：日光书院，1949 年），『牧野巽著作集』第 3 卷（東京：御茶の水书房，1980 年 9 月）。

⑤ 按：本目录此处"杂文"包括了自传、随笔、各类祝词、学习体会、时势讲话及通信等，但不包括以论文形式体现的各类读史札记和读后感，后者仍旧归入"论文"之中。又，先生生前在学界已久负盛名，且交友甚多，又乐意指点、提掣晚学，故其和学界同仁往来的学术通信理当不少，但由于未见有先生留存的手稿，仅从他人书籍中搜集到二通附在杂文之后，待今后在先生生前的师友、学生及后人中多方征集。

⑥ 本文署名先生本名"傅家麟"。

⑦ 按：《福建民报》的前身是北伐军光复福建后，由中国国民党福建省党部于 1928 年 11 月创办的省属党报《福建民国日报》，1934 年 3 月 1 日更名为《福建民报》，1938 年 4 月随福建省省政府迁往永安。

年 5 月 15 日。①

4.《十月革命的伟大意义》,《厦门日报》,1950 年 11 月 3 日第 3 版。②

5.《回忆与期望》,《新厦大》第 13 期,1951 年 4 月 6 日第 4 版。③

6.《我们为什么要纪念列宁》,《江声报》1951 年 4 月 24 日第 3 版。④

7.《我们对于镇压反革命应有的态度》,《江声报》1951 年 6 月 8 日第 3 版。⑤

8.《纪念本盟死难先烈 我们要好好地改造自己》,《江声报》1951 年 7 月 16 日第 3 版。⑥

9.《悼念斯大林!学习斯大林》,《新厦大》(周刊)第 55 期,1953 年 3 月 14 日第 2 版。⑦

10.《我怎样编写讲稿》,《新厦大》(周刊)第 56 期,1953 年 3 月 21 日第 3 版。⑧

11.《灿烂的花朵——试评「闽南戏实验剧团」演出的梨园古典戏曲「陈三五娘」》,《厦门日报》1953 年 12 月 5 日第 3 版。⑨

12.《进一步加强马克思列宁主义学习》,《新厦大》(周刊)第 79 期,1954 年 1 月 8 日第 2 版。⑩

13.《努力培养社会主义建设人才》,《厦门日报》1954 年 1 月 21 日第 3 版。⑪

14.《斯大林在基础与上层建筑学说上的伟大贡献》,《新厦大》(周刊)第 89 期,1954 年 6 月 5 日第 2 版。⑫

---

① 本文署名先生笔名“人木”。
② 本文署名先生本名“傅家麟”。
③ 本文署名先生本名“傅家麟”。按,本文是先生在 1951 年厦门大学 30 周年校庆时追忆其于 1930～1934 年在厦门大学历史系求学期间,引领其参与学习和讨论当时“中国社会史论战”和“中国农村性质论战”的中共地下党员肖炳实老师的文章。
④ 本文署名先生本名“傅家麟”。
⑤ 本文署名先生本名“傅家麟”。
⑥ 本文署名先生本名“傅家麟”。
⑦ 本文署名先生本名“傅家麟”。
⑧ 本文署名先生本名“傅家麟”。
⑨ 本文署名“郑朝宗、傅家麟、黄典诚、蔡厚示、洪笃仁、黄祖良集体意见,洪笃仁执笔”。
⑩ 本文署名先生本名“傅家麟”。
⑪ 本文署名先生本名“傅家麟”。
⑫ 本文署名先生本名“傅家麟”。按,本文为 1954 年 5 月 18 日先生参加厦门大学研究部举行的“‘基础与上层建筑’文科教师座谈会”上作的发言,经修订后刊发。

15. 《我对于修订教学计划的一些体会》，《新厦大》（周刊）第97期，1954年11月27日第2版。[①]

16. 《积极参加反对使用原子武器签名运动》，《厦门日报》1955年2月18日第2版。[②]

17. 《我们浏览了科学论文·历史学组》，《新厦大》（周刊）第122期，1956年4月4日第2版。[③]

18. 《让知识分子说出真心话》，《新厦大》（周刊）第147期，1957年5月16日第2版。[④]

19. 《"南下广州，北上燕都"》，《新厦大》（周刊）快报2，1958年3月7日第4版。[⑤]

20. 《感激与鞭策》，《新厦大》（周刊）"国庆专刊"，1959年9月30日第4版。[⑥]

21. 《盛会献辞》，《厦大校刊》（半月刊）第9期，1978年5月28日。[⑦]

22. 《青年时代的邓拓》，见廖沫沙等著《忆邓拓》，福建人民出版社，1980年7月。[⑧]

23. 《我的祝愿》，《厦门大学报》1981年4月20日第3版。

24. 《明史》（1980），见《中国历史学年鉴》编辑部编《中国历史学年鉴：1981年·一年史学研究》，人民出版社，1981年9月。[⑨]

25. 《敬悼郑天挺先生》，《光明日报》1982年2月21日第3版。[⑩]

---

① 本文署名先生本名"傅家麟"。

② 本文署名先生本名"傅家麟"。按，本文先生以"民盟厦门市分部副主任委员"的身份撰写、刊发。

③ 本文署名先生本名"傅家麟"。

④ 本文署名先生本名"傅家麟"。

⑤ 本文署名先生本名"傅家麟"。按，本文实为1958年3月5日先生参加"厦门大学社会主义大跃进促进大会"上作的发言，经修订后刊发，"南下广州，北上燕都"的口号亦为先生所提。

⑥ 本文署名先生本名"傅家麟"。

⑦ 本文署名先生本名"傅家麟"。按，本文为"祝贺厦门大学第七次科学讨论会召开"的贺辞。

⑧ 本文署名先生本名"傅家麟"。

⑨ 本文署名"傅衣凌、林仁川"，内容实际上是对1980年中国大陆历史学界明史研究动态的一个学术综述。

⑩ 本文另刊于《厦门大学报》1982年2月25日第4版，《中国社会经济史研究》1982年第1期（创刊号，5月）；相继收录于《中国古代史论丛》编委会编《中国古代史论丛》1982年第2辑（总第5辑，福建人民出版社，1982年12月），氏著《休休室治史文稿补编》二十五（2008）。

26.《傅衣凌自传》附《傅衣凌主要著作目录》,《文献》1982 年第 4 期。①

27.《我把〈战线〉引为知己》,《社会科学战线》1983 年第 1 期。

28.《明史》(1983),见《中国历史学年鉴》编辑部编《中国历史学年鉴:1984 年·史学研究》,人民出版社,1984 年 10 月。②

29.《执行"双百"方针 发扬学术民主》,《厦门大学报》1986 年 9 月 5 日第 3 版。③

30.《傅衣凌自述》附《主要著述目录》,见高增德、丁东编《世纪学人自述》第四卷,十月文艺出版社,2000 年 1 月。④

31. 1985 年 2 月 11 日与蔡永哲的通信。⑤

32. 1981 年 5 月 7 日与刘大年的通信。⑥

编后记: 关于傅衣凌先生著述的整理和编目,本目录并非首创。先生生前曾在其自传《傅衣凌自传》中亲拟了一个《傅衣凌主要著作目录》,但收录得并不完备,在《文献》1982 年第 4 期版中总共只著录了著作 4 种、论文 52 篇、译文 3 篇;在收录至《晋阳学刊》编辑部编《中国现代社会科学家传略》第三辑(山西人民出版社,1983 年 11 月)版中,则总

① 本文相继收录于北京图书馆《文献》丛刊编辑部、吉林省图书馆学会会刊编辑部编《中国当代社会科学家》第四辑(书目文献出版社,1983 年 3 月),《晋阳学刊》编辑部编《中国现代社会科学家传略》第三辑(山西人民出版社,1983 年 11 月)。但后者所附的《傅衣凌主要著作目录》内容与前者大为不同,除了著录的 4 种著作相同外,论文只著录了 24 篇(其中有 9 篇却是前者所不具的),且未著录译文。按,在杨国桢教授著《傅衣凌教授论著目录》[见杨氏著《傅衣凌学述》(2022)]中将本文的刊期误录为"《文献》第 12 辑,书目文献出版社,1982 年"。

② 本文署名"傅衣凌、林仁川",内容实际上是对 1980 年中国大陆历史学界明史研究动态的一个学术综述。

③ 本文署名先生本名"傅家麟"。

④ 按:本文内容与《傅衣凌自传》(《文献》1982 年第 4 期)基本一致,仅个别文字上有所出入,但两者题名存在一字之差,且所附的《主要著述目录》内容也大为不同,其与《晋阳学刊》编辑部编的《中国现代社会科学家传略》第三辑(1983 年)所附之《傅衣凌主要著作目录》内容完全一致,故将二文分别予以著目。又,本文早在这之前就收录于国务院学位委员会办公室编《中国社会科学家自述·历史学·中国古代史》(上海教育出版社,1997 年 12 月),但内容并不完整,进行了大幅删减,只刊登了先生到 1940 年的生平内容,对于 1941 年以后先生正式开始在大学任教、做研究的内容以及附录《主要著述目录》都没有刊载。

⑤ 本信收录于蔡永哲《海轩集:蔡永哲文选·序跋拾遗》,福建人民出版社,2007 年 10 月。

⑥ 本信收录于王玉璞、朱卫编《刘大年来往书信选》上册,中央文献出版社,2006 年 9 月。

共只著录了著作 4 种、论文 24 篇（其中有 9 篇还与前不同），但都是未收录 1982 年后所新撰的文章和著作，且对之前刊发的文章也多有遗漏。在先生 1988 年去世后不久，其弟子和生前的助手杨国桢教授在日本访学时，应日本学术界朋友的要求，亦编撰了一个《傅衣凌教授论著目录》（〔日〕《明代史研究》第 17 号，1989 年 3 月），在先生自撰目录的基础上，增补了其遗漏的部分文章及先生于 1982 年之后所新撰刊的论著和文章，共著有著作 6 种、资料汇编 4 种、论文 62 篇、序文 8 篇、自传 1 篇、译文 4 篇，由于采用"已收入著作者不列"的原则，以及纯粹凭其记忆和日记（杨国桢教授多年一直保持着记日记的良好习惯）撰录，因此该目录同样存在收录不全、多有漏误的情况，加之该目录刊发在日本，国内学界鲜有人知晓。2006 年，先生弟子陈支平教授开始整理、出版《傅衣凌著作集》，除了重新编辑、校勘先生生前已出版过的各种论著外，还将之前未曾收录过的 26 篇论文汇集成册，根据先生生前的意愿，以《休休室治史文稿补编》之名收入《傅衣凌著作集》，于 2008 年 5 月出版；《傅衣凌著作集》共八种、全六册，尽管未曾撰有统一的目录，但每一种内都列有各自的文目，相较于之前，这一次整理无疑又直接增补了 26 篇文目，但对于先生 1949 年之前及 50 年代所刊发的文章，仍多有遗漏，尤其是序文和译文，前者收录很少，后者则完全没有涉及。2022 年，杨国桢教授在其原来所撰的目录和《傅衣凌著作集》的基础上又进行了大幅度的增补和完善，并改变了原先的"已收入著作者不列"原则，修订成新的《傅衣凌教授论著目录》（《傅衣凌学述》，浙江古籍出版社，2022 年 3 月），共著有著作 11 种、资料汇编 4 种、学术论文 127 篇、序文 18 篇、自传与杂文 27 篇、译文 13 篇，但由于先生生前一直笔耕不辍，而且刊发的报刊和形式极其多样，加之囿于查询工具的限制，因此该目录的搜集和著录仍没有达到系统和全面，遗漏情况仍很严重。不仅如此，上述几个目录都仅仅是进行简单的列目，没有对先生的相关著述信息进行必要的考订，部分书目信息还存在着信息不全和错谬的情况。总而言之，迄今为止，对先生的整体著述情况，仍未有一个相对全面、完整、并进行必要考述的综合性目录。

正因为此，笔者在上述诸目录、尤其是杨国桢教授新修订的《傅衣凌教授论著目录》的基础上，充分利用当下便利的网络技术条件，广泛检索各种相关数据库，尤其是 1949 年前的老旧报刊数据库，进行全面、系统的搜集，增补以往所缺漏的书目（文目）、逐条予以比对和稽考，然后进行综合性的梳理、修订和完善各项书目（文目）信息；并在采纳《傅衣凌教授论著目录》分类方法的基础上，加以改进后再进行分类编辑、裒集成帙；全稿前后历时近 5 年，易稿二十余次，是在不断地增补、稽考、修订和勘误中逐步完善起来的。

本目录的编撰，笔者得到了两位业师的充分支持和鼓励：业师陈支平教授在最初收阅到笔者撰拟的《傅衣凌著述目录》初稿后，就立即予以充分肯定，并郑重地嘱托笔者一定要尽快、尽力地将其修订全面和完善，以便为以后整理、出版《傅衣凌全集》打基础；业师李伯重教授在获悉笔者的这一工作后，也同样给予了充分的赞赏，并叮嘱笔者一定要努力将这一目录编写齐全、完善，以嘉惠学林。同时，在撰拟和修订这一目录的具体过程中，笔者也得到了诸多师友们的鼎力相助：本目录中有部分目录是由厦门大学佳宏伟教授查到并提供的；目录中所涉及的相关文献信息有相当一部分是由福建中医药大学王尊旺教授协助核查、修订的；厦门大学的林枫教授、卢增夫老师、刘婷玉教授及江西师范大学的晏雪平教授等也非常关心和帮助本目录的编撰工作，或提供笔者遗漏的书目信息，或代为查找所涉文献，或指正目录初稿中出现的个别舛误；在考述本目录的相关信息过程中，尤其是其中的译文目录，由于涉及英、日、俄等多种外国文字及日、美学界在中国史研究的相关学术动态，囿于语言和学识的限制，笔者无法独立应对，幸得同事林航教授、尤东进教授、武汉大学的刁莉教授等友朋的大力协助，才最终得以完善本目录中所涉及的所有英、日、俄等外文文献的原始书目信息；此外，本目录中译文部分内容的增补和修订，还得益于厦门大学赵红强博士所撰的《傅衣凌译介日俄学者中国史论著述略》一文（待刊）。对于上述诸位时贤对本目录编撰所付出的劳动和给予的帮助，笔者致以诚挚的谢意！

需要说明的是，在编撰本目录的过程中，尽管笔者力图将先生的著述都能一一搜集齐全，以求编制成一个完整、完善的《傅衣凌著述目录》，然而，受制于各种客观条件，本目录最终也无法得如所愿，其中最为明显的就有两个方面：一是先生曾先后参与编辑或主编过多个不同的报纸、杂志，如 1928 年在福建省立高级中学读高中时和同学邓子健（即邓拓）一起编辑、油印出版了《野草》，1933～1934 年间代理《厦门民国日报》的副刊编辑，1938 年 4～6 月主编《福建与华侨》（旬刊，福州，1938 年 4 月创刊，和张楚鸣一道主编），同年 7 月主编《战地通讯》（福州，1938

年7月创刊），1942年担任福建协和大学学生出版物《东南史坛》与《舞台人》的顾问，1944年主编《闽北日报》①的《东南论坛副刊》，1953年受聘编辑《厦大校刊》，在这几个杂志上都曾相继发表过系列学术研究和时事杂文的文章。由于这些报刊、杂志都存在发行时间不长、散佚情况严重的问题，也没有进行数字化，因此对先生在这些报纸、杂志上所刊发的文章，目前尚无法进行一一的搜集、检阅和编目；二是先生曾出席过许多座谈会和学术会议并都作了重要发言，其中部分会议的发言未见有整理刊发，亦未见到其原稿，如1957年3月15日主持召开厦门大学历史系"培养助教经验交流会"的发言，10月26日参加当时厦门大学举行的"批斗'右派分子'章振乾大会"的发言，1959年4月3日参加厦门大学历史系中国史教研组举办的"关于曹操问题"座谈会的发言，1960年3月29日～5月参加厦门大学历史系第四次科学讨论会的系列发言，1963年12月5～7日参加南京大学举办的"纪念顾炎武诞辰三百五十周年学术讨论会"的发言，1978年4月3～16日主持召开厦门大学历史系科学讨论会的发言，1982年11月4～10日参加中国现代史学会在厦门大学举办的"第三次学术与教学讨论会"的发言，1984年2月13～18日参加在泉州举行的由中国科技史学会、福建社会科学院、中国海外交通史研究会联合召开的"中外科技文化交流讨论会暨中国海外交通史研究会第二次代表大会"的发言，对于这些会议的发言稿，由于未见有刊发，也未见到其手稿，是否已经散佚亦不得而知，因此对这些会议发言稿的内容也无法进行整理和编目。这就不可避免地会遗漏很多先生的各类文章，甚为遗憾！

但不管怎样，本目录的编撰是对先生学术史的一次重要梳理，相信在其公诸学林之后，对于有志于从事中国社会经济史研究，尤其是明清社会

---

① 按：民国《闽北日报》于1936年11月19日由当时的福建绥靖公署自闽南迁到建瓯后创办、发行，同时还接管、合并了同年早些时候由建瓯人、中共地下党员张沐和友人袁子明共同创办的《晨报》；1937年冬，因福建绥靖公署撤销，《闽北日报》转赠给国民党建瓯县党部；1941年11月19日，在该报创刊五周年纪念日时，整顿、改名为《大同日报》（参见《新闻学》编辑《新闻大事记》1941年11月19日，见《新闻学》（季刊）第2卷第2期，1942年2月20日），但于1944年时又恢复《闽北日报》之名；1949年8月，随着福州解放，该报停刊。又，1952年4月中共南平地委创办《南平人民》报；1956年6月建阳地区并入南平地区，原建阳地委机关报《闽北人民》报停刊，《南平人民》于是年10月1日改名为《闽北人民》；1958年7月1日，更名为《闽北日报》；1961年2月19日，再次更名为《闽北报》，这是两个不同的，但同名的《闽北日报》，不能混淆。

经济史的后进去全面阅读和学习先生的著述定会大有裨益。当然，由于笔者的学识和学力所限，本目录内容难免会出现挂一漏万及可能的疏忽、舛误之处，这当然理应由笔者负全部的责任！也敬请诸位师友和学界同仁进行批评指正！

附录一　傅先生曾（拟）有撰写但未见详文的著述目录①

1. 《三民主义的人口论》，撰于 1928～1929 年，见于氏著《傅衣凌自传》，《文献》1982 年第 4 期。②

2. 《五代及宋时之中日关系》，撰于 1932 年 5 月，见于杨国桢著《傅衣凌教授年表》，杨氏著《傅衣凌学述》，浙江古籍出版社，2022 年 3 月。③

3. 《中国经济史上之循环率的研究》，拟撰，见于氏著《论中国的生产方式与农民》，《现代史学》（季刊，广州）第 1 卷第 3、4 期合刊《中国经济史研究专号》，1933 年 4 月 10 日。④

4. 《中国农民论》，拟撰，见于氏著《论中国的生产方式与农民》。

5 《中国经济史论》（专著），拟撰，见于氏著《论中国的生产方式与农民》。⑤

---

① 按：本附录所附的著述目录是指先生曾亲自言及或有其他明确线索证实先生曾有撰写但未能查见到其具体刊发信息或手稿原文的部分著述，包括著作、学术论文和杂文在内，以著述的撰写时间先后为序进行列目。

② 按：本文是先生的学术处女作，先生在文中明确言及这是他在高中——福建省立福州高级中学（《傅衣凌自传》中称之为福州第一高级中学，是今闽江师范高等专科学校的前身，而非今福州第一中学的前身）普通科史地系就读时撰写、发表的第一篇学术论文，时间约在 1928～1929 年，但未能查见到其具体刊发信息或手稿原文。又，在当时学界另先后有两篇同名作，分别是李海士《三民主义的人口论》（未完）、《三民主义的人口论》（续），《现代中国》（月刊，上海）第 2 卷第 1 号、第 2 号，1928 年 1 月 16 日、2 月 16 日；钟可庄（先生的高中同班同学）：《三民主义的人口论》，《福州高中校刊》（季刊）第 2 卷第 1、2 号合刊，1929 年 12 月。

③ 按：本文是先生与同学陈国治（即陈啸江）合作的研究，写于 1932 年 5 月，但未能查见到其具体刊发信息或手稿原文。

④ 按：本文与下文《中国农民论》，先生均是言及"拟在最近的将来"撰写的，即在当时尚是拟著，不知后来是否已实际撰成，亦一直未查见到其具体刊发信息。

⑤ 按：本著作先生在文中言及是"所计划"撰写的，即在当时尚是拟著，不知后来是否已实际撰成，也一直未见到其具体的出版信息。又，先生在新中国成立后为学生讲授中国经济史专题课程时，撰有讲义《中国经济史专题讨论》（厦门大学历史系，1962 年油印本），该讲义与先生拟撰的本著作两者是否存在关联，则不得而知。

6.《晋兵制考》，拟撰，见于氏著《晋代的土地问题与奴隶制度》，《现代史学》（季刊，广州）第 2 卷第 3 期，1935 年 1 月 28 日。①

7.《本省经济掌故杂谈（续）》，见于氏著《本省经济掌故杂谈（待续)》，《省行通讯》（半月刊，福建永安）第 2 卷第 9 期，1939 年 6 月 15 日。②

8.《西汉初年政府人物的分析》，撰于 1945 年 6 月之前，见于氏著《太平天国时代回乱领导人物出身考——太平天国时代社会变乱史研究之三》，《福建文化》［季刊，福建邵武］第 2 卷第 3 期，1945 年 6 月 30 日。③

9.《新唐书宰相世系表之社会学的研究》，撰于 1945 年 6 月之前，见于氏著《太平天国时代回乱领导人物出身考——太平天国时代社会变乱史研究之三》。④

10.《太平天国乱后的军队叛变问题》，撰于 1945 年 6 月之前，见于氏著《太平天国时代回乱领导人物出身考——太平天国时代社会变乱史研究之三》。⑤

11.《清末的佃农风潮及减租论议》，撰于 1945 年 9 月之前，见于氏著《太平天国时代团练抗官问题引论——太平天国时代社会变乱史研究之四》，《社会科学》（季刊，福建永安）第 1 卷第 2、3 期合刊，1945 年 9 月。⑥

12.《中国封建社会的经济统制及其变乱类型》，拟撰，见于氏著《记清末东北的木匪》，《星光日报·历史双周刊》（厦门）第 2 期，1946 年 8

---

① 按：本文先生在文中言及是"拟最近"撰写的，即在当时尚是拟著，不知后来是否已实际撰成，亦一直未查见到其具体刊发信息。

② 按：据氏著《本省经济掌故杂谈（待续)》一文题名中的"待续"一词，可知先生拟撰或已撰有本文的续篇，但笔者未能查阅到该续文，不知是先生未曾撰有，还是已撰成而未曾刊出。

③ 按：本文先生在文中明确言及已撰写，当时尚未发表，但未能查见到其具体刊发信息或手稿原文。

④ 按：本文先生在文中明确言及已撰写，当时尚未发表，但未能查见到其具体刊发信息或手稿原文。

⑤ 按：本文先生在文中明确言及已撰写，且很有可能就是先生之"太平天国时代社会变乱史研究"系列论文中的之二，但未能查见到其具体刊发信息或手稿原文。

⑥ 按：本文先生在文中明确言及已撰写，并且刊于《财政知识》（月刊，江西赣州）杂志，但未言明具体的卷期，一直未查看到，尚不知是否已真实刊发。

月 29 日第 4 版。①

13.《唐宋法律的亲邻先买权》，撰于 1946～1948 年，见于氏著《傅衣凌自传·傅衣凌主要著作目录》，《文献》1982 年第 4 期。②

14.《关于明清社会经济若干论点的自我批判和一些待解决的问题》，撰于 1960 年，见于厦门大学历史系著《关于明清社会经济问题的讨论》，《光明日报》1960 年 5 月 26 日第 3 版。③

15.《在中国经济史研究中几个问题的意见》，撰于 1960 年，见于厦门大学历史系著《关于明清社会经济问题的讨论》，《光明日报》1960 年 5 月 26 日第 3 版。④

16.《我对雇佣劳动的看法》，撰于 1960 年，见于厦门大学历史系著《关于明清社会经济问题的讨论》，《光明日报》1960 年 5 月 26 日第 3 版。⑤

17.《明清资本主义萌芽史提纲》，撰于 1960 年，见于厦门大学历史系著《关于明清社会经济问题的讨论》。⑥

---

① 按：本文先生在文中言及是"所要拟论"的，即在当时尚是拟著，不知后来是否已实际撰成，未查见到其具体刊发信息。

② 按：本文先生明确言及刊发于《星光日报·历史双周刊》（厦门，1948 年），但查阅该报，未能查到原文及具体刊发日期和版次。又，本文是否为《关于唐宋元时代典卖物业的亲邻优先权》[《星光日报·历史双周刊》（厦门）第 3 期，1946 年 9 月 19 日第 4 版]一文的另一文题，存疑。

③ 本文线索亦见于杨国桢著《傅衣凌学述·傅衣凌教授年表》（2022 年）。按，先生在 1960 年 3 月 29 日"厦门大学历史系第四次科学讨论会"上共作了"关于明清社会经济若干论点的自我批判和一些待解决的问题""在中国经济史研究中几个问题的意见""我对雇佣劳动的看法"三个发言，但不知何故，未能查见到其具体刊发信息或手稿原文；相反的，在该会上，韩国磐、罗耀九两位先生同事对其有关学术观点进行质疑和商榷的文章均见有刊发，详见韩国磐的《对傅衣凌先生明中叶以来资本主义萌芽研究中国内市场问题的商榷》[《厦门大学学报》（社会科学版），1960 年第 2 期] 和罗耀九的《明代中叶的雇佣劳动是资本主义性质的吗?》（《历史研究》1961 年第 1 期）二文。又，关于此次讨论会的具体学术讨论情况，可详见厦门大学历史系的《关于明清社会经济问题的讨论》（《光明日报》1960 年 5 月 26 日第 3 版）和郑蒙（即郑学檬）的《厦门大学历史系讨论中国经济史上的若干问题》（《中国经济问题》，1961 年第 4 期）二文。

④ 本文线索亦见于杨国桢著《傅衣凌学述·傅衣凌教授年表》（2022 年）。

⑤ 按：本文不知何故，始终未见有刊发，有趣的是，在罗耀九先生对其观点进行商榷之文（详见罗耀九：《明代中叶的雇佣劳动是资本主义性质的吗?》，《历史研究》1961 年第 1 期）刊发后，先生随之撰写了"再认识"之文（详见《我对于明代中叶以后雇佣劳动的再认识——兼质罗耀九先生》，《历史研究》1961 年第 3 期），并很快得以刊发，即"看法"未刊，而"再认识"得刊。

⑥ 按：在《关于明清社会经济问题的讨论》一文中，明确言及先生已著《明清资本主义萌芽史提纲》，且是一论著，但不知何故，始终未见其刊发或出版，亦未见到其原文。

18.《石塘村史》（编著），1971 年 9 月油印本，见于杨国桢著《傅衣凌教授年表》，杨氏著《傅衣凌学述》，浙江古籍出版社，2022 年 3 月。①

19.《中国古代史纲要》（讲义），厦门大学文史系，1972 年 9 月油印本，见于杨国桢著《傅衣凌教授年表》，杨氏著《傅衣凌学述》，浙江古籍出版社，2022 年 3 月。②

20.《休休室读史杂稿》（论集），拟撰，见于《傅衣凌自传》，《文献》1982 年第 4 期。③

附录二　学界介绍与研究、纪念与追忆傅衣凌生平与学术文章④

1.〔日〕滨岛敦俊：《明清江南城隍考——商品经济的发达与农民信仰》，沈中琦译，《中国社会经济史研究》1991 年第 1 期。⑤

2.〔日〕滨下武志：《傅衣凌与中国社会经济史研究》，见周宁主编《人文国际》第 9 辑《通识教育专辑》，厦门大学出版社，2015 年 10 月。

3. 蔡干豪：《傅家麟》，见中共福州市委宣传部、福州市社会科学所主编《福州历史人物》（第六辑），闽新出［榕］内书刊第 10 号，福州建联印刷厂，1992 年。

4. 钞晓红：《明代社会风习研究的开拓者傅衣凌先生——再论近二十年来关于明清"奢靡"风习的研究》，见陈支平主编《第九届明史国际学

---

① 按：本著作署名"傅衣凌、韩国磐、杨国桢"，为 1971 年 9 月先生从"牛棚"解放后，与韩国磐、杨国桢两位教授一起在厦门市海沧公社石塘大队（今海沧区嵩屿街道石塘村）接受一个月的贫下中农再教育期间，访贫问苦、查阅族谱合作编写的，但一直未见有正式出版，目前亦尚未查见到其原稿。

② 按：本著作署名"傅衣凌、韩国磐、杨国桢"，为 1972 年 7～9 月先生与韩国磐、杨国桢两位教授一起为当时的文史系工农试点班学员讲授中国古代史，自己编写的讲义，由厦门大学文史系油印付梓，但一直未见有正式出版，目前亦尚未查见到其原稿。又，1970 年 6 月，厦门大学中文系与历史系合并为文史系；1972 年 10 月，又各自恢复中文系和历史系。

③ 按：本著作先生在文中言及是"准备编选"，但未见有该著作实际出版，应是最后未能按心愿编成。又，先生弟子陈支平教授后来编辑的《休休室治史文稿补编》（2008）一著作，某种程度上可谓是遂了先生的这一心愿。

④ 按：有部分学者在先生生前就相关论题与先生进行过学术上的探讨与商榷，本附录也将其一并收录入内。

⑤ 按：该文主题并不是有关纪念或讨论先生的学术文章，但作者在开篇之序言中就忆及了其与先生的交往过程以及先生对其学术志趣的鼓励，故亦将其著录。

术讨论会暨傅衣凌教授诞辰九十周年纪念论文集》，厦门大学出版社，2003 年 9 月。

5. 陈勃含：《傅衣凌与中国社会经济史研究》，华东师范大学历史学硕士学位论文，2019 年 5 月。

6. 陈春声：《走向历史现场》，《读书》2006 年第 9 期。①

7. 陈支平：《〈明清封建土地所有制论纲〉跋》，见傅氏著《明清封建土地所有制论纲》，上海人民出版社，1992 年 6 月。

8. 陈支平、徐晓望：《论傅衣凌先生与中国资本主义萌芽理论的研究》，见中国社会科学院历史研究所明史研究室编《明史研究论丛》第 6 辑，黄山书社，2004 年 7 月。

9. 陈支平：《〈傅衣凌著作集〉前言》，见傅氏著《傅衣凌著作集》，中华书局，2007、2008 年。

10. 陈支平：《〈休休室治史文稿补编〉跋》，见傅氏著《傅衣凌著作集》八，中华书局，2008 年 5 月。

11. 陈支平：《傅衣凌与中国社会经济史学》，《大连大学学报》2008 年第 2 期。②

12. 陈支平：《傅衣凌与中国社会经济史学派》，《光明日报》2008 年 8 月 10 日第 11 版。

13. 陈支平：《〈傅衣凌著作集〉与中国社会经济史学派》，《史学集刊》2008 年第 4 期。③

14. 陈支平：《探寻傅衣凌先生开创中国社会经济史学之路——记〈傅衣凌著作集〉出版恳谈会》，《中国经济史研究》2009 年第 1 期。

15. 陈支平：《傅衣凌先生学术年表》，见傅氏著《明清社会经济史论文集》，商务印书馆，2010 年 12 月。

16. 陈支平：《傅衣凌与明清社会经济史研究》，见傅氏著《明清社会经济史论文集》，商务印书馆，2010 年 12 月。

17. 陈支平：《傅衣凌与徽学研究》，安徽大学徽学研究中心编《徽

---

① 本文摘要转载于《中国社会科学文摘》2006 年第 6 期。

② 本文后改以《跨学科探索：傅衣凌与中国社会经济史学》为题，收录于陈支平著《史学水龙头集》，福建人民出版社，2016 年 1 月。

③ 本文全文转载于《中国人民大学复印报刊资料》（经济史）2008 年第 6 期。

学》第七卷，黄山书社，2011年12月。①

18. 陈支平主编《相聚休休亭：傅衣凌教授诞辰100周年纪念文集》，厦门大学出版社，2011年12月。

19. 陈支平：《三出江湖——傅衣凌先生和研究生们》，澎湃新闻·私家历史，2018年7月24日，https://www.thepaper.cn/newsDetail_forward_2219696.

20. 丹戈（伍丹戈）：《历史材料的调查和研究——读傅衣凌〈明清农村社会经济〉》，《文汇报》1962年4月1日第3版。

21. 刁培俊：《主流与潮流：傅衣凌教授的史学研究与国际学术主流趋向》，见陈支平主编《相聚休休亭：傅衣凌教授诞辰100周年纪念文集》，厦门大学出版社，2011年12月。

22. 郭润涛：《读〈明清社会经济史论文集〉》，《"中国社会经济史研究的跨学科与国际化——纪念傅衣凌先生诞辰110周年学术研讨会"论文集》，厦门大学历史系，2021年7月。

23. 顾海：《评傅衣凌先生在〈明清时代商人和商业资本〉一书中对商品生产和雇佣劳动研究上的若干错误管道》，《中国经济问题》1960年第4期。

24. 郭志坤：《"寓论断于序事"——访明清经济史专家傅衣凌》，《文汇报》1981年3月16日第2版。②

25. 韩国磐：《对傅衣凌先生明中叶以来资本主义萌芽研究中国内市场问题的商榷》，《厦门大学学报》（社会科学版）1960年第2期。

26. 洪钰琳、何子沐：《傅衣凌先生与中国社会经济史研究》，《中国社会经济史研究》2021年第4期。

27. 胡嘉：《评傅衣凌著明清时代社会经济史研究论文集两种》，《历史研究》1959年第3期。

28. 经君健：《评〈明清农村社会经济〉》，《经济研究》1962年第5期。

29. 〔英〕科大卫（David Faure）：《人类学与中国近代社会史：影响与前景》，（台北）《东吴历史学报》第14期，2005年12月。

---

① 本文收录于陈支平著《史学水龙头集》（2016）。
② 本文摘要转载于《中国人民大学复印报刊资料》（经济史）1981年第5期。

30. 赖晨：《继母助傅衣凌成才》，《福州晚报》2014 年 4 月 27 日第 A16 版。

31. 赖晨：《傅衣凌家世考》，《福州晚报》2015 年 3 月 7 日第 A16 版。

32. 李伯重：《〈世界名人录〉中的人物傅家麟》，《福建日报》1986 年 8 月 20 日第 3 版。①

33. 李伯重：《回顾与展望：中国社会经济史学百年沧桑》，《文史哲》2008 年第 1 期。

34. 李伯重：《哲人虽去，教泽长存——深切缅怀衣凌恩师》，《中国社会经济史研究》2021 年第 2 期。

35. 李侃：《傅家麟逝世》，见中国史学会《中国历史学年鉴》编辑部编《中国历史学年鉴：1989·史学界动态》，人民出版社，1990 年 7 月。

36. 李文治、彭泽益、汪敬虞、韦庆远、汤明檖，〔日〕寺田隆信、森正夫，〔美〕罗友枝、王业键、王国斌，〔荷〕宋汉理：《纪念创刊五周年笔谈》，《中国社会经济史研究》1987 年第 2 期。

37. 李政君：《唯物史观与民国时期傅衣凌的中国社会经济史研究》，《史学理论研究》2022 年第 1 期。

38. 林爱玲：《傅衣凌学派的学术成就与理路拓展》，见王日根、张侃、毛蕾主编《厦大史学》第 3 辑，厦门大学出版社，2010 年 12 月。

39. 林丹：《中国最珍贵的契约"宝藏"——追寻历史学家傅衣凌在永安进行契约研究的印记》，《三明日报》2018 年 7 月 6 日第 B1 版。

40. 林丹：《永安，不断挖掘契约文书"宝藏"——追随历史学家傅衣凌进行契约研究的脚步》，《福建日报》2018 年 8 月 3 日第 10 版。

41. 林丹：《纪念傅衣凌先生在永安发现明清契约文书八十周年：厦门大学在永安举办学术座谈会》，《三明日报》2019 年 11 月 29 日第 B1 版。

42. 林发诚：《学术的追思与探索——记〈相聚休休亭——傅衣凌教授诞辰 100 周年纪念文集〉出版》，《中国社会经济史研究》2012 年第 1 期。

43. 林如求：《傅衣凌的〈红楼梦〉研究》，《福州晚报》2014 年 6 月 14 日第 A25 版。

44. 刘秀生：《深切缅怀傅衣凌先生——纪念傅衣凌教授逝世十周年学

---

① 本文在修订、补入部分图片后，收录于李埏、李伯重《良史与良师：学生眼中的八位著名学者》，清华大学出版社，2012。

术座谈会侧记》，《中国社会经济史研究》1998 年第 4 期。①

45．刘秀生：《怀念恩师傅衣凌教授》，《中国社会经济史研究》2018 年第 4 期。

46．刘秀生：《师从傅衣凌先生》，中国民主同盟官网，https：//www. mmzy. org. cn/mswx/1198/79919. aspx，2018 年 12 月 20 日。②

47．刘永成：《傅衣凌先生在中国资本主义萌芽问题研究上的成就》，《中国社会经济史研究》1991 年第 1 期。

48．刘正刚：《重读〈发刊词〉的联想》，《中国社会经济史研究》2013 年第 1 期。

49．卢善庆：《我校文财科教师编、写、译、校著作简介（二）——〈明清农村社会经济〉》，《厦门大学学报》（社会科学版）1962 年第 4 期。

50．罗耀九：《明代中叶的雇佣劳动是资本主义性质的吗?》，《历史研究》1961 年第 1 期。

51．罗耀九：《再论明朝万历年间雇佣劳动的性质——与傅衣凌先生商榷》，《历史研究》1962 年第 4 期。

52．〔美〕Joseph P. McDermott（周绍明），*Bondservants in the T'ai-hu Basin During the Late Ming：A Case of Mistaken Identities*（《晚明太湖流域的奴仆制度》），*The Journal of Asian Studies*，Vol. 40，No. 4，1981.③

53．《南京大学学报》编辑部：《厦门大学傅衣凌教授来校讲中国资本主义萌芽问题》，《南京大学学报》（人文科学版）1963 年第 3、4 期合刊。

54．粘尚友：《〈关于对朱温评价〉的一些看法》，《厦门大学学报》（社会科学版）1959 年第 2 期。

55．〔日〕森正夫：「傅衣凌著『明清農村社会経済』」，〔日〕『史学雑誌』第 22 卷第 2 号，東京：史学会，1962 年。

---

① 按：刘秀生（1944—2023），原名刘敏，河北乐亭人，是先生的首批两位博士之一（另一位是李伯重教授），亦是我国解放后的第一批硕士、博士，曾任北京工商大学副校长，不幸于 2023 年 5 月 11 日无疾而逝。

② 本文转载于中国社会科学院、中国历史研究院古代史研究所网站，http：//lishisuo. cssn. cn/xsyj/gdshs/202001/t20200116_5078951. shtml，2018 年 12 月 25 日。

③ 按：本文曾由江苏社会科学院的阚岳南译成中文（作者名音译为"约瑟夫·麦唐德谟特"），并拟自 1982 年 5 月后于《国外社会科学情况》（1999 年更名为《世界经济与政治论坛》)择期刊载（详见阚岳南《国外史学动态》，《江苏社会科学》1982 年第 5 期)，但不知何故，本文并未实际刊出；本文中有诸多评述先生学术的内容。

56. 〔日〕森正夫：「中国史学界との十ヶ月」，〔日〕『名古屋大学文学部研究論集』第 92 号『史学』第 31 号，1985 年。①

57. 〔日〕森正夫：「『郷族』——厦門大学での研究交流報告」，〔日〕『東洋史研究』第 44 巻第 1 号，1985 年。②

58. 〔日〕森正夫：《关于"乡族"——重温一九八三年厦门大学共同研究会的报告》，《中国社会经济史研究》2001 年第 4 期。

59. 〔日〕森正夫：《福建和江南：明后期到清初中国的社会统合》，《中国文化研究》2005 年第 4 期（冬之卷）。③

60. 〔日〕森正夫、郑振满：《比较视野下的社会经济史研究》，《中国社会科学报》2020 年 9 月 24 日第 2 版。④

61. 〔日〕山根幸夫：「一九五〇年の歴史学界．回顧と展望——明清よおび現代中国」，〔日〕『史学雑誌』第 60 編第 5 号，東京：史学会，1951 年 5 月。⑤

62. 〔日〕山根幸夫：「傅衣凌教授の来日を迎えて」，〔日〕『燎原』第 10 号，東京：燎原書店，1980 年 4 月。

63. 〔日〕山根幸夫：「傅衣凌先生の逝去を悼む」，〔日〕『明代史研究』第 17 号，1989 年 3 月。⑥

64. 盛承、叶胜伟：《厦门大学图书馆发现福州琉球馆〈宪示〉碑拓片：碑石已佚，拓片成为清代中琉友好交流史的重要物证》，《厦门日报》2023 年 6 月 19 日第 B04 版：文化周刊。⑦

---

① 本文收录于森氏著「森正夫明清史論集」第 2 巻第 2 部「学术交流」，東京：汲古書院，2006 年 4 月。

② 本文由先生弟子成之平（陈支平）摘译成中文，改以《围绕"乡族"问题——在厦门大学共同研究会上的讨论报告》为题，刊于《中国社会经济史研究》1986 年第 2 期；本文收录于森氏著《"地域社会"视野下的明清史研究——以江南与福建为中心》，江苏人民出版社，2017 年 3 月。

③ 本文收录于森氏著《"地域社会"视野下的明清史研究——以江南与福建为中心》（2017）。

④ 按：本文由《中国社会科学报》记者武勇整理。

⑤ 按：该文对先生的《福建佃农经济史丛考》（1944）一著作进行了摘要性的译介。

⑥ 按：《明代史研究》是一本日本学界有关明史研究的专业学术期刊，由日本明代史研究会主办，山根幸夫教授创办兼主编，主要刊登日本学界的明史研究相关论文和研究动向，以及当年明代史研究的论文目录等，1974 年 3 月创刊，一年一号（期），2005 年出版最后一期后停刊，共 33 号，均由日本东京汲古书院出版、发行。

⑦ 按：该文在同日《厦门日报》强国号上改以"厦门大学图书馆发现福州琉球馆〈宪示〉碑拓片：是清代中琉友好交流史的重要物证"为题推送。又，琉球馆，正式名为"柔远驿"，为清代福建市舶司所属接待琉球使团的馆驿机构。

65.〔日〕寺田隆信：「傅衣凌『明清時代商人及商業資本』」,〔日〕『東洋史研究』第16卷第2期,1957年。

66. 嵩峰：《厦门医院探访傅衣凌先生》（五言诗）,见嵩氏著《云起楼诗存》第一卷《五言律绝》,山东人民出版社,2019年1月。①

67. 谭琦：《傅衣凌社会经济史学派研究》,福建师范大学历史学硕士学位论文,2019年6月。

68. 唐文基：《傅衣凌对明清商业与商业资本的研究》,见陈支平主编《第九届明史国际学术讨论会暨傅衣凌教授诞辰九十周年纪念论文集》,厦门大学出版社,2003年9月。

69.〔日〕田中正俊：「戰時中の福建郷土史研究」,〔日〕『歴史学研究』第161号,東京：積文堂,1953年。②

70. 万明：《历史研究所明史学科六十年》,见中国社会科学院历史研究所编《求真务实六十载：历史研究所同仁述往》,中国社会科学出版社,2014年6月。

71. 王爱平：《跨学科、跑田野与海外华人社会研究：以印尼孔教研究为例——傅衣凌先生倡导走向民间新史学方法的应用与思考》,《"中国社会经济史研究的跨学科与国际化——纪念傅衣凌先生诞辰110周年学术研讨会"论文集》,厦门大学历史系,2021年7月。

72. 王传：《华南学派探渊》,华东师范大学历史学博士学位论文,2012年6月。

73. 王传：《华南学派史学理论溯源》,《文史哲》2018年第5期。

74. 王日根：《傅衣凌对中国社会经济史学的贡献及启示》,《西南师范大学学报》（人文社会科学版）2001年第4期。

75. 王日根：《傅衣凌先生对中国社会史史料的挖掘与研究》,《大连大学学报》2010年第3期。

76. 王日根：《独具特色地呈现社会历史——傅衣凌的中国社会经济史研究》,《中国社会科学报》2010年11月25日第7版。

77. 王日根：《"门户"：傅衣凌学派的治史路径》,澎湃新闻·私家历史,2017年4月20日,http://www.thepaper.cn/newsDetail_forward_1665054.

---

① 按：本诗撰写于1986年。

② 按：该文对先生的《福建佃农经济史丛考》（1944）进行了专门的介绍。

78. 王日根：《由"体认""自觉"而"升华"：傅衣凌治史对唯物史观的践行》，《近代史研究》2017 年第 5 期。①

79. 王日根：《傅衣凌先生留给我的三种财富》，厦门大学新闻网，ht-tps：//news. xmu. edu. cn/info/1051/40963. htm，2021 年 7 月 8 日。

80. 王日根：《傅衣凌先生认识中国传统社会的辩证方法》，《"中国社会经济史研究的跨学科与国际化——纪念傅衣凌先生诞辰 110 周年学术研讨会"论文集》，厦门大学历史系，2021 年 7 月。

81. 王学典：《近五十年的中国历史学》，《历史研究》2004 年第 1 期。②

82. 〔美〕王业键：《明清经济发展并论资本主义萌芽》，《中国社会经济史研究》1983 年第 3 期。

83. 王志双、刁培俊：《傅衣凌 1960 年代前的史学研究与国际学术主流趋向》，《历史教学问题》2012 年第 1 期。③

84. 蔚文：《〈中国社会经济史研究〉创刊》，《中国社会科学》1982 年第 3 期。

85. 文伟、袁茜：《傅衣凌学术研究中的乡族势力与中国传统社会》，《太原师范学院学报》（社会科学版）2018 年第 1 期。

86. 吴承明：《要从社会整体性发展来考察中国社会近代化进程——在"纪念傅衣凌逝世十周年学术座谈会"上的讲话》，《北京商学院学报》1998 年第 5 期。

87. 厦门大学历史系：《关于明清社会经济问题的讨论》，《光明日报》1960 年 5 月 26 日第 3 版。④

① 本文全文转载于《中国人民大学复印报刊资料》（经济史）2018 年第 1 期。
② 按：该文并非专门介绍与研究先生学术的文章，而是以"史观派""史料考订派""会通派"三个史学流派为基线，对 1949 年后 50 年间中国历史学的整体发展概况及其趋向所作的一个学术综述。但在论述"会通派"的过程中，用了近两个版面的篇幅着重介绍了先生及其所缔造的"中国社会经济史学派"，对先生的学术贡献给予了充分的肯定和极高的评价，故本目录亦将其作为介述傅衣凌学术的文章予以收录。
③ 本文与刁培俊：《主流与潮流：傅衣凌教授的史学研究与国际学术主流趋向》一文有很大部分内容重复，但并不完全一致，两者都为刁培俊教授在厦门大学文化讲堂上的讲演整理稿，但版本不同。
④ 本文署名"厦门大学历史系"，文目却见录于《晋阳学刊》编辑部编《中国现代社会科学家传略》第三辑（山西人民出版社，1983 年 11 月）《傅衣凌自传》附《傅衣凌主要著作目录》和高增德、丁东编《世纪学人自述》第四卷（十月文艺出版社，2000 年 1 月）《傅衣凌自述》附《主要著述目录》之中（但不见录于其他版的《傅衣凌自传》中），因此本文疑似实际上是先生本人所作，但因无法确定，且内容亦非专题性的（转下页注）

88. 行龙：《经济史与社会史》，《山西大学学报》（哲学社会科学版）2003 年第 4 期。

89. 徐泓：《中国资本主义萌芽问题研究范式与明清社会经济史研究》，《中国经济史研究》2018 年第 1 期。

90. 徐晓望：《傅衣凌》，见林公武、黄国盛主编《近现代福州名人》，福建人民出版社，1999 年 9 月。

91. 徐晓望：《论傅衣凌的史学道路》，见陈支平主编《相聚休休亭：傅衣凌教授诞辰 100 周年纪念文集》，厦门大学出版社，2011 年 12 月。①

92. 杨国桢：《不断探索前进的艰辛历程——读傅衣凌著〈明清社会经济史论文集〉》，《中国社会经济史研究》1982 年第 3 期。②

93. 杨国桢：《〈傅衣凌治史五十年文编〉序》，《中国社会经济史研究》1985 年第 4 期。③

94. 杨国桢：《傅衣凌与中国社会经济史学》，《福建社联通讯》④1987 年第 2 期。⑤

95. 杨国桢：《傅衣凌》，［台湾］"中央研究院"近代史研究所《近代中国史研究通讯》第 7 期，1989 年 3 月。⑥

96. 杨国桢：「傅衣凌教授论著目录」，〔日〕『明代史研究』 第 17 号，

（接上页注④）研究，故本目录不将其归于先生自己的论文之内。按，本文内容为 1960 年 3 月 29 日举行的"厦门大学历史系第四次科学讨论会"的会议综述，全面介绍、讨论了先生早期的学术研究。又，该讨论会的主题就是厦门大学历史系全系师生专门对"傅衣凌教授关于明清经济史的论著"进行讨论，因此产生了多篇批评和商榷先生学术观点的文章，本文中明确提及的就有柯友根、李强、孔永松的《评傅衣凌先生在明清经济史研究中的错误学术观点》，郑学檬的《评傅衣凌先生在中国封建经济史教学中的错误观点》，王西农、方忍风的《与傅衣凌先生商榷长关的性质》，杨国桢的《傅衣凌先生在农民战争问题上坚持些什么》等文，但不知何故，这些文章都未能得以正式刊发，故本目录之附录亦暂不予以著录。

① 本文收录于徐晓望著《明清东南海洋经济史研究》，中国文史出版社，2014。

② 本文长篇摘编、转载于《新华文摘》1983 年第 2 期（转载了全文三部分中一、二两部分的绝大部分内容，仅删减了少数段落和文字）；作为附录收录于《傅衣凌治史五十年文编》（1989）；又收录于杨氏著《傅衣凌学述》（2022）。

③ 本文与叶显恩撰写之"跋"合在一起刊发；后更名为"序言"，收录于《傅衣凌治史五十年文编》（1989）；又收录于杨氏著《傅衣凌学述》（2022）。

④ 该刊于 1988 年改名为《福建学刊》，1998 年再次更名为《东南学术》。

⑤ 本文另刊于《福建乡土》1987 年第 2 期，收录于杨氏著《傅衣凌学述》（2022）。

⑥ 本文又名《傅衣凌小传》（1911—1988），刊于［香港］《九州学刊》第 3 卷第 2 期，1989 年 6 月；收录于杨氏著《傅衣凌学述》（2022），略有改补。

1989 年 3 月。①

97. 杨国桢：《明清农村社会经济》，见仓修良主编《中国史学名著评介》第五卷，山东教育出版社，1990 年 2 月。

98. 杨国桢、陈支平：《傅衣凌》，中国史学会、《中国历史学年鉴》编辑部编《中国历史学年鉴：1989·现代已故史学家》，人民出版社，1990 年 7 月。

99. 杨国桢、陈支平：《傅衣凌晚年中国社会经济史学思想的发展》，《中国社会经济史研究》1991 年第 1 期。②

100. 杨国桢：《〈中国社会经济史研究〉十年》，《中国社会经济史研究》1992 年第 2 期。

101. 杨国桢：《明清东南区域平原与山区经济研究序论》，《中国社会经济史研究》1995 年第 2 期。

102. 杨国桢：《明清社会经济史的学术源流和研究方法》，〔台湾〕"国立中央大学"历史研究所《史汇》第 2 期，1997 年 6 月。③

103. 杨国桢：《傅衣凌先生的明史情缘》，《中国社会经济史研究》2001 年第 4 期。④

104. 杨国桢：《吸收与互动：西方经济社会史学与中国社会经济史学派》，见侯建新主编《经济－社会史——历史研究的新方向》，商务印书馆，2002 年 12 月。⑤

105. 杨国桢：《中国史学名著〈明清农村社会经济〉评介》，见仓修

---

① 按：本文中的论文目录，注明"已收入著作者不列"。又，本文内容后进行了大幅度的修订：不仅增补了 1989 年以后出版的著作、已知未发表的手稿，及部分序文、杂文和译文，而且还改变了原先的"已收入著作者不列"的做法，著录了部分论文在收入著作之前最初发表和后来转载的情况；但亦不全面，不仅将先生写的信件和编印的讲义全部排除在论著范围之外，而且仍遗漏较多的各类文章，尤其是新中国成立前和新中国成立初刊发的，此外，文中的书（文）目仅仅是列目，并未进行相关必要的考述。本文经修订后收录于杨氏著《傅衣凌学述》（2022）。

② 本文收录于杨氏著《傅衣凌学述》（2022）。

③ 本文后稍作修改、并增补了"跋"，收录于陈春声、刘志伟主编《遗大投艰集：纪念梁方仲教授诞辰一百周年》（上册），广东人民出版社，2012 年 12 月；又收录于杨氏著《傅衣凌学述》（2022）。

④ 本文另刊于《中国明代研究学会》（台湾）编《明代研究通讯》第 4 期，2001 年 12 月；收录于杨氏著《傅衣凌学述》（2022）。按：《明代研究通讯》自第 7 期（2004 年 12 月）开始改名为《明代研究》。

⑤ 本文收录于杨氏著《傅衣凌学述》（2022）。

良主编《中国史学名著评介》第五卷，山东教育出版社，2006 年 2 月。①

106. 杨国桢：《中国经济史研究再出发——纪念〈中国社会经济史研究〉创刊三十周年》，《中国社会经济史研究》2013 年第 1 期。

107. 杨国桢：《重出江湖：1973 年与傅衣凌先生同行》，澎湃新闻·私家历史，2018 年 6 月 10 日，https：//www. thepaper. cn/newsDetail_ forward_2160119。②

108. 杨国桢：《大师遗爱惠我行》，澎湃新闻·私家历史，2018 年 11 月 3 日，https：//www. thepaper. cn/newsDetail_ forward_2522736。③

109. 杨国桢：《〈中国社会经济史研究〉创办经过》，《中国社会经济史研究》，2021 年第 1 期。④

110. 杨国桢、赵红强：《傅衣凌求学厦门大学考述》，《中国社会经济史研究》2021 年第 1 期。⑤

111. 杨国桢、赵红强：《傅衣凌与中国社会史论战》，《学术研究》2021 年第 4 期。⑥

112. 杨国桢：《我跟随傅衣凌先生学习明清史》，见国务院学位委员会办公室编《中国社会科学家自述·历史学·中国古代史》，上海教育出版社，1997 年 12 月。⑦

113. 杨国桢：《傅衣凌教授年表》，见杨氏著《傅衣凌学述》，浙江古籍出版社，2022 年 3 月。⑧

114. 杨国桢：《傅衣凌学述》，浙江古籍出版社，2022 年 3 月。

115. 叶显恩：《〈傅衣凌治史五十年文编〉跋》，《中国社会经济史研究》1985 年第 4 期。⑨

116. 叶显恩：《谈社会经济史的区域性研究》，《中国社会经济史研

---

① 本文收录于杨氏著《傅衣凌学述》（2022）。
② 本文收录于杨氏著《傅衣凌学述》（2022）。
③ 本文收录于杨氏著《傅衣凌学述》（2022）。
④ 按：本文署名为"本刊编辑部"，实为杨国桢教授所著；后改以《档案与佛尘：〈中国社会经济史研究〉创办经过》为题，收录于杨氏著《傅衣凌学述》（2022）。
⑤ 本文收录于杨氏著《傅衣凌学述》（2022）。
⑥ 本文收录于杨氏著《傅衣凌学述》（2022）。
⑦ 按：本文原题为《杨国桢自述》，收录于杨氏著《傅衣凌学述》（2022）时改为今题。
⑧ 本文为杨国桢教授在编著《傅衣凌学述》一著作时所撰之未刊稿。
⑨ 本文与杨国桢之序合在一起刊发；收录于《傅衣凌治史五十年文编》（1989）。

究》1987 年第 3 期。

117. 游友基：《邓拓与傅衣凌、李拓之的友谊》，《福州晚报》2008 年 9 月 13 日第 20 版。

118. 张和平：《还历史的本然与历史——傅衣凌先生学术格局之我见》，《中国社会经济史研究》2019 年第 4 期。

119. 张华：《读〈傅衣凌治史五十年文编〉》，《中国史研究动态》1990 年第 10 期。

120. 张侃：《学脉与学理：20 世纪上半叶民间历史文献研究的不同侧面及其延展》，见温春来主编《区域史研究》2020 年第 1 辑，社会科学文献出版社，2020 年 6 月。

121. 张学惠：《傅衣凌》，见《福建经济年鉴》编辑委员会编《福建经济年鉴：1987·福建籍专家学者名录（社会科学部分)》，福建人民出版社，1987 年 10 月。

122. 章振乾：《病中怀衣凌》（五言诗），《榕花》1986 年第 2 期。①

123. 章振乾：《他不仅仅是一个历史学家——悼念傅衣凌同志》，见章氏著《章振乾百岁文集》，香港：天马图书有限公司，2004 年 12 月。②

124. 〔美〕Kang Chao（赵冈），*New Data on Land Ownership Patterns in Ming-Ch'ing China—A Research Note*（《有关中国明清时期土地所有制形式的新资料——学术研究笔记》），*The Journal of Asian Studies*，Vol. 40，No. 4，1981.③

125. 〔美〕赵冈：《论中国传统社会的性质》，《中国社会经济史研究》1994 年第 2 期。

126. 赵红强：《傅衣凌译介日俄学者中国史论著述略》，《"中国社会经济史研究的跨学科与国际化——纪念傅衣凌先生诞辰 110 周年学术研讨会"论文集》，厦门大学历史系，2021 年 7 月。

127. 赵家欣：《星期天随想》，《群言》1988 年第 11 期。

128. 赵建群：《在历史跨学科研究等等学术背景中认识和评价傅衣凌先

---

① 按：该刊于 1996 年更名为《家园》；本诗另收录于章氏著《他不仅仅是一个历史学家——悼念傅衣凌同志》文后。
② 按：本文实际撰写于 1988 年 5 月 17 日。
③ 按：该文由江苏社会科学院的阚岳南译成中文，并刊于《国外社会科学情况》（该刊 1999 年更名为《世界经济与政治论坛)》1982 年第 5 期，文中有诸多评述先生学术的内容。

生的学术成果和学术地位》，《"中国社会经济史研究的跨学科与国际化——纪念傅衣凌先生诞辰 110 周年学术研讨会"论文集》，厦门大学历史系，2021 年 7 月。

129. 赵时可：《傅衣凌》，见《福州年鉴》编辑委员会编《福州年鉴：1997·人物传略》，中国统计出版社，1997 年 7 月。

130. 郑学檬：《傅衣凌先生对中国市场史研究的贡献》，见陈支平主编《第九届明史国际学术讨论会暨傅衣凌教授诞辰九十周年纪念论文集》，厦门大学出版社，2003 年 9 月。

131. 郑振满、黄向春：《文化、历史与国家——郑振满教授访谈》①，见张国刚主编《中国社会历史评论》第 5 辑，商务印书馆，2007 年 8 月。

132. 郑振满、〔日〕森正夫、王文娥：《地域社会论与乡族理论：比较视野下的社会经济史研究》（英文），《中国社会科学》英文版（*Social Sciences in China*），2021 年第 1 期。

133. 《中国社会经济史研究》编辑部：《傅衣凌 1983 年学术活动简讯》，《中国社会经济史研究》1983 年第 4 期。②

134. 《中国社会经济史研究》编辑部：《一代学人长逝 中外史界同哀——沉痛悼念傅衣凌教授》，《中国社会经济史研究》1988 年第 2 期。

135. 中华书局：《傅衣凌著作集书目》，《书品》2008 年第 1 期。

136. 周积明：《中国社会史研究 70 周年的回顾与思考》，《光明日报》2019 年 10 月 14 日第 14 版。③

137. 朱立文：《学者与图书馆——悼念史学家傅家麟》，《福建图书馆学刊》1988 年第 3 期。

138. 朱荫贵：《与时俱进，继往开来：祝贺〈中国社会经济史研究〉杂志创刊 30 周年》，《中国社会经济史研究》2013 年第 1 期。

139. 朱振声：《福州の古跡から見た古代の中琉関係》，〔日〕真栄平、房昭訳，〔日〕《沖縄文化研究》第 13 卷，1987 年 2 月 25 日。④

---

① 按：该文初题为《文化、历史与国家——历史学与人类学的对话》。
② 本文原题为《学术活动简讯》，文题乃据内容由编者改拟。
③ 按：本文是一个有关"中国社会史研究"的学术综述，文中有诸多评述先生学术的内容。
④ 按：该文对先生的《福建对外贸易史研究》一著作（福州：福建省研究院社会科学研究所，1948 年 3 月），尤其是该著作的附录《福州琉球通商史迹调查记》作了着重介绍，但译介的部分碑拓内容，在个别文字上与原文存在出入。

140. 祝松：《再现中国社会经济史研究的开山之作——〈傅衣凌作品集〉出版》，《中国社会经济史研究》2008 年第 3 期。

141. 《悼念傅家麟同志专刊》，见中国民主同盟厦门市委员会编《厦盟简讯》1988 年第 2 期。

142. 《傅家麟教授来榕作访美访日报告》，《社联通讯》1980 年第 12 期。

143. 《傅衣凌》，见《中国社会科学家辞典》（现代卷）编委会编《中国社会科学家辞典》，甘肃人民出版社，1986 年 10 月。

144. 《傅衣凌》，见高增德主编《中国现代社会科学家大辞典》三《历史学部分》，太原：书海出版社，1994 年 5 月。

稿　约

2022 年，中国经济史学会会刊砥砺前行！自本年开始，中国经济史学会会刊《中国经济史评论》将由每年的两辑改为四辑。《中国经济史评论》由中国经济史学会、河北师范大学历史文化学院、《河北师范大学学报》编辑部共同主办。会刊主要刊登中国古代经济史、中国近代经济史、中国现代经济史以及世界经济史等方面的研究文章，同时也会兼顾书评、综述等方面的佳作！

虽然经历了 9 年的积累和沉淀，但前路仍然坎坷，仍然需要您的呵护和惠爱！虽栉风沐雨，我们希望您能与我们一路同行，无问西东。我们深知，推动中国经济史学研究的发展是当代学人的一份沉甸甸的责任。没有经济史学的研究，就没有对中国社会经济发展道路的深刻认识；没有经济史学的研究，我们就不能从全球视野和历史视野中认识与把握中国的特质及方位；没有经济史学的研究，我们也不能为中国特色社会主义政治经济学体系的构建贡献力量；没有经济史学的研究，我们更不能为构建中国特色的学术话语体系添砖加瓦。我们欢迎您的真知灼见，不论您是谁，大佬、大腕、大咖、年轻的学者、博士生、硕士生，我们都敞开怀抱！

具体事项告知如下：

1. 本刊主要发表经济史研究方面的学术论文，同时兼顾学术述评等。注重学术性、理论性、专业性和知识性。

2. 稿件文字、标点、年代、数字等书写方式及注释格式请参照《中国经济史评论》2022 年第 1 辑。来稿请采用脚注，每页分别编序。来稿请附 300 字以内的中、英文摘要，以及 3～5 个中、英文关键词。为方便我们工作，文稿请尽量采用单倍行距，正文宋体五号字，摘要、关键词、大段引文楷体五号字，注释宋体小五号字。

3. 本刊取舍稿件以学术水平为准，请作者来稿时务必附姓名、学历学位、单位、职务职称、主要研究方向、地址、邮编、电话、电子邮箱等。本刊尊重作者版权，除不符合国家出版管理规定的内容外，一般不对来稿进行删改，仅做必要的技术性和文字性修改。无论来稿采用与否，稿件一律不退，烦请自留底稿。

4. 来稿篇幅不限，本刊欢迎长论文。

5. 本刊采用电子投稿，投稿信箱为 zgjjspl@126.com。

我们常年征稿，期待您惠赐大作！

《中国经济史评论》编辑部
2022 年 1 月 14 日

图书在版编目（CIP）数据

中国经济史评论. 2023 年. 第 4 辑：总第 22 辑 / 魏
明孔，戴建兵主编. -- 北京：社会科学文献出版社，
2023.12
（中国经济史学会会刊）
ISBN 978 - 7 - 5228 - 3068 - 1

Ⅰ.①中…　Ⅱ.①魏…②戴…　Ⅲ.①中国经济史 -
文集　Ⅳ.①F129 - 53

中国国家版本馆 CIP 数据核字（2023）第 245411 号

中国经济史学会会刊
中国经济史评论　2023 年第 4 辑（总第 22 辑）

主　　编 / 魏明孔　戴建兵
执行主编 / 隋福民

出 版 人 / 冀祥德
组稿编辑 / 周　丽
责任编辑 / 李　淼
责任印制 / 王京美

出　　版 / 社会科学文献出版社·城市和绿色发展分社 （010）59367143
　　　　　地址：北京市北三环中路甲 29 号院华龙大厦　邮编：100029
　　　　　网址：www. ssap. com. cn
发　　行 / 社会科学文献出版社（010）59367028
印　　装 / 三河市龙林印务有限公司

规　　格 / 开　本：787mm × 1092mm　1/16
　　　　　印　张：16.25　字　数：274 千字
版　　次 / 2023 年 12 月第 1 版　2023 年 12 月第 1 次印刷
书　　号 / ISBN 978 - 7 - 5228 - 3068 - 1
定　　价 / 98.00 元

读者服务电话：4008918866